国語論考

語構成的意味論と発想論的解釈文法

若井勲夫 著

和泉書院

はしがき

本書は三章よりなるが、その内容は直接には関連せず、一つの主題のもとに統一して「—の研究」や「—論」と称することが難しい。そこで、書名は概括的に「国語論考」と題し、副題にそのうちの二章の論点を示すことにした。併せて、附篇として二編を載録したが、これも「国語論考」にふさはしいものである。以下、各章の意図と概要について述べよう。

第一章は言語論で、「我と汝としての言葉」である。まづ、言語を究める基盤として言語とは何かを考へた。これはマルティン・ブーバーの「我汝哲学」に基づいて、言語と人間との関はりを国語の語彙の諸相と絡めながら考究したものである。言語の理解と表現を人間の間柄をもとに捉へようとする立場は次の第二、三章にも関連し、本編はその序章にもなってゐる。

第二章は「語構成的意味論」と題し、神道を中心とした日本文化における重要な語の意義、原義を語構成の視点から究めた。これらの語の語源については、今まで神社関係者や神道学者、また民俗学者らによって、それぞれの立場から提示されてきた。しかし、多くは学問的な根拠がなく、体験的、情緒的な思ひ付きや付会が多かった。しかもひとたび発表されると、一つの説として扱はれ、辞書にも取上げられるやうになった。本論は語源に関はってゐるけれども、語源研究そのものではない。品詞として成立し、文法として体系づけられる以前の、語基が接辞を結合することによる語の形成と派生、また、母音交代による言語主体の対象に対する捉へ方、即ち意味が変化することによって語が創造されていくあり方を探ったものである。さうして拡大した意味領域の中で相互に関連する、子音の枠組みを共通にして母音が異なる語がつくられ、いはゆる単語家族（詞族、詞類）を成してゐる。最終的に語源に至らなくても（語源とは何かといふ問題はあるが）、その語の中心的、基本的な核義は把むことができよう。「語構成的意味論」とはそのやうな研究手法から名づけたのである。

続いて、第三章は発想論的な文法により歌文と発句俳文を解釈しようとして、『「こなた」「かなた」』の発想論的解釈文法」と題した。動詞の自動詞と他動詞の別はもともと文法的な現象であるが、これを言語主体が表現しようとする意識の面で考へる場合に十分に説明し得ないことがある。また、自他の区別は単に品詞に限らず、例へば、主観的、客観的な捉へ方による表現へと広がっていく。そこで、本論では動詞の自他を基本にするけれども、それを越えて「こなた」（こちら、わがこと、自）、「かなた」（あちら、ひとごと、他）といふ、言語主体の表現の根源にある、その前段階の視点を「発想」として、これに基づいて古典文学の和歌、文章、さらに発句俳文を解釈しようと試みた。この発想を「こなた」から、「かなた」から、また、両者それぞれの方向から他方に及ぶ関はり合ひ、あるいは両者の総合的表現、などの型に分類して、そこに込めようとした主体の言語意識、表現意識を探った。「解釈文法」とは解釈するに当って、文法を踏まへ、応用して読解することである。本論はそれに加へて、観点や視点を根柢に据ゑることによって、いはば「発想文法」として言語主体の表現の意識、意図、感情を明らかにした。このやうな発想による表現は「こなた」「かなた」の関係や距離感によって対象（人間や自然）との接し方をはかる日本人の態度に基づく。やはり言語は人間と密接に関はってゐるのである。

以上の本篇に続けて、国語に関する評論を二編、附載する。どちらもやや時務論に傾くが、国語の根本と本質に及ぶ重要な問題である。まづ、「国語は日本語か」は国語のあり方の本源を論じる。一般語や教科名としての「国語」、大学文学部の専攻名の「国語学」「国文学」が現在、それぞれ「日本語」「日本語学」「日本文学」と言ひ換へられる趨勢にある。そこで、本論で国語とは何か、日本語とどう異なるか、国語を捨てて日本人がどう変質してゐるか、外来語が増えるだけでなく国語の基底にまで食込み、国語の将来はどうなるか、併せて国語科における会話・伝達の重視、古典の軽視などの風潮を批判して、その対策を考へた。

次に、「国語縦書き論」は国語の表記に留らず、文化の根幹にまで考察した。横書きがますます流行して、縦書きが徐々に減少しつつある昨今、学生が縦書きについてどのやうに受止め、考へてゐるかを実験、調査した。この結果のまとめと分析を示し、国語の文末の重要性を文法的に究め、それが縦書きに即してゐること、国語は縦書き、縦読みによってより良く、より深く思考し、理解、表現できることを論述した。さらに、縦書きは右から左へ進み、上から下に降りて立つ文化を基本とすることを多くの事例によって証明し、国語における縦書きの根本的な意識と感覚を明らかにした。

以上の通り、本書は本篇三章と附篇二編より成ってゐる。この題目から見れば内容の点では関連がなく、一冊の成書としての体系がないやうに思はれよう。しかし、著者から言へば国語を論考する態度は基本的に同じである。それは言語の主体者がその語を表現し、理解しようとする根幹の過程に目を向け、表現と理解の意識・感覚・感情に重きを置いて研究する姿勢である。語や文を既にあるものとして分析的、単位的に扱ふのではなく、なぜその語を選んで言ひ表さうとしたかといふ、その意味や価値を探らうとする。あるいは、その語をどのやうな意図や発想で創り出したかといふ、その語の形成、構成を求めようとする。従って、本書は高邁で抽象的な理論書、哲学書ではない。具体的、実践的な語例、文例を中心にそこから統一的な原理、法則を見出さうとする叙述になった。とは云へ、事実をただ羅列するのではなく、その用例の中から一般に通じる観念、理念を把まうとした。さうして、国語の現象や表現にこもる日本人の思考や思想のあり方を帰納的に導き出さうと努めた。その結果、通説を批判し、新説、新解釈を打ち出してゐる。不備、不十分な点もあらうが、一つの問題提示として将来の国語研究に少しでも寄与することを願ふ。

目次

附篇

第一章　言語論

我と汝としての言葉

〔要旨〕人が相手に対する時の関はり方に二様あり、互ひに心が通ひ合ふ我と汝の関係と、相手を手段として利用する我とそれの関係である。本節はこのマルティン・ブーバーの我汝哲学に基づいて、言語のあり方を考察した。以下、要旨を記す。(1)我と汝は相手の内面や人格に関はり合って言葉を相通はす。心から呼び掛け、応《こた》へ、語り合ひ、対話する。他方、我とそれは相手は誰でもよく、一方的に話し、応《いら》へ、会話するだけである。(2)我が汝に向って語る時、相手を汝たらしめ、同時に自己を我たらしめる永遠の汝が存在するのでなければ言葉は通じ合はない。我は汝に語りながら、本当は汝の内面にある永遠の汝に呼掛けてゐる。両者に共通する言語場を成り立たせる相互の基盤があり、その内面のまことが互ひの心を通じさせてゐる。(3)文学と歴史の価値も永遠の汝に達する真実が実存するからこそ普遍的な意味を持つ。(4)言葉は外に表れる言語表現のみあるのではない。その前に言語者は自己の心に問ひ、問答して言表する。その作用を森重敏の説を用ゐて言へば、話手は内面の聴手に語り、内面の語手に聴き、この後に、聞手の汝に語り掛けてゐる。ここに、言語表現の一面に沈黙のはたらきがあり、それを通して汝に真実として訴へられる。一方、我とそれは連絡、伝達の表面上のことで、都合によっては口を閉ざすといふ黙秘の態度になる。前者はもだゆ、後者はだまる、だますといふ語に対応する。(5)自己を抑制し、利己に陥らず、真に止むを得ない時に言葉に表してこそ真実のこもった言葉となる。それこそ我と汝の間にあり、永遠の汝が認める言葉なのである。

（一）我と汝の間にある言葉

我と汝とは人間と人間の間柄の態度を表す言葉である。我が相手に汝よと呼掛け、相手が我に汝よと答へるところに成立する精神的人格的な共同の場である。それに対して、我とそれは相手の人格に関はりなく彼、それとして第三者的に対象的に観察し利用する立場である。この二つの態度は「根元語」として人間の世界を規定し、人間のあり方の根幹をなしてゐる。本論はこのマルティン・ブーバーの「我汝哲学」に基づき、また、森重敏の『日本文法通論』における言語場、言語の機能を参考にして、言葉の問題を考へていかうとする。

さて、我と汝は話手と聞手の立場が一方的でなく、相互に話手と聞手が入れ代っていく。我は汝によって我となり、汝は我によって汝となる。また、我は汝とともにあり、汝は我とともにある。我とそれのやうに対象が一方的に固定されず、また、場面にそれのやうに埋没することなく、人格をもって主体的に向ひ合ひ対面する。話手が言葉を掛ければ、聞手はただ聞えるままに聞いてゐるだけでなく、心の中でそれを受止め自覚的に答へていく。同じ言葉の繰返しでもなく、誰が言っても同じやうな言葉でもなく、その人でなければ言へない掛替へのない言葉、一回的でありながら消えることのない充実した言葉、相手を攻撃したり利用したり、利己を押しつける言葉でなく、相手を生かし、包み、相手と一体となる言葉、責任のある誠実な言葉、かういふ言葉が我と汝の間に語られるのである。そこには言葉の共有、意味の共有があり、それが真実の言葉であるがゆゑに心をも合せ持つのである。

「かたる」（語）といふ国語の「かた」（方、偏）はいづれか一方に偏した情態を表し、「かたる」は本来相手の気持を引入れ、精神的共同をなす意味であったと言はれてゐる（柳田国男『口承文芸史考』、阪倉篤義『語構成の研究』）。それは「問うて答えるという相互的な場でなされる行為である」（『日本国語大辞典第二版』）。また、「かたらふ」は「語り合ひ」で、古くから、相談する、親しく交るといふ意味もあり、「かたみに」（方身・各自）真情を打ち明けて話し合ふことである。この「かたみ」は二つに（左右に）分けた時の一方であり、その一方から見れば対手は他方である。「かたみに」は一方づつからの方向性を表し、代る代るになって関はらうとする、つまりそこから両方、仲間の意になる。「かたらふ」は互ひにといふ姿勢を持つ。それに対して、「はなす」（話）は新しい言葉で、一方的に話手が聞手に語り聞かせる意味であった。森重敏は「はなす」は「心を言葉でハナヤカニ（花）すること、ないしハナニ（花）したもの」と考へ、「ハナツ（発・放）」「ハナス（放・離）」とは別語源とする（『続上代特殊仮名音義』）。また、「こたふ」（答）は「こと」（言）「あふ」（合）で、言葉を合せ共同的な情態をつくることであった。他方、「いらふ」は適当に一往の返事をするといふ意味で、話手と聞手の間は一方向である。このやうに我と汝関係は「かたらふ―こたふ」、我とそれ関係は「はなす―いらふ」といふやうに語彙として対応する。

語り合ひといっても単に表面的に交互に話し合ふことではない。場を持たせ座を繕ふだけの話題、たとへば日常の世間話、天候、季節の話は話手、聞手が誰であってもよく、内面や人格に関はりなく、第三者的な話の種に過ぎない雑談である。また、実用的機能を果すだけの手段的報知的な言葉は、相互的であり得ず、一方的に話し聞くだけで、一度聞けば用の済む言葉である。相手が不特定多数の大衆で個別性のない無意味な、宛名広告、宣伝、演説や自己主張に終始する討論や論争もこの類である。このやうないはば「会話」に対して、我と汝の語り合ひは話題ならぬ主題を相ひ共に深め価値を求めていく。言葉が手段ではなく、それ自体を目的とした「対話」といへよう。会話では話術や技術が必要であるが、ここでは誠意ある思ひやりの態度で十分である。対話の世界で真の我と汝が生れ、両者は全存在で出会ひ、一体となる。

野口恒樹はこの二つの相違を「関説の関係」と「対話の関係」とに分け、前者は「何かについて話す」、後者は「我が汝に対して話す」とした（「対話の関係と関説の関係―談話の二つの根本的次元―」『皇學館論叢』三十四）。この「対話の関係」は汝よと言って話掛けるだけでなく、「何かについて」語る時にも、我と汝が内面を掘り下げつつ深い主題を求めて語り合ひ、そこに我と汝の本質的な結びつきがあれば、正しく対話である。我は何かについて語りながら、汝に呼掛け、汝も我に相応へて語掛けてゐるのである。たとへば、我と汝の生き方や人生観を語り合ふ時、また共通の本質的な問題を考へ、身上的な相談を親身にし合ふ時、対象を第三者的にそれと見るのではなく、汝を我が身に迎へ容れ、結び合ふ、そこに人と人との真の触れ合ひが生れてくる。我と汝は同時的に現成する。我は汝により深まり、汝は我により成長する。この場合、「何かについて」語るといふより、むしろ「何かを」語ると言ってもいいだらう。「を」はもと間投助詞で、感動的に話し手が対象に深く心を寄せる働きを持つ語である。何かを語りながら事実は我を語り、つまりは汝を語り、汝の内面に入り、汝を感じ取ってゐるのである。我と汝が互ひに反映されて初めて話手と聞手の間にある素材は主題になり得る。従って、「対話」に対照するのはむしろ「会話」であり、「関説の関係」は質的な差をもって両者に含まれると考へたはうがいいであらう。

（二）永遠の汝が支へる言語場

我と汝が成立するには、我を我たらしめ、汝を汝たらしめる存在が必要である。我を我たらしめるものが我であり、あるいは汝であれば、それは主観的で個人的な身勝手に堕してしまふ。我と汝との共同の場においてその主体性独自性を確立させるものは我汝以外に求めねばならない。それが永遠の汝と呼ばれるものであった。我は汝に対しつつ、その背後の永遠の汝に向ってゐる。汝への呼掛けは目に見えない永遠の汝への呼掛けである。我と汝全体を見そなはす永遠の汝は、汝のやうにそれに代ることなく、永遠に呼掛けられる汝であり、これこそ神と言はれるものなのである。

では、我と汝としての言葉は永遠の汝とどのやうに関はり合ってくるのであらうか。元来、言葉が通じるといふことは、言葉に社会的約束があり、話手、聞手がそれを無言のうちに諒解してゐることを前提とする。話手、聞手は個別的で離れてゐるように見えて、相互を連続する連帯的な社会的客観性によって繋ってゐる。これは言葉だけでなく、文化・歴史・伝統をも含み持つ。人間は個人的主観的な存在ではなく、共同的公的な存在である。私的な感動でさへ公的客観的な表現を通してでしか他人に通じさせることができない。言葉の成立の原理は実にここに求めねばならないのである。

話手が聞手に言葉を掛ける場合、聞手に分るやうな言葉で話さねばならない。そのためには、まづこれなら分ってくれるだらうと自分に対して納得させ理解させる必要がある。たとへば子供には子供に分る言葉を探り、初対面の人、年長の人、親しい人などにはそれぞれにふさはしい言ひ方を自らに求める。また、日常に方言を使ってゐても、改まった席では標準的な言ひ方をする。つまり、話手は聞手に話す前に自分の心の中に問ひ、言ひ聞かせたあと、客観的な形で言表する。聞手も話手の言に傾聴し、自分流に解釈せず、心の中で内面の自身に問ひ直し、客観的に理解する。このやうに言語表現には話手・聞手の言語場を表現的内容的に規制するものが互ひの心の中にある。これを内面の声、良心の声と言ってもいいし、富士谷御杖の「真心（まごころ）」と考へてもいいだらう。

以上のことを要約すれば、話手はまづ内面の聴手に語掛けることによって表現し、聞手は内面の語手に傾聴することによって理解するといふことで、ともに良心の向ふところに基づいてゐる。話手、聞手は直接に目の前の当の相手に向ふのではなく、内面の言語場を通ることによって、互ひに対面してゐる。この内面の言語場（内面の聴手・語手）は外面の話手と聞手の外にあるやうで実は深い内面にある。両者はこの内面をともにしながら語り合ふ。内面の聴手は外面の聞手、内面の語手は外面の話手の象徴的な投影ともいへよう。そして、その結びつきが形あるものとして現前化したものが言葉といふものであった。語らずとも分るといふのはこの意味で言へることである。

この内面の言語場こそ永遠の汝が存在し、支へる場であった。我と汝としての対話の主題は、実はこの内面の言語場に、つまり我と汝の、両者の心の中にあったのである。しかも内面の聴手と内面の語手は本質的に同一である。我は汝よと呼掛け汝に向ひつつ、汝の我を呼び醒まし、同時に永遠の汝に呼掛けてゐる。我は我の心の内面の聴手に語りながら、同時に汝の心の内面の語手に傾聴してゐる。汝は汝の心の内面の語手に傾聴しながら、我の心の内面の聴手に語ってゐる。内面の聴手が内面の語手に転ずるのは両者はもとより同じところに存する根源的な心の両面を言ってゐるからである。我と汝は内面の、つまり永遠の汝において相会ふのである。

　これに対して我とそれとの言語場はどうであらうか。内面の聴手・語手は言語である限り存在するものであるが、我（話手）がそれに向って話す場合、聞手は特定した汝ではなく誰でもよかった。といふことは、内面の聴手はこの場合、外面の聞手つまり汝の投影としての、ひいては永遠の汝としてのものでなく、話手に密着した客観性の薄いものである。内面の聴手と内面の語手との相互的な働き掛けもなく、もとより一致もしない。それは非人格的な存在であり、人格のないところに内面の聴手・語手は存在しない。会話は極言すれば責任の所在が不明確で、一方的に話し、また聞えてくるだけのものである。内面の言語場への問掛けはなく、外面の言語場で処理されてしまふ。対話の主題は我と汝の両者の内面にあったが、会話の話題は我と汝の外の、それの世界にあった。それの世界の共有は、たまたま話題、環境が同一であったといふに過ぎず、本質的必然的なものでなかった。我と汝には永遠の価値があるが、我とそれは一時的なもので、永遠の汝はもとより姿を消してゐる。これを要するに、我と汝では主題と内面の言語場が一致するが、我とそれでは話題が外面の言語場に置かれてゐるといふことである。

（三）文学と歴史の価値

我と汝としての言葉の成立する場はこのやうに実存的で自覚的な場である。とすると、ここで語られる言葉はもとより音声的な言語でも口語でもなく、文学になり得る価値的な言語と言っていい。文学を味はふとは、内面の語手が読者に語り、読者は内面の聴手に言ひ聞かせながら読んでいくのである。文学は作者の考へる主題の内的な展開であり、真実に対する対話であり、そこから普遍的永遠的な価値が生れてくる。古典は単なる現実や外面の写実や事実を越えて、純粋な真実を持って、読む者にいつも語掛け、呼掛けてゐる。読者はそれに対して汝よと答へ、その中に沈潜し一体となることによって、永遠の汝たる真実や感動を把むことができる。和歌は、内面的な心情を抑制されたまごころをこめて歌ふからこそ、天地を動かすほどの感動が人に伝はり、文学として高められていく。単なる私的な感情は決して人を動かさない。空虚な実体のない言葉の羅列も文学にはならない。どちらも永遠の汝に呼掛けてゐないからである。

歴史も同じやうに考へられる。価値あるものは残る。我と汝としての行ひが人を動かし世を動かす。事実や史実の単なる集積は歴史たり得ない。人間の内面に自覚的な責任の主体として位置づけられて初めて歴史たり得る。我々が歴史に対する時、決して自己と無関係な態度で接してはいけない。自己の内面に歴史を見出し、歴史によって生かされ、歴史の主体者として生きてゐるといふ自覚のうちに歴史が真に創造されていく。歴史はそれと観察するものではない。時代区分は我と汝の関係にある歴史する者によりなされる。古人に対して汝よと呼び掛け、その内なる歴史的な意識と感覚を呼び醒まし、父祖の声に耳を傾け、永遠の汝、つまり悠久の歴史の本質的一貫的な理想に身を置いてこそ自らも真に我として生かされ、歴史として生きてくるのである。

（四）我と汝の沈黙の言葉

さて、これまで言葉を表出し交換することに重点を置いて述べてきたが、言葉は外部に表現することがすべてではない。表現する前に心の中でどれだけ言葉を選ぶのに苦慮するか、つまり内面の聴手との問答を繰返すか、あるいは言はないで心の中にしまっておくか、日ごろ経験する。口に出された言葉は言葉の半面に過ぎず、口に出さず言葉を慎んで黙るといふことは表現の重要かつ本質的なことである。話して分るといふことは話さなくても分るといふことが前提にある。また逆に、話さなくても分るといふことはその背後に言葉があるからともいへる。言葉には言はないといふあり方もある。黙ってゐても分るといふその証しとして言葉がある。言葉の交換と沈黙の交換は同じ底たるべきものである。饒舌は黙ってゐては分らないといふ不安と不信の気持の表れといへないか。沈黙が基底になければ言葉は成り立ちやうのないものである。

そこで次に、我と汝としての言葉が実は沈黙を基盤にしてあるといふことについて考へよう。一般に表現とは主観を表すものである。しかし、主観である限りそれは私的利己的な露出になってしまひ、相手に理解されないばかりか、時には迷惑をかけ、傷つけることさへある。主観的な表現を客観的社会的な形に近づけてこそ初めて理解が成立する。表現とは自己を没却して公的なものに尽すことである。

言葉の躾といはれるやうに言葉には本来的に道徳性が備はってゐる。自己の生れる前からすでに規範として在る社会的、伝統的な言葉をまづ習得せねばならない。言ふ前にまづ黙って相手の言ふことを無私の態度で聞かねばならない。話し上手より聞き上手である。相手の言を十分に聞いて初めて自分の立言が許される。話し合ふことは聞き合ふことである。表現するには自分で内容に対して先に理解しておかねばならない。内面の聴手に問ひ語り、私情を抑へて責任ある言葉を言はなければならない。無制限に一方的に表出することは非道徳的でさへある。相手や場面を顧慮して慎重にしなければならない。さういう意味で、表現はなるべく抑へて真に止むを得ぬ時にだけ、できる限り少ない言葉で表出すべきである。良寛のいふやうに言葉は惜しみ惜しみ使はねばならぬ。言葉を慎むことは行動を慎むことである。小我を殺してこそ大我に生きることができる。言葉の倫理を内から守るところによって自由な言葉の世界が開けてくる。表白はむしろたやすいが、それだけではその段階に止りそれ以上に出ない。言葉を慎み沈黙を守ることは苦しいが、それだけに言葉以上の内容を剰余として含み持つ。古来、沈黙は金、雄弁は銀と言はれてきてゐる。

言葉が社会的なものであるのに、言葉に表さうとする情意、欲求は主観的なものである。この一見、矛盾と見える中に言葉の秘義を解く鍵が蔵せられてゐる。話手はその主観的なものを客観的なものにするため、第一に内面の聴手に語掛ける。聞手は自我流の理解に陥らないやうに内面の語手に第一に傾聴する。この内面の聴手・語手は話手・聞手が共有するものであり、この内面の言語場における二つの作用の中で人は沈黙するよりほかないのである。沈黙して良心の中に沈潜する。沈黙せずしてどうしてこのやうに深く言語することができようか。単なる私情の表出は良心を経てゐないので道徳的、人格的にも非であり、それを抑へ、公的なものに純化させるものとして沈黙の作用が働くのである。

この沈黙の構造を我汝哲学から考へれば次のやうにならう。我は汝に語掛ける前に我と汝の間にある永遠の汝に語る。永遠の汝は我の言葉が適切であるかどうか、汝に分りやすい言ひ方であるか、真に言ふべきものであるか、沈黙の中で判断する。その間の沈黙は言語がないのではなく、潜在的な形で存在してゐる。つまり、話手が誠意を尽して客観化すればするほど内面の聴手は傾聴し沈黙する。そこには止むに止まれぬ言葉、自覚的に深められた言葉が生きてゐる。翻って汝が（我と考へてもいい、我と汝は相互的なものであるから。話手と聞手は交替すべきものである）、我の言葉を理解する前に永遠の汝の言葉に耳を傾ける。永遠の汝は汝が我の意図に沿ふ理解をしてゐるか、我の立場に立って謙虚に向ひ合ってゐるか沈黙して判断する。永遠の汝は先の沈黙の転じた雄弁でもって語り聞かせる。つまり、聞手は話手の言葉が沈黙を通したものであればあるほどよりよく分る。聞手にある内面の語手は話手にある内面の聴手に雄弁に語る。話手から聞手へといふ作用が内面ではその逆の方向に、つまり聞くことから話す方向に作用してゐる。内面の聴手は外面の聞手、内面の語手は外面の話手の投影と先に述べた象徴的意味もここにある。内面の言語場では言葉の量は問題でなく、質的な言語が語られる。沈黙の深みを通した真実の言葉だけが相手の心を強く打つ。沈黙はその意味では雄弁である。すなはち、内面の聴手が沈黙すればするほど、本質的に同一な内面の語手が反転して雄弁になる。沈黙は言語を言語として定着し、また新たに創造していく言語の源泉、母なる大地である。

沈黙を意味する最もふさはしい古語は「もだす」であらう。この語は「もだ、もだあり、もだをり」と古くから使はれてゐる。「もだす」は「もだゆ」（もだえる）と同根であり、「もだゆ」とは口に出さず心の中にもがいて思ひ悩むことである。沈黙することと、もだえ苦しむことは古人にとっては同じことであった。「忍黙」を「もだ」と訓む（『肥前国風土記』）のはそのことを示してゐる。「もだゆ」の受身的消極的な意味よりも「もだす」は自ら然《しか》する積極性を意味する。単に黙るといふものでなく、苦しみながらもだえて沈黙を保つといふのが本義であらう。ここに表現の厳しさが表れてゐる。苦しみの中から生れた言葉であるから人の心に分け行くことができる。言葉といふものについて「言のすべてでなくほんの端に過ぎないもの、口先だけの意が古い用法」といふ説がある（『岩波古語辞典』）。さういふ言葉はもだえを通してゐない本当の言葉とは言へない。言葉はもっと重い意味を持つべきものである。「いふ」ことは同時に「いむ」ことでもあった。わが国は古来から言挙げせぬ国であり、言葉には言霊が宿り、言ふことにより物事がそのまま実現する言霊の幸はふ国である。言葉の禁忌は現代にまであるが、古代人が言葉をどれほど怖れ慎んだか現代のわれわれの想像以上のものがあるだらう。

さて、沈黙に似て非なるものに黙秘といふものがある。沈黙は相手と積極的に言語場を形成しようといふ内なる語り合ひの場である。相手の沈黙の意味を理解し、その中に溶け込み、もはや言葉を必要としない我と汝の関係である。一方、黙秘とは相手のことを考へずに自分勝手に利己的に黙り込むことである。自分の都合の悪いことや相手のためになることを言はない、言質を取られまいとして意図的政策的に口をつぐむ、言ふべき時や場で言はない、自分を隠すために黙る、あるいは、いはゆる黙秘権の行使、発言拒否は言語場を造り上げようといふ意欲や誠実な態度がなく、自分の殻に閉ぢ込もる、つまりは人間関係への参画を拒む姿勢である。これは共有性、相互性の欠けた黙秘であり、言葉は初めから存在しない。言葉がないので、意味つまり心も共有しない。これこそ我と汝ならぬ我とそれとしての黙秘といへるものである。黙る相手は誰であってもよく、従って人格として対さない。相手は黙る者に対して手の打ちやうもないし、黙秘の意味も分らない。これを言語場の構造からみると、話手は内面の聴手に一方的に自己を閉ざし黙るだけで、同時に聞手の奥にある内面の語手の言葉に耳を傾けようとはしない。聞手は内面の語手から聴きやうもなく、話手の奥にある内面の聴手に語掛けもできない。つまり話手と聞手の共に有る場はなく一方交通であり、従って、内面の語手と内面の聴手の交流はない。話手から聞手へと外面の言語場を通過して行くに終る。我は相手をそれとしか見ない。我および汝の奥にある永遠の汝はもとより存在しない。永遠の汝は汝よと呼掛ける我にだけ存在するのである。言葉がないといふことは単に表面的量的なものに過ぎず、黙秘とは実は饒舌、多弁の裏返しであった。多弁は我とそれの関係にあり、量的なものが人を動かすことはあり得ない。

黙秘を意味する国語は「だまる」であらう。『日本国語大辞典第二版』によれば、「人をあざむこうとする気持をもつ」意の「だまる」(騙)は「無言の状態になる」意の「だまる」(黙)と関はり、「真実や真心を隠して表に出さないでいる」ことである。表面を偽って知らぬふりをするから黙るのである。そこから「だます」といふ語と対応する。我と汝の関係でだますことはできない。黙ってゐることは人をだますことになりかねない。といふことは饒舌に弁舌巧みに働き掛けて人をだますことと裏と表の関係で、同じことなのである。沈黙の大切さを強調するあまり、いつも黙ってゐるのがいいといふわけではない。

（五）我と汝の言葉の真実

沈黙は我と汝との対話であり、それ以上に我と永遠の汝との対話である。沈黙は神までも受納したまふ心の対話である。我と汝はそれぞれ全人格を体して沈黙を共有し、永遠の汝と相会ふ。そして、その沈黙が逆に雄弁に我と汝とに語掛ける。沈黙は永遠の汝の語掛けに傾聴することと永遠の汝に少ない言葉で語掛ける二面性がある。この二つの作用を理解（受容）と表現（創造）といってもいい。永遠の汝たる沈黙は言葉の表現性に限らず、受容と創造の面にも深く関はってゐるのではないだらうか。

日本画や書道の余白とはいかなるものか。西洋画は全画面に色をつける。すべてを主張し尽し残るものがない。日本画は余白を残す。そこには何もないのではない。ないといふことで何かがあるといふことを表し、観る者にその意味を語掛ける。画面の絵以上に強く働き掛ける。禅画の空間はそれだけで全宇宙をも包含する。書道の字配りは天地の構成をも意味する。表情を抜き去ったはずの能面がひとたび舞台に現れて動けば豊富な表情を示すのは無表情であるがゆゑにあらゆる表情を含み持つからである。固定した伎楽面は自由にはならない（和辻哲郎『面とペルソナ』）。韻文が散文以上に訴へる力があるのはなぜであるか。散文は無定型無制限である。韻文はまづ定型に従はねばならない。いはば表現における自己没却であり、定型によって美しい韻律と言葉が生れる。しかも言ひおほせないところに余情余韻がこもる。沈黙による鍛錬によってより雄弁に生きてくるのである。簡潔明瞭な文章は長たらしい複雑な文章より人に強く印象づけることがある。警句格言はそのいい例であらう。

仏像を古美術品として鑑賞的に眺めるのは我とそれの態度であるが、信仰して礼拝する者には仏像は汝であると同時に永遠の汝である。汝よと呼掛け、語掛ける者にとって仏像の表情はいろいろな意味を持つであらう。見る者の心によってその表情が変ってきて、声なき声を聞くことができる。鏡は自分を映さずして何物をも映すことができる。日本の鐘は静かに内に余韻を響かせ、聞く者の心にいかやうにも入って行く。無我であり無心であるからこそ何でも受入れられる。自己を無にして大宇宙の生命と一体になれる。身を捨ててこそ浮ぶ瀬がある。身を殺して仁を為す。利己主義に固まってゐる者には人を救ふことができない。沈黙の言葉は人間道徳の根幹に通じるものであったのである。着物は一枚の布地であるがために誰でもが着られ、しかも着る時の心で変幻自在である。風呂敷は一枚の布であり、和室は一つの大きな部屋である。下駄は靴のように限定しない。

芸術の創作は深い沈思黙考と孤独の中から生じる。孤独は孤立とは違って対象たる汝と一体となった境地である。我と汝は責任ある人格的主体であり、真に自己を持してゐるからこそ、孤独に徹し、また汝と交り、出会ふことができるのである。鑑賞は沈黙するときにより多くのものが見え、聞えてくる。古典は価値あるものとして沈黙的に定着して読む者にその程度に応じて絶えず訴へてくる。歴史は時の流れを通して浄化された沈黙的真実が事実を越えて饒舌と混迷の現代よりも一層強く語掛ける。古人はすでに死し沈黙してゐるがゆゑに一層明確にはっきりした動じない姿で沈黙の底から今生きてゐる我々に対してくる。

感動し感銘する時は言葉は無用である。言葉に表現するもどかしさに迷ふより、あるいは言葉に表現して平凡に終ってしまふいらだたしさに悩むより、むしろ黙ってそれを受止め、堪へ、味はふべきものである。感動は全的な沈黙の中にある。言葉を探り、言葉によって考へるのは沈黙を通してのことである。悲しいといふ語をいくら重ねてもそれは私的な感情をあらはにしたに過ぎない。悲しさに堪へ悲しみの沈黙の中からしみじみとにじみ出るものが真実の言葉と言はれるべきものである。それは話手の主観的な表出ではもはやなく、公的な神こそが同情される神の言葉ともいふべきものである。我と汝の言葉が我と永遠の汝の言葉に昇華されたのである。富士谷御杖の説くやうに、私心をあらはに言行に出ださず、公に据ゑるところに「真」があり、そこに鬱情を慰める道として真情のこもる歌が生れ、神が来たり鎮まるのである。その意味で歌といふものは遊興の手すさびではない。我の内面の聴手に語り、汝の内面の語手に聞きながら、永遠の汝と一体になる言葉である。言霊の幸はひは沈黙の中ではたらく。その意味で永遠の汝とは言霊にほかならない。我と汝における沈黙の言葉は人間存在の真実そのものであったのである。

第二章　語構成的意味論

第一節　「かみ」

〔要旨〕カミ（神）について、カミ（上）の仮名音（いはゆる上代特殊仮名遣）と異なることから、語源は別であるといふ説がある。しかし一方、カミ（神）は神の古語カムにイ音が付いて、カミ（上）はカムの母音交代により成立したもので、両語は共通の一つの語から派生し、従って語源・原義は同じといふ説がある。本節はこの学説によりながら、クム∨クマ、カム∨カミ（神）・カミ（上）のそれぞれの語の成立過程と語義を阪倉篤義、森重敏の説をもとにして、祖述し、説明した。そして、子音の枠組みを保って母音を交代させ、意味を拡大、変化して新たに語を創造していく語形成、語構成のはたらきを考察した。

　次に、このカミ（神）とカミ（上）の成立の根柢に古代の日本人の自然や祖霊に対する観念があり、川から山へ、海から天へ、山から天へとはるかかなたの向う、つまりカミ（上）の地にカミ（神）の存在を感じ取る心性、感覚、意識があることを論じた。カミ（神）ははるか水平の奥まって隠れたカミ（上）に在るもので、それがこの二つの語の成り立ちから説くことができるのである。

（一）カミ（神）とカミ（上）

神は上《かみ》にいますからカミといふ語源説が新井白石、賀茂真淵をはじめ、貝原益軒、伊勢貞丈などによって江戸時代から既に言はれてきた。しかし、上代特殊仮名遣の研究により、神のミは乙類（ï）、上のミは甲類（i）で、発音が異なってゐたことが分り、橋本進吉が「この二つの語が同じ音でなかったとすれば、その間に関係があるとすることはよほど考へなければならぬ」と慎重に疑問を呈した。ところが、その門下の大野晋はさらにそれを押し進め、「神と上とは結びつかない。全然無関係な語である」（『日本語をさかのぼる』）と断定し、この「語源説は成立し難い」と辞書にも記すに至った。これに対して、渡部昇一は意味の分化により同一語源の語の語形の一部が変るのは自然な現象として、印欧語の例を音韻学的に説き、神と上の同一語源の正当性を論証した（「カミの思想」『国語のイデオロギー』）。

神は上《かみ》であると考へる一番の難点は前述の通り、両語のミの文字が書き分けられてゐるといふことであった。しかし、これは後に述べるやうに、カムが動詞と同じ形のため名詞といふことがだんだんはっきりしなくなり、語尾にイ母音をつける語構成の方法になった時代に、カム（甲類）にiをつけて名詞であることを明確にさせようとして乙類の発音（u＋i＝ï）になっただけのことである。このことは早く森重敏が指摘してゐたが（『萬葉』九十三）、氏はさらに『上代特殊仮名音義』で、上代においてもやはり母音は五つであったとして、乙類の三母音（ï、ë、ö）は甲類の五母音と同じ意味での音韻たる母音ではなく、「子音＋甲類母音」に「音の係助詞」iが加重した臨時的な合成音声であり、音韻ならぬ音声を帰化人が録音的に聞き分けて筆録したものであると論証した。これは後世のヘボン式のローマ字や外来語の特別な表記（例へば、イェ、ウィ、クァ、ヴなど）のやうに発音に似せて書かうとする方法と同じやうなものである。また、松本克己も形態素iの作用による複合音素を考へ、乙類の三母音はイ、エが「子音の調音（発音）差」、オが環境によって違った発音になる「変異音現象」であって、「書記法の作り出した虚像」と考へた（『古代日本語母音論―上代仮名遣の再解釈―』）。このことから神と上《かみ》の両語がミの表記の書き分けによって別の語であると言ふわけにはいかないことが明白になった（第四節「かぐら」の注（36）参照）。神と上《かみ》とを関係づける学説は主として京都大学系の国語学者、森重敏・阪倉篤義・川端善明・吉田金彦の諸氏がそれぞれの立場と方法から独創的に論証して、ほぼ同じ結論に達し、今や有力な説になったと言ってよい。

　ここで本節ではまず阪倉篤義の所論に基づき（「語源―『神』の語源を中心に」『講座日本語の語彙一』）、私見を交へながら神と上《かみ》の語源と意味を語構成論の立場から説き、続いて民俗学的な視点からその発想の基づく観念、思想について述べ、それが神と上《かみ》の本義と密接に関係してゐることを論じる。なほ、ここでいふ意味とは時枝誠記の言語過程説に基づく意味であり、言語主体が理解し、表現しようとする過程、つまり、言語意識、言語感覚を重点に考へていく。意味は言葉に内在するといふより、主体の対象に対する捉へ方、表し方によって生じるものである（以下、語詞を考証するときは片仮名で表し、その語に相当する意義を括弧の中に漢字で記す）。

（二）クム・カム・カミ

　地名に古い言葉が残ることがあり、古く「神代」が和名類聚抄の諸本でカムシロ、クマシロ、「神稲」がクマシロと訓まれてゐる。両語とも「神代田」のことであり、神に供へる米、また、それを作るところを意味した。一方、精米のことをクマシネといひ、後に神仏に供へる白米（供米）のことをクマ、オクマといふのはその名残である。『備後国風土記』にある「疫隈の国社《くにつやしろ》」の「疫隈」はエノクマといふ。以上のことから、カム、クマといふ語が抽出され、両語に共通の意義があると予想される。

　では、クマとは何か。球磨、熊本、熊野といふ地名から、山の中で急に開けたところ、奥深く隠れたところと考へられる。これらは道や山が曲折してゐるところや物陰、奥まったところである。これがつまりクマ（隈）であり、すみずみの意のクマグマ、その形容詞形がクマグマシで、隠れてゐてよく見えないことを意味する。クマナシはその打消し、クマサカといへば折れ曲った坂道のことである。このクマはもとクムといふ動詞から派生したもので、クミド（夫婦の寝所）のクミはその連用形である。クム（組）はコム、コモル（籠）とともに、見えないやうに中に入り込む、姿を示さず隠れるといふのが原義である。クボ（窪）は落ち込んだ深いところ、クモ（雲）は空を隠すもので、クモガクル（雲隠）といふ語もある。京の北山の里、雲ヶ畑のクモはクマ（隈）の畑にほかならない。

クム―クマの母音交代の関係は、ムル（群）―ムラ（村）、ツク（築）―ツカ（塚）、ツル（連）―ツラ（列）のやうに、ウ母音（終止形相当）がア母音（未然形相当）に語形を変へ、その動詞が「何々した情態」を表す体言（情態言。阪倉篤義『語構成の研究』）に変化する上代の語構成法の一つである。つまり、クマは隠れた情態、籠り隠れて陰になってゐる場所を意味した。

クムがクマと交代する一方、カムといふ語が成立した。ウとアの母音交代は例へば、ススム―ススサム、ウスシ―アサシ、ウマシ―アマシなどの例がある。このカムもクマと同じく、奥まったところに身を隠してゐるものといふのが本来の意味で、神の古形として、カムアガル、カムツドフ、カムナガラなど多くの複合語に使はれる。このことから、先の、カムシロ、クマシロ、クマシネ、エノクマのクマはカムと同じ意義を有し、目に見えずに奥深くにある怖しい存在と捉へられ、それをカム、つまり神として観念したと考へられるのである。

一体に、ウ音で終る名詞は古くからある基本的な名詞が多く、次にイ音の名詞に変った。その時に、動詞性の意義を持つカム（甲類）が単独の名詞性を確保するため、イ母音を接合する方式により、カミ（乙類）が成立した。これが即ちカミ（神、乙類）である。一方、カムが連用形に活用し、カミ（甲類）といふ語（居体言）が成立した。これが問題のカミ（上）であり、本来カムの意義を連続して含んでゐるはずであると予想される。このイ音の付加はアイヌ語のカムイを考へ合すとよい。カムイのカムは上《かみ》、イは「…するもの、こと」で、カムイは上《かみ》にゐるもの、あるいは覆ふもの（カムレが覆ふ）として神、熊、あざらしなどを意味する。また、カントは天、神の住むところで、カミ（神、上）の意義に共通性がある。なほ、右の諸説で、子音kと子音mは動かずに、母音を変化、交代させることにより、中心的、基本的な意義を共通に持ちつつ、新たに深化、発展した意義を分化、派生してゐる。一般に言葉はこのやうにして創造され、語彙群をなして、言語の世界を形成していくのである。以上の変化を示せば次の通りになる。

クム（コム）
- クマ
- カム
  - カミ（乙）……神
  - カミ（甲）……上

さて、このカミ（上）はウヘ（上）と本来の意味が異なることに注意しなければならない。ウヘはウ（接頭語）にへ（辺）が付いたもので、空間的には人の目に触れる物の表面、表に現れた部分を指す。この対語はシタ（下）であり、表面から見えない部分、裏面を意味する。シタテル（下照）、シタダル（垂）、シタゴコロ（下心）などを考へるとよく、このもとはシツ（下）、ツヅ（垂）であった。そして、ウヘはシタの反対概念から、垂直関係の高い位置を表すやうになった。一方、カミ（上）はカムル（籠）場であり、一続きの相対的な部位として、シモ（下）と対置された。カミは表現主体から遠く離れた奥深く隠れ籠る処であり、そこは物の始源、根源と観じられ、それと連続して帰着、終着していく、もう一つの究極がシモと把握された。ウヘとシタは表裏、外面・内面、高低の相対化によって垂直関係に移行しやすいけれども、カミとシモにはもともと上下や垂直の捉へ方がなかったのである。カハカミ（川上）、ミナカミ（水上）、ウナカミ（海上）は川や海の、はるか遠い、見えないかなた、言語主体（表現者）のこちらから見て、続いて繋っていくあちらの方向にあるものであり、ウヘなる方向であるマウヘ（真上）でも直上でもない。

カミは言語主体の把握する範囲内の、シモと対比した全体的な関係の中で捉へられた源、奥、深みを指してゐる。ソノカミはソノといふ指示語があるやうに、時の流れにおいて現在から過去に遡った昔を指し、常にシモたる今と対比する意識がある。今から見た昔といふ感覚であり、従って、価値的な意味合ひも漂ふ。カミにはもともとソノを含んだ意義、シモを意識した意義が備はってゐた。「遠祖《とほつおや》」（神代紀上）の類語に「上祖・本祖・始祖」（同下）「先祖」（清寧紀）がある。「上」は「とほつ・かみつ」どちらに訓むにしろ「遠き始めたる本《もと》」といふ起源、始源たる意識がある。

カム（籠）から派生したカミ（上）はもと距離が隔った、目の届かないところ、現在地から一連の物の始るところ、本源、根源を意味した。それは人知では容易に測り知ることのできない、神秘的な隠れたところで、畏怖すべきものであった。そして、それは価値的には上位であり、心理的には高所にあると考へるのが自然であって、上というふ漢字が宛てられ、ウへとの意味の混同が起った。後に、カミは上《かみ》御一人たる天皇から、長上、高位の人、さらに将軍や京都、また頭の毛などに意味が広がり、ウへと意義が一部重なっていくことになる。

このやうに、神と上《かみ》は同一の語源を有する、いはば家族語である。しばしば引かれる例だが、『播磨国風土記』（揖保郡）で「上岡里…故号神阜《かみをか》」とあるやうに、「上」と「神」を同じ語源に結びつける言語意識がもともとあった。これは音声や発音の問題ではない。上《かみ》と神は文字から言へば別語のやうであるが、両語に共通の意義があると捉へたことを踏まへての表現である。カミのミは音韻ならぬ音声が甲類と乙類と違ったけれども、両語は同一の語カムから派生した、いはばもとは一つの親から出た兄弟関係にある語である。平安時代になり、音声の相違を厳密に書き分けた萬葉仮名による上代特殊仮名遣に代って、発音の差もなくなり、音韻を示す平仮名によって書き表すことにより、「かみ」といふ共通の表記になった。カミの意義の分化は「神」と「上」といふ漢字の書分けといふ文字意識によってさらにはっきりした。一般に同一語源を有する語が意義の変化、分化によって、文字、さらにアクセントで区別しようといふ意識がはたらくことは自然なことである。例へば、「勢ひ」や「土台」が体言から副詞的に使はれるとアクセントは変化する。「なく」は意味の違ひを「泣」「鳴」の漢字により書き分ける。神と上《かみ》も同じく、文字表記もアクセントも変へてゐる。語源の追究はそれらを遡って、すぐれて意味の問題として考へねばならない。

なほ、萬葉集に次の歌がある。

　大君は神にしませば天雲《あまぐも》の雷《いかづち》の上《うへ》に廬《いほり》せるかも

（二三五、或本には第三句以下、「雲隠る雷山《いかづちやま》に宮敷きいます」）

これは持統天皇（一説に文武天皇）が国見のため明日香の雷の岡に登られた時のことを讃へて詠んだものである。「雷山」を「雷のうへ」と表してゐるが、イカヅチ（厳《いか》つ霊《ち》）そのものが既にナルカミ（鳴神）である。「天雲、雲隠る」とクモを神秘的に表し、その天雲の中での天皇を神たる存在として捉へてゐる。雲に隠れて見えない高いカミなるところにいますことから、大君はやはりカミであり、そこに大君の実質を認めたのである。

神は高く深い山や森、遠い川上、海上に隠れて目に見ることのできない存在である。これを言語的に表せば、カミ（神）は奥深いクマ（隈）に見えないやうにコモリ（籠）、はるか遠くの本源たるカミ（上）に身を隠してをられるのである。カミ（神）の本体はカム、コムであり、ここに動詞的、用言的な要素、つまり用としての発動を見なければならない。櫻井勝之進が強調するやうに（『日本神道論』）、木、岩、森、山などの自然物そのものが神ではなく、それらの中に神々のはたらく力を象徴して信仰してゐる。カムヅマルといふやうに、神がトドマル（留）、即ちカミが自然物にコモルことによって、そこにカミの霊威が蓄へられ、霊力が活動する。カミは静止してゐるのではない。コムといふ用（用言）のはたらきによって体《たい》（体言）としてのカミが生れ、神威を発するのである。

（三）川から山へ

では次に、カミ（上）たる川、山、海とカミ（神）との関係について、言葉に重点を置き民俗学的な観点で補ひながら述べていかう。

ミナカミ（水上）はカハカミ（川上）を遡ることによって到達する。柳田国男の言ふやうに、桃太郎や瓜子姫の説話は「水の流れを下って来たといふことが元は欠くべからざる要件」で、「川上の未知数」はたやすく窺へない神秘的な幽界であった。一寸法師は難波の浜から川を上り、京に着いた。古く櫛名田姫や玉依姫の説話は箸や丹塗りの矢が流れて来て、「異常の力が特に川上の清く高き処にある」と信じられてゐた。大祓や雛祭りの人形をカハノヘ（川のほとり）で流して罪穢を祓ったり、盆の供物を川に流すことも、カミ（上）の対極たるシモ（下）に行く道であり、逆に川上の清浄性を示してゐる。

川のほとりや川合に神社が祀られることが多く、さらに上流は山深く遡る神社がある。丹生川上神社が著名であり、伊勢神宮（内宮）も五十鈴川の上流、カミの地に鎮座してゐる。賀茂神社は山城から木津川、賀茂川を北上するカミに位置し、もとの鎮座地はこの向うのカミヤマ（コウヤマ、神山）で、山頂に磐境、磐座がある。この西岸は川上郷であり、川上町、山の森町の町名とその名を冠する神社がある（後者は上社に遷座）。カモ（賀茂）のさらに奥のカミはクモ（雲）ヶ畑で、ミナカミに達する。もう一つのカハカミは貴船川の上流であり、貴船神社が鎮まり、霊水を司どる農業の神である。カミサカ（神坂）に居住したカモ（鴨）族は神を祀る神官といふ名を負うてゐる。賀茂の御祖神がタマヨリ（玉依り、魂憑り）姫で、カミ（上）からのカミ（神）に感じて子を生む説話はカミ（神）のミアレ（御生《みあ》れ）を意味し、カミとカモとの密接な関係を物語ってゐる。

さて、霊妙不可思議な聖地である川上をさらに遡って行くと、山中から山頂に到達する。川の流れは柳田国男の説くやうに、山上の神界へ通じる道である。この山こそ古来、日本人が神霊の鎮まる魂のふるさととして崇めてきたものであった。山のモリ（森）はモル（盛、守）、モシ（茂）と関係があり、森や巨木は神のコモル場であり、ハヤシ（林、生やし）とは異なる。

一方、死を忌み嫌った古代人は人里離れた山を葬送の地とし、やがては山を死霊の籠る俗界と懸け離れたところと考へ、いはゆる山中（山上）他界観が生じた。天皇の御陵（山陵）は古代には前方後円墳が山丘を摸してゐたり、自然の山やそれを背にして営まれた。ヤマといへば墳墓、陵墓を指すことがあるのはそのためである。一般でも里に近い詣り墓に対して、山中に埋め墓があり、葬送の言葉に、ヤマギメ、ヤマユキ、ヤマオクリ、ヤマガクスなど数多くある。また、山に籠る物忌み、里宮に対する山宮、仏教と習合した山岳信仰など、山を神聖な霊地と観じてきた。神が天から高い山に降臨する神話も自然な道筋である。

ヤマの母音交代による語にヨミ、ヨモがある。記紀の黄泉訪問の説話のヨミは山腹や山坂にあり、地下の世界のことではない。ヨミはヤマの世界のあの世、他界のことである。このヨミは現実の目には見ることのできない、遠い存在であり、心理的には暗く、死といふ別世界であり、ヤミ（闇）とも捉へられた。ヤマヂ（山路）はヤミヂであり、ヨミヂでもあったのである。「神奈備のこの山辺から　ぬばたまの黒馬《くろま》に乗りて　川の瀬を七瀬渡りて」（萬葉集三三〇三）は一般に、川向うの他界と考へられてゐるが、死霊は拠り所もなく山に行くのではない。数多くの瀬を渡り、川筋を伝はって、山に入っていく。山中（山上）他界観はウヘを目指す垂直志向ではなく、川の流れと一続きの、つまりシモに対するカミ（上）の地の奥深い山ぶところを母なるカミ（神）の世界と仰ぐのである。

柳田国男の祖霊信仰論に従へば、死者の霊は生前の居住地に近い山にあって、常に子孫を見守り、盆、正月、彼岸、春の野遊びの日に人里を訪れるとされた。山の神は春になると田の神となって稲の豊饒を守り、秋の収穫が終って山に帰って行く。盆や正月の前には山に入り、埋め墓に詣り、迎へ火や榊を持って、神霊を迎へる準備をする。盆の終りには送り火で山へ帰す。このやうに、山は祖霊が籠るところで、生者と交流する場であった。

山は人間にとり親しみ深い存在であると同時に、畏怖すべき存在である。神に近い子供が突然、山中で姿をくらますカミカクシ（神隠し）は今も信じられてゐる。ヤマサブといへば山の威厳を表してゐる。山は人の前に姿を表さないものが奥深く隠れ住む神聖な地であり、カミ（上）そのものである。カハカミ（川上）に対するヤマカミ（山上）といふ語が地名や人名以外に使はれないのは、ヤマ自体にもともとカミの意義が含まれてゐるからであらう。このことは聖職者の居住地をオヤマと言ったり、もと神事であった相撲の力士名に神霊の凝ったといふ意味でヤマをつけることにも残ってゐる。カハカミとともにヤマがカミたる場であることは以上によって明らかであらう。

（四）海から天《あめ》へ

山の頂きのカミ（上）の極みにあるのがアメ（天）であり、このアメはアマと母音交代し、天空だけでなく海を意味する。ここで、海のかなたのウナカミ（海上）とカミ（神）との関はりについてまづ述べよう。「海《わた》の底奥つ深江のウナカミの故布の底に」（萬葉集八一三）のウナカミは従来、海から少し上手にある丘のあたり、海のほとり、あるいは地名かと解釈されてきた。前述の通り、カハカミとカハノへが異なるやうに、この説はウナノへのことを言ってゐる。ウナカミはわたつみの神がいます海の源、海の始るところと観念されるやうな「海のかなた」であった（阪倉篤義「海上（うなかみ）」『萬葉』一一〇）。ウナカミは上来述べてきたカミの本義から考へ、海の奥まった方向にある場所で、ウナノへと違ひ、カミとして崇める価値的な捉へ方をしてゐるのである。

このウナカミと相た語にウナサカがある。これは海のかなたにあると信じられてゐたワタツミの国とのサカヒ

（境）、海の果てであり、現世と山のヨミの国とのサカヒであるヨミツヒラサカ（黄泉平坂）と対応する。サカ（境、坂）はサク（割、裂）の情態言であり、もともと区切りをつける境界を表す。これを越えると異郷であり、そこには神がゐて、交通の妨げになると考へられてゐた。境の地や橋を祀るのはこのためである。ウナサカは水平線はるか向う側を坂なる海と見る感覚（折口信夫）であり、神の居場所でもあった。その場はソコ（底）とも捉へられ、これはサカの母音交代による語である。ソコは本居宣長が「地底には限らず、遠いこの世の果にある国」と述べ、これは「根の国、底の国を念頭におかれた説かとも思」はれ（柳田国男）、海のサカを過ぎると浦島子の到った龍宮、本つ国、常世国であった。ネ（根）は決して地下に垂直的に降りて行くものではなく、ナ（地）と同じく、大地に強く食ひ込んで位置してゐるもので、山裾のゆるやかな傾斜地たるノ（野）を経て、地続きで山のネ（嶺）に転じる。物の始る根源の地をかなたの世界のウナサカ、ソコノクニ、ネノクニと捉へたのである。そこはまたトコヨノクニ（常世国）であった。トコヨのトコはタク（長、闌）、タカ（高）と母音交代し、永遠に変ることなく栄える世界である。柳田国男、折口信夫が生涯かけて追究したやうに、海上他界観は山中（山上）他界観より古いとされ、日本人は神の国、理想郷、母なる国を海上の水平線のかなたのカミ（上）にあると信じてきたのであった。

ウミのウはウノハラ、ウシホ（潮）と同じく、海洋を表す語基だが、一方、ワタといふ語もあった。ワタはヲト、ヲチの母音交代による語で、本来はずっと向うの方を意味し、トホ（遠）が単なる遠方であるのと異なり、死後の他界をも意味した。だからこそ、ワタが海の意にもなったのである。ヨミ―ヨモ―ヤマと対応して、ヲチ―ヲト―ワタが考へられ、両者とも山と海の他界観に関連してゐる（井手至「所謂遠称の指示語ヲチ・ヲトの性格」『国語と国文学』三七ノ八）。また、ヨミガヘル（黄泉帰る）が死から復活への観念を示してゐるやうに、ヲツ、ヲチカヘルは元へ戻る、繰返していくといふことから、若返る、蘇生するといふ意味にもなった。ヲトコ、ヲトメは元来は神威、霊力を身につけた神人の意である。ワタツミは霊界であるとともに、生命の誕生する根源であり、神がワタ（渡）って来るところであった（ワタルのワタはワタツミのワタと同語源である）。

さて、はるかなウミは水平線に達し、そのまま天空へと一続きに連なっていく。「海の水平線も山嶺の空線も天と日月とに直接することに似て居る故に是も同じ所」と古代人は考へた（柳田国男）。ネが根と嶺の両義を持つやうに、アメは海と天の両方を意味しながら、海のカミ、山のカミともアメに続いていく。海上、山上の他界観、祖霊観は聖なる空間として究極には一つに繋ってゐるのである。

ときに、ここで思ひ合されるのは、海上の理想的な常世こそ沖縄や奄美大島に今も伝へられてゐるニライカナイ（ニルヤカナヤ）である。南島の人々は遠い海のかなたにニライカナイといふ理想の国、神の国、浄土の国があり、そこから神が訪れて、祝福や幸福を与へてくれると考へた。柳田国男によれば、ニライとカナイは対語で、「沖から辺から」といふ意味で、ニーラには遠く遙かなといふ語感があり、ニーは根、根源、本源といふ意味である。海のカミ（上）なるニライカナイは神の故郷であり、海上の霊地であった。そこはまた祖先の霊が生き続けてゐるところで、子孫を常に見守り、まれに訪れて幸福の預言を与へて去っていく「妣《はは》の国、魂のふるさと」であった。また、稲の種もここから運ばれ、稲作の人々に神の恵みとして授けられた。コメ（米）はイネ、ヨネと違って、「何か隠れた特殊な意味」があり、特に改った忌み言葉として、コム（籠）、クマシネ、クメなどと関連して、神霊の漂ふ尊い語感を持つ言葉であった（柳田国男）。穀霊信仰はかういふところから生れたのである。

（五）山から天《あめ》へ

海から天への連続観と軌を一にするのが山から天への連続観である。川から山中へ、山中から山頂に至り着くと、次にはるか天空へとひと連なりに続いていくのはやはりごく自然な道筋である。ここで、海や山から連続するのはソラ（空）ではなく、アメ（天）であることに注意しよう。ソラは天と地との間にある漠然とした広がりの空間を指す言葉で、まことに捉へ難く、頼るところがない。依るべきものもない空中であり、虚空である。ここからソラが不安な気持、ソラゴト（虚言）がいつはりを意味するやうになった。それに対して、アメは山や海からの連続観に支へられた世界、充足した天上世界を意味する。アメ（雨）はアメ（天）から降るのであって、何もないソラ（空）から落ちてくるのではない。アメは山、海と繋ってゐるが、ソラは何ものにも繋らない。

　山のさらに奥まったかなたがアメ（天）である。アメは山に接し、その稜線の遠く向うにカミがいますと古代人は信じた。「天地《あめつち》の寄合の極み」（萬葉集一六七、一〇四七、二七八七）は地上を離れた中空のソラではなく、天と、山を含めた地とが遠くかなたで連続してゐる果てと空間的に見てゐる。そこはまた「天地とともに久しく」（同五七八）、「天地のともに久しく」（同八一四）のやうに、永遠に消えることのない常世であると時間的にも捉へてゐる。この世界観は近代の歌人にまで及び、伊藤左千夫は九十九里浜に遊んで、「白波が大地両《ふた》分けしはて」「天地の四方《よも》の寄合を垣にせる」と、天空が海や地平線にそのまま続いてゐる光景を歌ひ、「地の果ては見る目の前に天し垂れたり」と天地が一続きに連なる「天地創造の昔」（斎藤茂吉の評語）を偲んだ。

　このやうに天空と海上との合体、天界と地上界との合一、ここにアメの世界があった。この場所こそ古代人が観念し、想念してきたタカマノハラ（高天原）ではないだらうか。高天原は天空にあるとは限らず、海上のアメの地にもあったと考へるべきである。タカは決して上方の、高いといふ意味だけではない。前述の通り、タクル（長、闌）情態が原義であって、盛りに当り、頂点に達したさまを示すのである。ハラ（原）はハル（墾、開）の情態言であり、広々と開けた情態を表す。天に接する山のかなた、海のかなたの開けたところがタカマノハラなのである。それは神の国、理想世界であり、古代人の精神世界でもある。カミとしてのタカマノハラは決して拠り所もなくソラを仰いで観じたのでもなく、抽象的に心に描いたのでもない。具体的に山や海を通じて、つまり、山や海を仰いで、アマノハラを見たのであり、そこに価値を見出し、信仰心を抱いて、タカを冠したのである。

(六) かなたへの水平志向

このやうに、日本人はカミ（上）なる場所にカミ（神）の存在を見るとともに、そこに永遠の命の根源、霊界を考へた。それは川、山、海、天の自然の中に一貫し、しかも川から山、海から天、山から天と、いはば地続きにネ（根）やソコ（底）において連続して在ると考へた。日本の神の存在は奥深い隠れた場所に隠れていますといふのが根本形態であった。山折哲雄は、日本では「…に坐す神」「鎮座する神」といふやうに「場所」が中心で、「特定の土地や場所、特定の森や丘、または樹木や石に憑依し鎮まって、むしろ自己の本質をかくすようなあり方」として特徴づけてゐる（『神と仏―日本人の宗教観』）。これは今まで述べてきた、カミ（上）なる場に隠れ籠るカミ（神）といふ本来のあり方を言ひ当ててゐる。

さらに山折は、日本人の伝統的な他界観について、西洋の他界観が地上世界と断絶した上下の垂直構造に基づくのに対して、日本は「自然や他界との共生という願望が…強く」、「地上世界との…連続観に支えられ」、「地上の自然的景観と融和し共生しようとする水平志向」を保持してきたと述べ、その例として、日本の神話伝承、高天原天上観を絶えず水平化する作用（沖縄のニライカナイとオボツカグラ、日本霊異記の極楽・地獄観）を挙げてゐる（『宗教民俗誌』）。このことはこれまで著者が、川、山、海、天のはるかかなたのカミ（上）の地をシモ（下）と対比して考察し、ウへ・シタの構造とは違って、ひと連なりに延びていく構造として説いてきたことである。この連なりは空想ではなく、川、山、海、天といふ自然の実在に即して、それぞれの道筋を通って、遠く奥のかなたへ聖地を求めていく。これは自然と一体に融合しようとする自然観と一つなのであった。

森田康之助の『日本思想の構造』によれば、神武天皇の、日向の国から大和への東征は実際あった史実ではなく、はるか遠くの海のかなた（つまりウナカミ）から渡ってきた外来の魂に天皇の祖を求める考へ方で、そこに神威、霊威の高さを認めたとする。そして、それは天孫瓊瓊杵尊が高天原から高千穂峯に垂直方向に降臨されたのに対して、水平方向からの降臨で、古代伝承の反覆性を示すとする。また、上陸してそのまま大和へ直行されたのではなく、奥深い熊野（つまり、クマの地）から出現されたのもはるかかなた（つまり、カミの地）から神聖な者が来訪するといふ考へ方に基づくとする。神武天皇東征の史実については保留し、垂直方向の当否については後述するが、はるか海のかなた、山のかなたのカミ、クマの方向から皇室の祖がやって来られたといふ捉へ方は上来述べてきたのと同じ発想である。森田はさらに応神天皇の伝承も、神功皇后の胎中にあって新羅に遠征し、筑紫の宇瀰《うみ》でお生れになって、後、瀬戸内海を東上されたのは海の霊威を身につけられた神として考へられたからであるとする。神霊は海のカミから渡り、寄りついて来る。カミ（上）たるカミ（神）の神聖性はこのやうにして伝承されてきたのである。

さて、天孫の高天原からの降臨を山折哲雄、森田康之助とも垂直構造、垂直方向と説いてゐる。垂直か水平かといふ二者択一のとり方は正しくないけれども、これもやはり水平構造、水平方向ではないだらうか。今まで注意深く述べてきたやうに、ウヘ・シタのやうに中間、中空が断絶したものではなく、カミ・シモのやうに全体の中での部分を捉へ、いはば一つの円環、統一体の中でのカミ・シモを考へてきた。天孫降臨はソラのウヘからのまっすぐの降下ではない。川や山に続く天、海に続く天、そのかなたから天上の道を通り、高千穂峯に降りられたのである。ここに山が仲立ち、中継点になり、ここを経過してゐることに注意しなければならない。ソラのやうによるべのないものではなく、山に接し、海に接したアメから山のカミに着かれた。山は天と地を結ぶところである。これは垂直ではなく、川から山へ、海から天へといふのと同じ角度の、逆方向ではないか。いはば放物線を描く線上であり、天空の構造体、一つの円相の中での方向であり、志向である。これを一種の水平と呼んでも差し支へあるまい。このやうな捉へ方が古代人の世界観なのである。この降臨は「いつのちわき（に）ちわきて」と記紀に記されてゐる。チワクとは道をかきわけ、選びわけ開いていくことである。「雲路を披け《おしわ》」（紀）のオシワクは左右へかきわけることである。この両語の語感はウへからの、西洋の神のやうな降下ではなく、カミから放物線、斜線のやうな対角線状に仏教で言へば阿弥陀仏や菩薩の来迎のやうに進んでいくときのものではないだらうか。水平志向が誤解を招くのであれば、はっきりとカミ（上）志向、あるいは、かなた志向と表してもよい。

折口信夫とともに内宮から五十鈴川の上流を遡って剣峠に出た柳田国男は、五ヶ所湾を見降ろした瞬間、驚喜して「伊勢の御神霊が五十鈴の川上に鎮まれたのは熊野から志摩、伊勢に続くこの海を後に負っているからだ」と言ったといふ（岡野弘彦『折口信夫の晩年』）。その柳田国男『桃太郎の誕生』の初版本の見返しに柳田の注文によって山口蓬春の描いた絵は「山かげの泉に発して遠く海にそそぐ谷川の流れと、その向うに水平線の天とつらなっているところ」であった（牧田茂『神と祭りと日本人』）。この二つの挿話は海の霊威、天の神威が決して垂直の方向から来るものではないことを示してゐる。日本人の考へる宇宙世界、大自然とともに調和体をなしてゐる大円世界の、かなたから半円を描くやうに、あるいは対角線上に、一種の上方的な水平方向から神が訪れて来るのであった。

竹山道雄は「われわれ東洋人は、最後の絶対者の正体は知りがたいものであると感じている。形のない輪廓のはっきりしない超越者を定義することはできない。しかし、われわれはこのはかない生の中にいて、無限絶対な永遠なものへのあこがれと希求をもっている」として、西行が内宮に参拝したときの歌、「なにごとのおはしますかは知らねどもかたじけなさに涙こぼるる」（「かは」は『西行法師歌集』では「をば」）が、「絶対者に対するもっとも正しい態度であろう」と言ってゐる（「神道の意味について」『主役としての近代』）。この西行の歌に対して、芭蕉は伊勢に参宮して「彼《かの》西行のかたじけなさにとよみけん、涙の跡もなつかしければ」と、「何《なに》の木の花とも知らず匂ひ哉」と応じた（『笈の小文』、『花はさくら』など）。この歌と句の「知らねども」「知らず」に注意しなければならない。奥深いカミの場に隠れ籠ってゐるカミ、そこから漂ってくる荘厳な雰囲気、霊威に打たれた感動を詠んでゐる。「知らず」の「知る」は自動詞で、ここでは分らない、知られないといふ受動的な意味で、それだけ尊いといふ捉へ方である。この態度は御祭神を詮索せずに神詣でする現代人にまで及んでゐる。神は隠れてゐるから有難い。オクユカシといふ語は奥の方に心が行く情態を意味してゐる。奥に隠れ潜むものに対して興味がひかれることから、深遠なるものを讃へることにもなる。この語は日本人の心性をよく表してゐる。

日本の家屋は西洋のやうに階層を積んで垂直的に空に向ってゆく立体的構造ではなく、土間、板の間、畳の間と段が設けられていく。入口から奥の間、奥座敷と奥へ深く水平的に進んでいく。手前より奥の方が当然尊いと考へられ、神社の奥社、奥宮、本宮も同じ発想である。従って、心理的に高く、尊きに向ふと感じられるのである。長い参道を歩きながら、深閑とした静寂の中、本殿にたどりつくことにより神の霊妙な力を感得する（小泉八雲『心』）。遥拝所ははるか離れてゐても一続きに奥のかなたへ繫ってゐる。これは垂直構造でなく、やや高目の上座への水平方向である。シモからカミへの連続体として捉へる考へ方はカミ（神）の思想と一つなのであった。

なほ付け加へれば、かなたの始源の地カミにいますのが隠れ籠るカミであり、アメから降るのがアメであった。地名や場所名がそこに在る物や人名を指すことに転じられるのは国語の普通の現象である。クモヰ（雲居）はもと雲のあるところだが、クモそのものになった。ミカド（御門）、オマヘ（御前）、トノ（殿）、アナタ、コナタ、アチラ、コチラなど同じ言語意識がある。さらにまた、敬語は上下関係だけでなく、親疎の関係を示すものであり、敬語を使ふことによって相手を遠ざけ、こちらではなく、かなたの人と捉へることもできる。遠くの人だから敬し遇することになる。「御前にも」の格助詞「に」や「畏きあたり」は遠くの場所と捉へることにより、間接的に敬意を表す。

カミ（上）の思想はこのやうに日本人の深い心意によってをり、その根本に国語を根幹とする発想があった。カミ（神）の本義の追究も結局のところ日本人自身の言葉そのものの問題であったのである。

第二節　「まつる」

〔要旨〕マツル（祭）の語源は諸説があり、有力なのは神を待《ま》つ、神に服《まつ》らふ、神に物を奉《まつ》ることによるといふ三つの説がある。しかし、これらはマツルの一端を表してゐるが外形的な捉へ方であり、その全体や根柢を言ひ得てゐない。本節はマツルと語基を同じくするマツフ（纒）と関連づけて、マトフ、マツハル、マトハル、マツラフの語の、母音交代により成立した語の類縁からその本義、原義を考察した。このやうに語構成の成り立ちから共通の語基による語の派生を探り、根源の意味を考へようとするのが著者の立場である。かうして、マツルとは神に近づき、付き従ひ、神のもとに密着して一体となることであると論証した。

（一）マツル（祭）の諸説

マツル（祭）の意味についてまづ語源を探りながら考へてみよう。この語源、語義には従来、多くの説があり、ここでその要点を記す。⑴「たてまつる」の略（賀茂真淵）⑵神の来臨を請け待つ（谷川士清）⑶神に仕へる、奉仕する（本居宣長）⑷神の御側に居る、侍坐して奉仕する（柳田国男）⑸神意を宣る、伝宣することから、神に奉仕する、次いで神意をしおほせたことを覆奏する（折口信夫）⑹神に回著《まつ》りて御前に立あひ侍らふ（賀茂百樹）⑺神に捧げる（松尾捨次郎）⑻神に供物を献《まつ》る、さしあげる（三矢重松、武田祐吉、大野晋、西宮一民、倉林正次）⑼神を迎へて款待し、祝福を期待する（小野祖教）⑽神の御側で目《ま》ち続けてゐる（吉田金彦）⑾神のまはりに付き従って仕へ立ち集ふ（佐藤通次）(12)神を待つことから、神と人とが合一する（筧泰彦）。

　これらの諸説を大きく分けると、マツルは神を待つて付き従ふ、神に仕へる、神に物を奉る、の三つの意義にまとめられ、マツ（待）、マツラフ（服・順）、マツル（奉・献）の語と関係づけられてゐる。どれを取っても、マツルの要素が含まれてをり、その意に適ってゐる。また、マツルの行為を精神的、内面的な状態と取るか、行動的、外面的な動作と取るかの相違によってゐる。あるいは、マツリのどの部分、どの過程に重点を置くかによって、その意義が分化してゐるやうに見える。となると、マツルの語義はそれを説く者のマツリに対する所作の経験や思想の相違に基づいてゐるとも言へる。それはマツルの語そのものの国語学的な考究より、むしろその人の神道観、あるいは民俗学的な視点を説明してゐるとも言ってよい。

　このことは気をつけねばならないことで、例へばケガレ（穢）はケ（気）カレ（枯）であって、気の活力の衰へた状態と民俗学で説明される（桜井徳太郎など）。しかし、この語に即して、語構成の立場から言へば誤りであることは明瞭である。ケ（気）は上代では接頭語として、ケウトシ、ケダカシ、ケニクシ、ケオサル、などのやうに形容詞や動詞に付き「状態を、ある種の暈《くま》をそへて表現」し、「（様子が）なにとなく…である」といふ意味である（阪倉篤義『語構成の研究』）。ケが気力、活力のやうな実質的な意味を持つのではなく、また、国語ではケ／ガルの構成はもとよりなく、ケガ／ルとなるのが自然である。このことはケガを語基として、ケガル、ケガス、ケガシが生れてゐることからも分る。ケガルの成立についてはカグ（猥雑）がその情態言のカガからカガルになり、i音の関与によりケガルとなったと考へる（森重敏『続上代特殊仮名音義』）のが一つの手懸りである。このケガルの連用形（体言）がケガレなのである（第五節参照）。

　このやうに、言葉そのものに沈潜し、国語学の立場を基本にして、語義を考へていかねばならない。神道学的、民俗学的な見方は、先のカミ（神）の考察のやうに、補助的な手段に止めておくべきである。ただ、右の諸説で(6)

の賀茂百樹（『日本語源下』）と⑾の佐藤通次（『続続言の林』）はそれぞれ神職の立場、神道哲学的な考察によってその根本的な意味を把み得てゐる。では、ここで本題のマツルの語義を原義、ひいては語源を究めることを視野に入れつつ、語構成論的に考察していかう。

（二）マツフ（纏）との関係

従来の一部の説でマツルがマツラフ、マツロフと関連づけて考へられてはゐた。このフは言はれるやうに、反復、継続の意の接尾語であり、チル（散）―チラフ、ヨブ（呼）―ヨバフ、ナル（慣）―ナラフ、などの対応と同じである。マツロフに「服従する」といふ意味があるため、マツルに対してもどうしても「神に服従する」といふ語感と先入観で捉へられてきた。しかし、果してこれでいいのだらうか。

マツルをマツロフとの関連で考へるだけでは不十分であり、マツを語基とした語がほかにないかどうかに考へ及ばなければならない。それはマツフ、マトフ（纏）である。マツフはからみつける、まきつける、しばるといふ意味の他動詞、平安時代にはマトフとも変化し、自動詞、他動詞の両義に使はれた。これにフが付いて、マツハル、マトハルの自動詞、マツハス、マトハスの他動詞が生れた。マツフの原義はマツハル、マツハスの意義と連続し、一貫するやうに考へなければならない。とすると、マツフはその物の側、傍ら、脇、または周りに付いて、または近付いて、離れることなく、絡んで密着させるといふことになる。

マツルの語義はこのマツフの語義に基づいて、その関連から考へる必要がある。ここで、ルとフの動詞の語尾の対応は、例へば、マジル（交、混）―マジフ―マジハル、ククル（括）―ククム（含）―ククモル、カクル（隠）―カクム（囲）―カクマフ、クジル（扶）―クジク（折）、など、接尾語がつくことによってできた例を考へ合すとよい。つまり、マツル—マツフ—マツハルに共通する意義が何かを考へ、マツルの語義を解くわけである。とすると、マツルはその物の側に近づいて、または付いて、またはその中に入って、ぢっと離れずにゐる、密着してゐるといふのが原義となる。従って、マツラフはその状態が継続してゐるといふ意味で、付き続ける、密着し続けるといふことである。マツラフが一般的に言はれる、従ひ付く、服従するといふのはこの二次的な意味である。

マツルの語源が物を献《まつ》ることから、「神をマツル」ことになるといふ説は先に紹介したやうに広く言はれてゐる。しかし、これはマツルの語源の説明にはなってをらず、マツリ、即ち、祭祀の過程の中の、基本的、中心的な儀式を取上げて言ってゐるに過ぎない。ここではマツルそのものの本来の意義を追究してをり、それは物を献上する、奉るといふ狭く、具象的な意味であるはずがない。マツルに関係するマツラフ、マツフ、マツハルの原義もその派生的な意味も「献る」の意義は導き出せない。第一、語源を考へる際に、そのやうな具体的、個別的な意味が入る余地はない。「神にマツル」といふ自動詞的な意味の用例は見当らないけれども、抽象的、根源的な意義を言はうとしてゐるのである。「神に物をマツル」「神をマツル」といふふうに使はれることによって、神に近づく、神に付き従ふ、さうして、神に物を差し上げるといふ二次的な意味に拡大したと考へるのが至当であらう。

マツルを従来のマツラフだけでなく、そのもとになったマツフと結びつけて考へようとするのが著者の方法である。ここで、マトハル、マツハル、マツハスが後世にどのやうに保存され使はれてゐるか、平安時代の用例を見てみよう。平安後期の『讃岐典侍日記』で、堀河天皇の崩御の場面で、「(おそばの者は) ただひとつにまとはれて、…五人の人びと、ひとつにまとはれあひたり」とある。これは「ひとかたまりになって…身を寄せ合っている」状態で(『日本古典文学全集』)、マトハル、マツハルの本義をよく示してゐる。一つに集中して、一つの中心に向って、共に付き、輪になって近づいてゐる状態を指してをり、マツフ、マツルの本義と共通するものがある。また、『源氏物語』の、「ただ涙にまつはれておはす」(真木柱)、「この子をまつはし給ひて、うちにもゐて参りなどしたまふ」（帚木）のマツハル、マツハスはわが身に付いて離れない、離さないといふやうに、あくまで自分に密着して、引きつけた捉へ方をしてゐる。これが、神や君にマツラフ、マツロフとなると、付く、密着することから文脈上、必然的に上位者たる神や君に従ふ、帰順するといふことになる。マツルの原義はこのやうにして究められていくのである。

（三）マツルの語義

さて、次に、マツル―マツラフ、マツフ―マツハル―マツハスの語義を一続きに考へていくと、そこに共通する意義素が直感し、抽象されてくる。即ち、物の中心・原点に向って行き、近づいて行き、共同の、一つの情態になるといふ意味が想定できる。このことは品詞以前の、生産的な語基マツが母音交代することによりどのやうな語ができるかを考へればよい。カミの条でも述べたやうに、母音が交代することによって、意義機能が変化し、新しい語が造られていく。中核的な意義を基盤にして、より新しい意味、つまり新語が創造される。国語の造語力の一面はかういふ点にあったのである。

モトム（求）はモト（本）、マトム（纏）はマト（的）なる中心に向って根本を究め尋ねることで、モトドリ（髻）は髪の毛を頭の上にマトメたもの、マトヒ（纏）も人をマトメルことからきてゐる。モツ（持）はモトムルことによって、自分の心身に近づけて、自分のものにすることである。ムツ（睦）はマツハリ親しくなって、ムタ（共）にしてムチ（貴）なる共同の情態にあることで、ムツム、ムツマシといふ語ができた。マタ（全）はマト（的）と同じく中心に帰一していくが、マトがその物を指すのに対して、情態言であるマタはその情態を示す。そこからマタシといふ形容詞ができる。それはまたミツ（満）、モチ（望）でもあり、中に近づき入り、密着し、それが円満に十分に充足してゐることを示す。この点、折口信夫がマツルは神の御言の内容を具体化することであり、その実現した状態がマタシ、神の命令を完了せしめることがマタスであると神道に特定して言ってゐる（『古代研究　民俗学篇一』）ことと思ひ合すとよい。

マツ（待）は人や物が来て会ふ、つまりムタ（共）なる情態になることを望む、あるいは強く期する（折口信夫）ことである。モトホル（廻）はある中心を持って、マト（円）を描くやうに廻りながら進む。このマトはマトカ、マドカ、マトラカ、マドラカとマタキ（全）状態に似た円相を示す。モト（本）を基点にして分れたところがマタ（岐）であり、また、モドル（戻）はモト（本）の状態になることである。ちなみに、「…藤波の思纏　若草の思就にし君が目に恋ひや明かさむ」（萬葉集三二四八）の「思纏」を一般にオモヒマツハリと訓んでゐたが、マツハルは四段活用でなく下二段活用であることから、オモヒモトホリと訓むのが適切である。心が相手に絡みつき、まつはりつくことで、次の「思就」の「思ひ付き」と同じ意味である（『日本古典文学全集』）。いづれにしても、モトホル、マツハルが同じやうな意味であることを示すよい例であり、類聚名義抄に「纏」「絡」の訓がそれぞれ、「マトフ、モトホル」「マツフ、モトホル」と示されてゐることも参考になる。

このやうに、品詞に定着する以前の、生成的な語基マツはマ行とタ行の母音交代により、換言すればm音とt音の子音は枠としてそのままの形を保ちながら、ある中心を持って、そこに求心的に帰一、合一して、一つの統一体、円満な調和体を形成する意義を持ってゐると解することができる。

かくして、マツルとは、中心たる神が来られるのを期して待ち迎へ、神のもとに向ひ帰って、神のそばに近付くことにより、神の意を受け、交流し対話し、一体となることである。川端善明の言ふやうに「マツリとは一つの円環、一つの充足において唯一の中心をもつこと」である（『活用の研究Ⅰ』）。比喩的に表現すれば、神の恵みの大円の中心に包まれ、一円になって親密な共同体が現成するといふことにならう。神が人をマツハラセ、人が神にマツハリ、互にマツハリ合ふことである。ここにこそマツリの内実の様相がある。かうして、人はまづ神にマツラヒ、次に神に物をマツリ、そして神をマツルのである。神は人に恵みを垂れ、人は神威を受けて神の御心を吾が心とする。これこそ、神と人とムツなる共同、マタキ合一、神人和合の姿であった。

神饌の献上は来臨した神をもてなしてゐる。祝詞や祭文の奏上は、神に平伏し、報告、祈願し、神の加護を願ってゐる。直会は、神に献上したものを人が食することによりさらに神と一体になる。このやうに、祭祀の過程の諸儀がそれぞれマツルの本義に適ってゐることを知る。マツルといふ本質は根本で一貫してゐる。マツルが献る、奉ることだけでないことはもはや明らかであらう。また、マツルがマツ（待）ことといふ説もその意義の僅か一面しか把んでゐないことも知られよう。

マツルことは神と人のみならず、マツリに加はる人と人をも結びつける。一つの神にマトマリ、神と一体になった人々はマトカな共同体として、精神的に結ばれ、共食たる饗宴に加はっていく。神を中心として、さらに大きな円環ができあがる。家・地区・村の共同体を結びつけるのが神である。共同体の安穏と繁栄のために、共同して人々は神に祈願し、感謝する。これは現在の、神のゐない都市型の催しや大学生が行ふ文化的な行事に祭りや祭典と表現する意識にまで及んでゐる。マツリの本義の中に今まで考へてきたやうに共同体を形成し、共同の心を通はせる意味が既に存してゐる。このやうに、マツリの根本義はマツル、マツフ、マツラフの三語と語基マツの意義を互ひに関連づけて考へることにより理解されるのである。

第三節　「たま」

〔要旨〕魂、霊魂を意味する「たま」の語源について多くの説があるが、十分に説明し得たものはない。通説では、魂は玉の形をしてゐるからといふが、それだけで終り、「たま」（玉）そのものの解釈もなく、玉と魂が丸い形をしてゐることから関連づけるだけであった。

本節は語構成と意味論の立場から「たま」を動詞「たむ」（溜）の母音交代による、情態を表す語（情態言）「たま」であるとし、同じく「たむ」の母音交代による「とむ」（止）「つむ」（積、集）「たる」（足）「たふ」（耐）など、また「たまる」「ためる」「ためらふ」などの語を関連させて考へた。「たま」は、ためられた、つけられ、つめられた情態、たまってゐる、ついて、つまってゐるものといふのが原義で、それが人間の内面に蓄積されて内在し、生命と力の源泉となって、存在と活動をなさしめるといふことを、国語として論じた。そして、「たま」をそのやうに捉へることにより、枕詞「たまきはる」「たまかぎる」や現代語の「たまり」などの意味について、より明らかにすることができた。

「たましひ」と「こころ」（心）については通説を排し、森重敏の「たまちあふ」から「たまちふ」を想定し、「かくる」（隠）「かこふ」（囲）の交代による、といふ説を支持し、それぞれ語構成の観点から一歩進めて論証した。「たま（たましひ）」「こころ」は「かみ」（神）とともに、目に見えない内面やはるか遠くのかなたに存在し、だからこそ畏れ多く、尊く、仰ぐべきものと観じるのが日本人の思考であり、それが言葉として表れてゐる。言葉の意味を言語主体の意識や感情、対象に対する捉へ方に重点を置いて考察するのが著者の基本的な立場である。

（一）「たま」（魂）の語源説

魂、霊魂を意味する「たま」の語源について古くからいろいろな解釈が示されてゐる。その中で最も一般的な説は、「たま」は丸い玉の形をしてゐるもので、その「たま」（玉）が丸い形と考へられてゐた魂をも意味するやうになったといふものである。例へば、松岡静雄は「タは直の意の接頭語、マはマル（丸）、マト（円）等の語幹である。…上代人は霊魂をも形あるものと考へたから之をもタマと称へたのであらう」と説いた（『日本古語大辞典』）。これに対して松村武雄は「『玉』と『魂』との間に語原的関係を認容するところに同感が持たれる」として、「二者の間に何等かの観念上の同似点が存し、そのために二者が観念の上で密接に結びついてゐたことに因する…同似点は、二者がその相《すがた》に於ていづれも円いものであるといふことに存する」と認めた（『日本神話の研究四』）。この考へ方は中西進の「魂＝タマシヒは、玉＝タマの形をしていると考えたので、魂をタマといった」といふ説明（『古代日本人の宇宙観』）にまで広く支持され、通説と言ってよい。

しかし、「たま」（魂）は丸い玉だけでなく、宝石をはじめ、石、貝殻などをも指すことがあり、雲や陽炎、また鳥さへも「たま」の具象的な形として捉へられた。これらは折口信夫の言ふ「霊魂の入るべきもの、貯蔵所」が「たま」であるといふ発想であり、それは「霊をつつんでゐる」と観じられたのである（『全集』三、九）。一体に「たま」の語源を説く時に、国語学的に十分な論証を経たとは言ひ難く、多分に観念的、直観的な説明が多かった。また、魂と玉が丸いといふ先入観で安易に結びつけられてきた。もし両者が同じ語源であるなら、では「たま」（玉）の語源は何かと考究しなければならないのに、そこまで説かれることもなかった。

一方、「たま」（魂）を外来語に求める考へもある。坪井九馬三は梵語やマレー語にその起源を探った（『我が国民国語の曙』）。最近は土橋寛がこの説を紹介して、十分な論証もせず、「タマ外来語説より外にはありえないのではあるまいか。…タマ（霊魂）の語源を玉との関係から説明し得た説は、これまでのところ見当たらない」とする（『日本語に探る古代信仰』）。しかし、古代人の精神生活における重要で根幹的な観念を表す語を外来語に借りるということがあり得るだらうか。たまたま一つの単語の類似点のみで同じ語と説くのは、語源の説明でよく見られる、牽強付会や民間語源の類と変らない。

そもそも「たま」（玉）の語源は何か。阪倉篤義は動詞「たむ」（廻）の「情態言」とし、「本来、その形状のまるくあるもの」（『語構成の研究』）、「ぐるっと円くなっているもの」（『日本語の語源』）とした。この「たむ」（廻、繞）説は早く泉井久之助が『言語民族学』、後に『言語の世界』で説いてゐる。「情態言」とは古代国語に多く見られた語構成法の一つで、動詞の未然形相当の、ア音に接尾する形に母音交代して、抽象的に、そのやうな情態にあるもの、また、そのものを意味する。そして、その情態言が語基（語を構成する基幹の部分。阪倉篤義の用語）となって、ほかの接尾語に付いて新たに語を派生していく。「たむ」は、まはる、めぐる、まがる、といふ意義で、円を描いて丸く動いていく動作を表す。この「たむ」は接頭語「た」に「む」（廻）が付いたのが根源で、「み」（曲、廻）は山、川、海などが入りまがってゐるところであり、「みる」（廻）といふ動詞などと一連の語群を成してゐる。また、この「たむ」が他動詞的に使はれると「たむ」（矯、揉）となる。ものを伸ばしたり、曲げたりして形を整へることである。結局、「たま」（玉）は形が丸くめぐり、曲げられた情態、また、その情態にあるものといふのが原義である。玉であるためには、形あるものの周囲を曲げたり、周りをめぐらすやうに形を美しくしていかねばならない。そのやうに実現された情態になったものを「たま」と称したのである。

このやうにして成り立った「たま」（玉）が魂を意味する「たま」とどう結びつくか、同源の語であるのかどうかといふことが次の問題となる。魂が丸いものと考へられてゐたとすると、「まろ」（円、丸）、「まり」（鞠）、「まろぶ」(転)、「まろがる」(円)など一連の語と関係があってもよいのだが、それは見当らない。「まろ」は平面的な円形だけでなく、球状の意もある。ここで、魂の「たま」は「まろきたま」と捉へる意識による造語ではなく、別の発想から命名されたのではないかといふ考へ方もできる。

「あらたまの」といふ枕詞がある。年、月、日や春、来経《きふ》などにかかり、萬葉集では「荒玉」「璞」の漢字で表記されてゐる。従来、この用字通りに「荒玉」と考へ、土から掘り出したままの、まだ磨かれてゐない玉として、荒々しく新しい状態の意味で次の語にかかると説明されてきた。しかし、これは阪倉篤義が言ふやうに(前掲書)、「あらた」(新)といふ情態を表す語基に接尾語「ま」が接したもので、全体として「新たなる情態」を意味する。これを「あらたむ」(改)の情態言「あらたま」を想定し、「新たに改まった情態」と考へても同じことである。このやうにして「あらたまの」が枕詞として次の語に続いていく意味の相関が納得できるのである。ただ、萬葉人が「あらたま」を「荒玉」「璞」の漢字を宛てたことは、年や春を比喩的に荒々しい玉のやうにこれから新しく始ると認識してゐたことを示してゐる。これは上代人の一つの思考、感覚として重要なことであるが、だからと言って、「あらたま」の語源、語義を「荒玉」と結論づけることは正しくない。そこに至る前段階の語構成を考へるべきである。同じやうに、魂と玉の「たま」が同じ語形であるからと言って、たとへある時期に観念や意識の上で類推して同じやうに捉へられることになったとしても、遡って、本来の語としての成立まで同じ起源であると断定することはできない。

ここで改めて、魂、霊魂の作用、はたらきを考へてみる。魂は一般的に人や物に内在し、あるいはその中に入り込み、そこに宿り、籠るとされる。人に取り付き、沈み、とどまる。そして、それは一つの力、活力となって目に見えない形で活動する。人や物を在らしめ、生かせ、動かす。魂はその中にあって一つの源、本源として存在し、そのものたらしめる。時には他の人や物に働きかけ、本体から飛んで出て、分離、遊離して行く。

　このやうに、魂は玉のやうな物質でも静止体でもない。体言としての特性ではなく、むしろ用言のはたらきをする。魂の発動は「玉」によるのでもなければ、「廻《た》む」ことによって起るとは考へられない、魂の根源たる生命力を後代に玉の形として観じ、讃へることがあったとしても、その逆、つまり玉の丸い形から魂を想定する発想はあり得ないのではないか。魂の「たま」はもともと玉の「たま」と別語ではなかっただらうか。以下、先の「かみ」「まつる」の方法論を用ゐて、「たま」（魂）の語源と原義を探っていく。その立場は、国語は母音交代によって新しい語をつくり、別の意義を担ひ、分化していくといふことにある。語はただ一つ単独にあるのではなく、次々と派生、肥大して、一群、一連の語群を成し、語彙の世界を作っていく。それらを比較、対照しつつ論証することにより、古代人の語に対する意識、感情を探る。それは即ち、思考や対象への捉へ方を究めることになる。

（二）「たま」の語構成

　タマ（魂）の作用は以上に述べたやうに用言としての意義を担ってゐる。この語は体言ではなく、用言、即ち動詞を起源とするのではないだらうか。語の形成に当っては、「本来動詞的な意義をあらはしたと考へられる語基」がもととなって、ほかの品詞に相当する語を派生していくのが基本である（阪倉篤義前掲書）。では、タマの始原は何か。それはタム（溜）である。「水脈《みを》速み生《む》し多米難き石《いは》枕蘿《こけ》生《む》すまでに」（萬葉集三二二七）のタムはそのままの状態で止ってゐる、その場にとどまってゐる、とどめる、といふ意味で、苔がつけにくい石枕を言ってゐる。この下二段活用の他動詞のタムに、四段活用の自動詞的な語が想定され、その未然形相当がタマにほかならない。この場合、動詞としての活用の種類や活用形は特に問題ではない。品詞以前の言、タムを語基として、母音交代によりタマができ、そのやうになった情態を意味する情態言として派生したのである。タマはタメられた情態、タマってゐる情態、あるいはその情態にあるもの、即ち、タメられたもの、タマってゐるものといふのが本来の意義である。ムは川端善明の説くやうに「或る状態実現への推移」を示し、「その状態へとなってゆくこと、或はならせていくこと」といふ意義の接尾語であった（『活用の研究Ⅱ』）。タムはそのものの中へ、中心や底に向って入っていき、付き、集り、その状態を長く保ちながら、満ち、増していく。人間の心の内部、言葉や樹木の中にぢっと付けられ、蓄へられ、詰められ、次第に累積されて、そのものの根幹、内実を形成し、生存し、成長する根源へ沈着していく。それが魂（霊魂）、言霊、木霊と称せられるものであった。

　このタマを語基としてできたのがタマルである。「蓮葉《はちすば》に渟《たま》れる水の往方《ゆくへ》無み」（萬葉集三二八九）のやうに、この語は上代では水について用ゐられることに限定されたが、基本的にタマとタマルは意義を共有する。水がタマルやうに、目に見えない何かが心の中にタマルのであり、さうしてタメられたものに力が蓄へられ、活力となって生きてくる。

　タムのタはそれを語基として、動詞をつくる接尾語に付く。タル（足）は物が充満して十分である、一杯に満ちてゐる意味で、この他動詞形がタス（足）である。タル（垂）は足りて十分に満ちたものが、余ってこぼれ落ち、したたる。タフ（耐）はその状態の中でぢっとこらへ、維持し、力を貯め、漲らせようとする。タク（長）は力が充実して盛んになり、伸びていく。これらの語はタム（溜）と本源的に通じた意義を中核に、分化された内容をそれぞれ担ってゐる。

　タム（溜）のタが母音交代して、また別の語が派生される。トム（止）は一つの所に定まって、動きをやめる。さうすることによって内部が横溢して、豊かになることがある。それがトム（富）である。タマルとトマルは関係ある語であり（『時代別国語大辞典上代編』）、とすると、タムとトムもやはり同じやうに考へられる。ツム（積）はトマった状態からものを集め、重ねていく。それはまた「貯《つめル》二於神府《ほくらニ》一宝物」（天武紀三年）のやうに、貯へるといふ意味にもなる。それはツム（蔵、集）ことにもなり、「潮干なば玉藻刈り蔵《つめ》」（萬葉集三六〇）のやうに他動詞的な意味にもなる。また、トム、トマルに対して、ツムからツモル（積）、ツマル（集）も生れる。なほ、アツム（集）のアは接頭語でア・ツム（蔵）、また、アドモフ（率）も同じくア・ドモフで、ドモはツム、ツモルと関係ある語である（川端善明前掲書、松本克己『古代日本語母音論』）。

このやうに、タムそのものの本義、タムと類縁ある語から、タムは、停止して、付着して、一点に集中して、蓄積し、充実していく意義を持ち、その情態言タマはまさにそのやうな情態にある、その情態に満ちてゐるといふことになる。ここにタマ（魂）の原義、本来のあり方が示されてゐる。

次に、タムが拡大された語（肥大形）を考へる。タマを語基としたタマルは先に述べたが、そのルは自然にそのやうな状態になるといふ意味の動詞を形成する接尾語である。その連用形（居体言）がタマリで、現代にまで広く使はれてゐる。酒や醤油のタマリやタマリの間、タマリ場など、本来のタム、タマルの意義を今も持ってゐる。これらは次の用を果すため、未発の準備中の場所や状態を表してゐる。タンマリはタマを起源として、たくさん、十分にあることで、タマの本義が保たれてゐる。また、タマにスが付いたのがタマスであり、今も狩猟の獲物を分け合ふことに使はれる。その居体言タマシは南九州や沖縄の方言として、狩で獲物を得た分の、分け前や持ち分を意味する。ここからタマ（魂）とタマス、タマシを同じ語源とする説も出るほどである（堀井令以知『日本語語源辞典』）。タマスは本来、各個人が自分のものとして集め、貯へ、所有するといふ意味であらう。ここからタマ（魂）は人間として固有の持ち分、自分そのものといふ意味にもならうと思はれる。

タメを語基としてタメルがある。現代にも、腰をタメル、力をタメル、タメて打つといふやうに使はれてゐて、そのものの中に、十分に力を貯へて、養ひ持ち、来たるべき機に備へることである。いはば、力を持ちこたへ、満を持して、次の行動に出ようとする状態で、だからこそ実力を自由に発揮することができる。これはタマ（魂）の内実たる力と同じではないか。タマ（魂）はタメれた情態のものにほかならない。タメルに継続のフが付いて再活用したのがタメラフである。これはタメられた情態が長く続いてゐることが本来の意義である。中古には現代語の、心が決まらずにぐずぐず迷ふといふ意味とともに、「来し方行く先かきくれて、悲しく（涙ヲ）とどめ難くおぼさるれば、とみにもえためらひ給はず」（源氏物語、若菜上）のやうに、心を落ち着かせて、気を静める意味にも用ゐられた。これはタム（溜）の本義が保たれ、目に見えぬ心の内面に力を溜め、集中させ、その状態を長く保ってゐるといふ態度が示されてゐる。また、タメス（試）の居体言タメシ（例）は長い時間、溜められてゐたもの、つまり、前例、先例の意となる。

トム、トマル（止）に似た語にトドム（留）がある。これはトドコホル（滞）、トドマル（留）、タダヨフ（漂）、タタズム（佇）などと一連の語で、語基としてトド、タダが考へられる。トトノフ（整）のトトも同源であり、一箇所に静止し、動きがない状態を表す。既に指摘されてゐるやうに、トマル（止）は「動きを止める、停止するの意を主とするのに対し」、トドマル（留）は「残留の意を主とする」（『時代別国語大辞典上代編』）。トマルはそれまで動いてきたものが活動を停止し、次に備へるのに対して、トドマルはそこに残ってゐてもう動かないといふ意味で、従って、中心に向ふ深化は見られない。トマルとトドマルは成立を別にした語であり、タマ（魂）はトマルに関係し、トドマルとは無関係である。タムは心の中にトマリ、タマリ、ツマリ、タメラヒ、動きを予期して内面を満たさうとする。タマはこのやうにタムを中核的な意義として持ち、派生した語と相互に関係しあひながら、それぞれの意味を取り込み、形成されたのである。

（三）「たま」の語としての相

以上述べてきたことをまとめて言へば、タム（溜）はトム（止）、ツム（積）と母音交代し、共通の意義を有し、目に見えぬものが人や物の中に付き、入り込み、宿り、その内部に長く蓄へ、保たれてゐることを意味する。その情態言のタマは、タマル、トマル、ツマルといふ動作が実現されてゐる情態であり、その情態の根体、内実がタマ（魂）そのものである。人間のタマはもともとその中に内在するとともに、自由に出入りすると考へられ、ほかのものに入ったり、一つに合ったりした。折口信夫の説き方で言へば、外来魂が人間の内部に宿り、留り、その力を発揮した。さうした力の発動を古代人はタム情態、トム情態として捉へ、それをなさしめる主体、意志体をタマと表現したのであった。

このやうなタマの本義を示す国語の例を次に考へてみよう。八神殿の産霊の神であるタマツメムスビノカミ（玉留魂神）や祝詞にいふカムヅマリマス（神留坐）がある。このツム、ツマルは霊魂や神がその中に止り、集ること、「集中する」（折口信夫）ことを意味してゐる。タマツメヒメ（魂積姫）、タマヨリヒメ（玉依姫）も同じ語意識に基づく。タマイラヒメノミコト、タマタラシヒコノミコトのイラ（入）、タラシ（足）もタマが入り、十分に充溢してゐることである。『竹取物語』に「御門《みかど》、かぐや姫を止《とど》めて帰り給はんこと、あかず口惜しく覚《おぼ》しけれど、魂を止《とど》めたる心地してなむ帰らせ給ひける」とある。これは「魂を後に残したような心地」（阪倉篤義校注『日本古典文学大系』）であり、自分の本体なるものを姫にとどめたいほどの気持を洒落れて言ってゐる。「留魂」といふ漢語は本来なく、和語の音読による和製漢語である。

これらのタマと動詞との付き方、結語法からもともとそれらの動詞の意義を持ちながら、さらに相似た動詞と結び付くことにより、タマの意義をより明確に強めることになる。山折哲雄は、日本の神は「…に坐《ま》す神」が本来の姿で、「特定の土地や場所、特定の森や丘、または樹木や石に憑依し鎮まって、むしろ自己の本体をかくすようなあり方」で、「『場所』の内奥へ鎮まってゆく」と指摘した（『神と仏─日本人の宗教観』）。タマ（魂）もまた神と同じやうに「『場所』の内奥へ鎮まってゆく」ことは先に述べてきた通りで、それは当然、タム、タマの語そのものの原義に基づくのである。カミ（神）は奥深い遠くのかなたにコミ（籠、込）、コモリ（籠）、隠れてゐる。これはタマ（魂）と同じあり方であり、カミは連用形相当で動態的、行動的、タマは未然形相当で静態的、情態的な意味合ひで、微妙な違ひがあるだけである。

古事記の雄略天皇の条の歌謡に「上《ほ》つ枝《え》の　枝の末葉《うらは》は　中つ枝に　落ち触《ふら》ばへ　中つ枝の　枝の末葉は　下《しも》つ枝に落ち触ばへ　下《し》づ枝の　枝の末葉は　あり衣の　三重の子が　捧《ささ》がせる　瑞玉盞《みづたまうき》に　浮きし脂《あぶら》　落ちなづさひ」とある。ここで、上の枝の葉から中、下の枝へと落ち触れることを詳しく述べてゐることについて、土橋寛は「槻の葉の霊力（マナ）が接触によって上→中→下へと次第に蓄積されていき、下の枝の葉は最もマナに富んだ呪物になる意である。マナは感染、転移されるだけでなく、蓄積しうる性質を持っている」とし、マレットの『先霊観』とハートランドの『原始民族の宗教と呪術』を参照文献として挙げてゐる（『古代歌謡全注釈古事記編』）。この古事記歌謡とイギリスの人類学者のいふ、自然界に内在するマナの「蓄積性」こそ今まで問題にしてきたタマ（魂）の実質的な本義であった。タマは物の内奥に沈潜し、貯蓄され、累積、充積され、徐々に大きな威力、精気を発揮することになったのである。

タマキハルといふ枕詞があり、「内」「命」「世」などにかかるが、この語義やかかり方は一般的に未詳とされてゐる。土橋寛は「『霊剋』と表記されているように、生命力がすり減る、尽きる意である。…人の一生についていえば、生命力は年とともにすり減って最後に尽きてしまう」と説明するが（『日本語に探る古代信仰』）、このやうに消極的、否定的な捉へ方では枕詞として使ふ意味がないのではないか。これは森重敏の「タマ（霊・魂）がキハル（満）」とする考へ（『続上代特殊仮名音義』）が当ってゐる。これを今まで述べてきた著者の説き方で言へば、キハルはキハム（極）と同源であり、後者の再活用形がキハマルで、極限に達する、最高度の事態になる、十分に充満するといふのが原義である。タマは直ちに霊や霊魂と考へるのではなく、内にタメられ、籠められた情態のもの、内部にタマってゐるもの、つまり内部生命、命、実質なるものであり、もとより玉と考へては本義が把めなくなる。内面の本質が充実してゐるといふ感覚で、「内」「命」「世」にかかっていくのである。また、タマカギルといふ枕詞のカギルは「ほのかに光を発する、ちらちら光る」（『時代別国語大辞典上代編』）ではなく、カギルは本来、明と暗、白と黒の部分が入り混り、揺れ動いて乱れてゐるといふ意味である。このタマは「玉」の漢字で解してはならず、玉や魂とする前段階の語である。本質的には枕詞を受ける「夕《ゆふべ》、日、ほのか」などを現出する根源、本源たる生命体そのものと考へるべきである（第四節「かぐら」参照）。また、タマチハフは「霊《たま》治《ち》波《は》布《ふ》神も我をば打《う》棄《つ》てこそ」（萬葉集二六六一）のやうに神の枕詞で、霊力が守るといふ意味である。このやうに、タマキハル、タマカギル、タマチハフのタマは「玉」でなく、「霊」または「魂」と漢字を宛てるのがよい。

　このことをさらに言へば、『角川古語大辞典』で、タマ（玉）について「本来『ち』と同源の語であろう」とする。タマ（玉）は既述の通り「タ（接頭語）・ム（廻）」の情態言であり、ここはタマ（魂）とチ（霊）との関係に着眼すべきであった。タマ（魂）がタム（蓄）ツム（集）トム（止）などの一連の語と関係があったのと同じ意味で、チ（霊）と結びつく。チ（霊）はチカラ（力）、チハフ（護）、チハヤブルのチと共通して、はたらきをなす根源、なさしめる原動力である。タマそのものの本源にこそチ（霊）カラ（柄）が籠るのである。

　タマの本来的な実体は現代語にまで受継いで用ゐられてゐる。タマは後に述べるタマシヒの形をとるが、例へば、「魂が抜ける（備はる、添ふ、病む、飛ぶ）」「魂の坐った」「魂消《たまげ》る」、また「魂を入れ替へる（冷やす、天外に飛ばす、打ち込む、消す）」などは人間の存在と活動の根元にある、主体的な原動力、生命力、精神力や力量を意味してゐる。それは人間の内部にタメられ、ツマれた状態から生じ来るものである。

ここで、アイヌ語の例を思ひ合すとよい。アイヌ語で魂をラマッといふ。一方、ラムは用言で思ふや低い、また、体言で心や思ひといふ意味にもなる。つまり心の深いところで思考することと、魂のはたらきを同じものとして捉へてゐるのである。これはタムとタマを結び付けて考へる著者の立場と共通してゐて、興味深い。さらに、漢語の「魄」を考へるとよい。『角川大字源』によると、「魂」の「鬼」は「死者のたましい」であり、「云」は「うごく意（＝運）」で、「動き回る死者の霊魂」は天に帰るとする。一方、「魄」の「白」は「とどまる意＝泊」「人に宿る魂」で、地に帰るとする。「魄」は国語のタマと相似た作用をしてゐると言へる。

（四）「たましひ」（魂）、「こころ」（心）の語構成

タマ（魂）は宿り、蓄へられてゐる情態、また、そのものである。これは質としての実在の情態、また、存在そのものである。さうしてタマル質量、タメられる実質が威力となり、霊的な活力となって機能を発揮する。そのタマのあり方を語としてより明確にしようとしたのがタマシヒ（魂）である。このタマシヒの語源については諸説があって、未だに定説がない。土橋寛はタマシヒのシをアダシ（他）ウツシ（現）のシと同じく連体助詞、ヒを霊力とした（『日本語に探る古代信仰』）。このヒを火とする説もある（橘守部『雅言考』、谷川士清『和訓栞』）。つまり、タマ（魂）のヒ（霊、火）といふわけである。しかし、アダシ、ウツシのシは助詞ではなく、形容詞をつくる接尾語であり、タマシといふ形状語はあり得ない。西宮一民はシヒを遊離魂の姿として、メシヒ（盲）のシヒ（癈）と解した（『上代祭祀と言語』）。この説はタマとシヒをまづ形式的に分割して考察したのが先入観となり、シヒの意

味を拡大して考へた結果、タマの強い活動力と意味的に整合しなくなったことが難点である。シフ（癈）はシビル（痺）、シボム（凋）と関係し、衰退に向ふものである。これらの説は既にある語に当てはめることを前提にして、単なる単語の概念で分析的に観察するだけで、語形成や語構成の言語意識が見られない。また、ケガレ（穢）を相変らずケ（気）・カル（枯・離）と分ける俗解が根強いやうに、民俗学的な嗜好に傾いてゐる。さらに、タマと体言との結合のみを考へてゐるが、タマは前述の通り、本来、用言性の強い語であった。その同じ立場で、タマシヒも用言、つまり動詞に起源を求めて考へ直さうとする着想が一つの手懸りになる。

これについては森重敏の説が国語学的に最も精緻で納得できる。氏によれば、「タマシヒは、もとタマチヒ、タマ（魂）のチハヒ（霊の発動）の義」であり、ヲシフ（教）―ヲソハル、ウルフ（潤）―ウルホフのやうに、チハフから動詞チフの存在を想定した（「『心（ココロ）』の語源」『国語国文』四六ノ六）。ここでチフからシフの変化については触れてゐないが、シを語基とする動詞の例を考へるとよい。シク（及、敷、領）、シム（占、標、結、染）、シメス（示）、シル（領、知）、シルス（記）、シフ（強）などの動詞、シキリニ（頻）、シクシク（頻）、シケシ（茂）、シルシ（著）などの語を通して見ると、共通の意義素が見えてくる。自分の域内に取込み、自分の所有として、それを広げ、及ぼすことである。その作用、影響が伸び、拡大し、強く迫っていく。個人の固有のものにしようとする力が発揮され、外面に出て、ほかに及んでいく。ここからチフ、チハフに関係するシフといふ動詞が想定される。シフと言へば上二段活用の他動詞シフ（強、誣）があり、無理やりに事をする、人を陥れるといふ、やや狭く限定された意味として使はれてゐる。これに四段活用の自動詞シフを考へ、強い力が発動する、積極的に内なる力が発揮されると、広く、抽象的な意味が推定できよう。その連用形相当がシヒであり、ナマシ（ジ）ヒ（二）（生強）は副用語となり、別に体言（居体言）となってタマシヒができたのではないだらうか。このタマはタマキハルと同じく、魂、霊魂である以前の、タメられた本質、生命力、命の根源といふのが中核としての意義で、その力の発源するはたらきをタマシヒと言ったと考へられる。

タマシフだけでなく、例へば、タマシク、タマシム、タマシルと一連の語を並べて仮想すれば、タマシヒの意義がよりはっきりしてくる。とすると、日本書紀の古訓で「識性」（景行紀）、「識」（孝徳紀）をタマシヒとすることに意味がありさうである。中古以降、タマシヒが精神や気力、また思慮分別や才気、素質の意味に使はれてくるのも、もともとタマが内実の生命、シヒが強い発動力といふ意義を備へてゐたことによる。空海の『秘密曼荼羅十住心論』（巻一）や道元の『正法眼蔵』（仏性）の「識神」はタマシヒや精神のはたらきをいふ。折口信夫が力説したやうに、タマシヒは「人間の体に内在する」タマの「働き、力量、作用」の面を特に捉へて表現した語である。その原義は繰返し言ふやうに、右のシク、シム、シルと関係するシフから導き出されたのであった。

次に、ココロ（心）の語源を考へる。通説では、コル、コゴル、コゴシ（凝）の一連の語と結びつけて説かれる。コル（凝）もの、コリ固まったものといふ意味とされる。しかし、心や精神、また、そのはたらきを含めて、凝り固まってゐるとはあまりに理窟っぽく、論理的に過ぎ、不自然でさへある。コゴルはコゴユ（凍）、カガム（屈）と関係あり、コルはコユ（凍）や現代語のシコリ、肩コリと繫ってゐる。ココロはそのやうに静止して硬く、ごつごつした、凍ったやうなものであらうか。そこからは活潑で生き生きした動きをするココロを思ひ付くことができない。また、タマ（魂）に見たやうに内面に存在するといふ特性も考へられない。もとよりコルとココロとの関係を国語学的に説明し得ない。

これはやはり森重敏の説くやうに、カクル、カクス（隠）のカクと同根で「本来、隠れたもの、隠してあるものの義」である（前掲論文）。このカクはまた、カコフ（囲）、ククル（潜）とも母音交代する（川端善明前掲書）。そのほか、カクム、カコム、ククム、ククモルなど、周囲から閉して隠し、中に包み込むといふ意義の共通がある。ココロのロについては、例へば、カブロ（禿）、フクロ（袋）、フツクロ、フツコロ（懐）、ムクロ（身）、ムロ

（室）、トコロ（所）、ソゾロ（漫）などにより、ロの情態性の意から類推し、また、オ音を重ねる語感もあったのであらう。また、ココロの結語法を見ても、例へば、ココロイタシ、ココロガナシ、ココログルシ、ココロヨシなどのココロは凝り固まったものではなく、人間の中に包まれ隠れた、しなやかで繊細な感情と考へるのが言葉としてより自然で穏当である。さらに、このココロが目に見えぬ内面に存在してゐる意義とカミ（神）が奥深いかなたに籠るといふ意義が、同じ発想による捉へ方で、それが言葉として表されてゐることに改めて注意しよう。それだけでなく、シタ（下）、オク（奥）、ソコ（底）、ウラ（裏）、ウチ（内）、また、中古のココロネ（心根）など、すべて心、心の奥といふ意味で、ココロは内に籠り、隠れてゐるといふ発想であり、捉へ方である。ココロは凝るものといふ考へではこのやうな語は成り立たず、まして、タマ（魂）をココロと同義に使ふことも不可能であらう。

次に考へ合すべきはオニ（鬼）である。上代にはオニの仮名書きの例がなく、「鬼」をオニと訓んだか、あるいはモノ、音読でキと訓んだかは不明である。一般的には和名類聚抄に「隠音之訛也、鬼物隠而不レ欲レ顕レ形、故以称也」とあることから、「隠」（オン）の漢字音を国語音としてオニと言ったとするが、はっきりしない（意味の上から結びつけたくなる「遠」は漢字音がヲンで、オニとは仮名遣が異なる）。ただ、「心も身さへ寄りにし鬼《もの》を」（萬葉集五四七）「逢はぬ鬼《もの》ゆゑ滝もとどろに」（同二七一七）のやうに「鬼」をモノと訓む例が多いことから、鬼神や妖怪を隠れたものとして、モノやオニと表したのである。モノ（物）は実質を持った内容として対象物を特定、限定せずに、一般的、総括的に捉へる。それが抽象的で把みがたい存在であれば不思議な力を持つとして怖れられる。タマは姿が見えずに内面にあるモノである。といふより「実体をもつ物体」（『時代別国語大辞典上代編』）たるモノが内にタメられた霊威の籠る実体としてタマと明確に価値づけて表現されたのである。モノが接頭語として形容詞に付くと、モノコヒシ、モノウシのやうに、はっきり指示せず隠微的に、何となくその感じであるといふ意味を添へる。隠れて形を顕はさないモノは前述のココロと同じ意味作用を持つ。

かくして、タマ、タマシヒはカミ、ココロと併せて動詞を起源とする語であり、目に見えない内部や遠くに隠れたもの、隠されたものといふ共通した意識で捉へることができた。これに、チ、オニ、モノを加へてもよい。これらの語をそれぞればらばらに都合よく解釈してはならない。不思議なもの、把むことのできない霊威を隠れた存在として、畏怖し、崇敬したのである。その態度が語の成り立ちに表れてゐる。また、その畏れ、崇むべきものを静止する体言性なるものでなく、活潑に動く用言性なるものによって表した。開音節たる国語は子音の枠組みの中で、意義を共通させ、母音の交代により、つまり活用により、文法的な機能を変化させ、語全体としての意義を分化、派生してきた。タマ、タマシヒ、カミ、ココロは身を隠して、籠り、黙ってゐる。手が届かないほど遠く、深く潜んでゐる。日本人にとってはこれが尊く、高く仰ぐべき存在なのであった。そこは神秘的で霊妙な力のはたらく場所である。川上や山上、また、海や空のかなたが聖地であるのと同じやうに、人間や物の奥深い内面も高貴な聖地である。このやうな意識と感覚を隠れた文化、内に籠る文化として概括することができる。タマ（魂）の語構成をもとにして、その語の意味を追究してきた試みは結局、日本文化の特質の一端に到達し得たのである。

第四節　「かぐら」

〔要旨〕　カグラ（神楽）の語義、語源について本居宣長と本居大平がカグラ、カガヒをカグレアヒと関連づけて説いたが、それ以上に発展しなかった。その後、カグラを神座《かみくら》とする根拠のない説が一般にまで広がり、定説になってしまった。本節はこれを否定して、国語学の語構成の研究方法に基づいて、両語の語基であるカグ、ケガを中心に母音交代による語基と接辞との結合を考察して、意味の内容と関連づけながら、語の原義を究めた。まづ、カガル（縢）、カガチ（酸醤）からカガが入り組み、雑り合った状態であること、カガヨフ、カグル（猥雑）、カガヒ（嬥歌）は交錯し雑然とした情態の意味を持つことを明らかにした。次に、タマカギル（響、蜻）、カギロヒ、ヒカゲルは揺れ動きや、明と暗との雑り合ひから光の動きのやうに受取る感覚が生じたこと、カグツチ、カグヤ姫のカグやカゲ（影）は揺れ動くことから、光が濃淡入り雑って、ちらちらと感じ取られることを説いた。

以上の語基カグが情態を表す接辞ラに接してカグラが成立した。右に述べたカグの意義を根柢にして、入り乱れ、入り雑り、交り合って神と人とが交流、交歓する情態が本義である。その語構成はサクラ（咲ク・ラ）スメラ（統メ・ラ）ほか古代によく見られる型なのである。

（一）通説の批判と論述の立場

カグラ（神楽）の語源と意味について諸説があり、代表的なものに、古く本居大平の説がある。大平は本居宣長の説（『古事記伝』四十三）を祖述して、「かぐらといふ語意は、迦具禮阿比といふ語の約《つゞ》まれるなり、其は…すべて本末二方にわかれて、互にあらそふが如くいひしらふなん…詞をかけあはする事なり」と言ふ（『神楽歌新釋』）。そして、歌垣の「垣といふ名の意は、歌加賀比にて、賀比を切《つづ》めて伎とは云なり…加賀比と云は…加具禮交《あひ》の切まりたるなるべし…されば歌賀伎とは互に歌をよみて、加具禮交《かは》すよしの名なるべし」と述べる。ここで、カグレアヒがカガルに転じたことは認められないが、カグラ、カグレ、カガヒを「一つ語《ことば》」として共通する意義を直感してゐたことは慧眼である。しかし、この三語の関連を考へずに、カグラを「互にうたひ興をあらせて遊ぶ」ことに止めたことは惜しいことであった。一方、現代に通説とされてゐるのは折口信夫の説である。しかし、よく調べてみると折口説に変化があり、それを発表の順に辿っていく。最初は「神楽の語源はわからぬ。『神楽』は宛て字である。昔の方言であろう。これがどういう信仰から宮廷にはいってきたかはわからぬ」と述べてゐた（昭和三～五年。『全集ノート編五』[1]）。ところが、次に「神楽というのは神座ということだ。…神を載せた籠を持って歩いた。…神の入れてある車のようなもの、荷物のようなもの…いつでももって歩く移動神座なのだ」（同七年、『同六』[2]）と説く。この考へは古く榎並隆璉が唱へ、大槻文彦が承けてゐたが、これと同じ趣旨が次のもので、一般によく引用され、折口の定説とされる。「かぐらは神座《カムクラ》といふ熟語」で「かむくらがかぐらとなるのは自然の事」である。それは「神霊を入れる容物で…持って歩く其物が神座である」とした（同九年、『全集十七』[3]）。しかし、この考へが後にぐらついてくる。この自説は「古い考えでありますけれども…語源の説明としては脆弱なところも少しある気がするように思いますけれども、だいたいそれで今までやってきております」と自ら疑問を呈してゐる。その上、「ただ古いところにそういう神霊を据えた、一種の祠のようなもの、そういうものを神楽といった例が、みつからぬのは残念だと思います」と、自らの弱点を反省し、それでも「語源に拘泥」するのは「よくない風習」で「語源がどうあろうとも進んでみたいと思います」と語る（同十九年、『全集ノート編六』[4]）。この根拠のない折口説を土橋寛は既に否定してゐるが（『古代歌謡と儀礼の研究』[5]）、それを待つまでもなく、提唱者自身によって事実上、撤回されてゐたのである。

なほ、薗田稔は『日本神道論』[6]で、カグルとカガヒからカグといふ言葉を抽出しながら、それ以上に発展せず、一方、「神楽そのものがお祭り…遊びの中心は今でいう神楽で…神と一体になって、そこで舞いも舞う。舞いはまた神ともまごうわけで、神そのものが舞ったかたちになる」と神楽の本質を突いてゐる。その両者を繋ぐと、カグラとカグル、カガヒの共通性を追究する端緒になったのにと、大平説と同じく惜しまれる。結局、カグラの語源は中途半端のまま現代に至ってゐる。

カグラに関連して、カガヒ（嬥歌）の語源や意義についても諸説がある。代表的なものは掛合ひの約言（賀茂真淵『萬葉集考』、橘守部『雅言考』）、かぐれあひの約言（本居宣長『古事記伝』四十三、本居大平『神楽歌新釋』）とする説である。前者の掛合ひはカガヒの一部の動作であり、中心的なものではなく、カケアヒからカガヒへの変化は清濁に問題がある。後者について宣長は、「歌垣は、加賀比と全《モハラ》同《オナジ》事《ワザ》なり…歌加賀比にて、賀比を切《ツヅ》めて伎とは云なり」に続いて、右の説を述べる。カガヒからカグレアヒへの変化は認めがたいが、注目すべきことはカグレアヒの約言を宣長はカガヒとしたが、前述の通り、大平もこの説を受継ぎ、しかもカグラもその約言としたことである。つまり、カグレアヒ、カガヒ、カグラの三語が語源を同じくすることになる。しかし、それ以上に追究することはなかった。次に、ウタガキは歌掛キで、掛クは古くは四段活用の他動詞で、歌を掛けることである。また、絡む、挑むといふ意味もあった（土橋寛[7]）。従ってここでは一連の語の考察からウタガキは省く。

ちなみに、カグラの考察に関連して、サクラ（桜）の語義について一言すると、桜井満は「サは田の神・穀霊のことで、クラは神座の意であったから、田の神の依代と考えられての呼称[8]」とする。これが民俗学の嗜好から一般に信じられ、通説のやうになった。この説は国語では○○／○の構成が一般的で、接頭語の例を除いて、○／○○

は語の分析の方法を違へた異分析であること、上代にサといふ語が確認できないこと、それ以前に右のやうな理知的、理論的な思考は古代にあり得ないことから否定される（後述）。このやうに、神道に関はる重要な語が国語学の立場から十分な検証を経ずに、語源や意義が唱へられ、通説になってしまってゐるのである。

そこで、カグラとケガレ（次節）を中心に、この語構成を意味と結びつけて、また、相似た意味を持つ語と関連づけて、その語義を考察しよう。開音節である国語は、共通する子音の枠組み、この場合はカ行音とガ行音との型の中で、意義の共通性を保ちながら、母音の交代により、といふことは活用により、文法的な機能を変化させ、新しい語をつくり、意義を分化、派生させてきた。その基本的な考へ方として、阪倉篤義が『語構成の研究』[9]（以下、阪倉説）で定めた「語基」を中心とする。

語基は一般的には語根とも呼ばれるが、派生し構成される「語の基幹的な要素」のことである。例へば、カグラ、カグル、カガヒ、ケガレの語の、カグ、カガ、ケガが語基である。語をつくるといふ「語形成論的観点にたって」その語の語基をどのやうに接辞（右で言へば、ラ、ル、ヒ、レ）と結合して造語したか、当時の言語主体の「言語意識の主観」、「語構成意識」を追究することにより、その語の語源、原義、意義を明らかにしていかう。

（二）カグの意味

(1) カガル、カガリ、カガチ

カガル（縢、綴）は糸や紐を掛け合せて、互ひ違ひに組んで編むことである。この語は「綴旒（かがれるはたあし）」（日本書紀、雄略天皇八年）に始り、現代語の裁縫の用語にまで使はれてゐる。それは糸でからげ、巻くやうにして縫ひ止めることである。そこには組んだ編目が入り組んで模様をつくったやうになってゐる。また、カガリ

（篝）は照明用の薪を入れる鉄製の籠のことで、鉄の線を互ひに交叉させて編んで作ったものである。カガリは動詞カガルの連用形の体言化（居体言）によりできた語であらう。カガリビ（火）と言へば、そのカガリを使って燃やす火のことで、カガリそのものはカガルことによってできた籠である。さらに、アカカガチ（赤酸醤）は「彼《そ》の目は赤加賀知の如くして」（古事記、八俣の大蛇）とあり、ほほづき（酸漿）の赤く熟した実を指す。これは光ってゐるのではなく、果肉が熟し皮が破れ、崩れたやうに赤くただれたやうな状態をいふのであらう。以上の三語、カガル、カガリ、カガチから、カガは表面が平坦で、すっきりしてゐるのとは違って、入り組み、組み合さり、雑り合った状態を共通の意義素として含んでゐることが分る。

ところで、「安加々利踏むな後《しり》なる子」（神楽早歌）のアカカリは和名類聚抄に「皹　阿加々利　手足坼裂也」とあり、足《あ》カカリとされる（『時代別国語大辞典上代編』[10]）。今でいふ、踵のあかぎれで、傷のやうにきれぎれに荒れてゐる状態である。アカカリは観智院本類聚名義抄（佛中）にアカガリと濁音で表記されてゐて、このやうに読む注釈書もある（土橋寛校注『古代歌謡集』[11]、臼田甚五郎校注『神楽歌』[12]）。このカカリ（カガリ）は動詞カカル（カガル）の連用形による体言化と推定され、前述のカガリ、カガチと同じ語構成意識によってできた語としてよいであらう。現代も各地の方言にアカガリの訛音と思はれるアカガイ、アッガリ、アッガイなどガ音の語が残ってゐる（『日本方言大辞典』[13]）ことも参考になる。また、「稲搗《つ》けば可加流あが手を今夜《こよひ》もか殿《との》の若子《わくご》が取りて嘆かむ」（萬葉集三四五九。以下、番号のみ）は東歌であるが、このカカルは右と同じく、意味はひびやあかぎれが切れ、手が荒れてゐることである。カカルが清音であることが難点であるが、手がひび割れし、裂けてゐることはまさにカガル状態である。意味として共通してゐるので、清濁を越えて、同源の語と判断してよいであらう。そのことは、やはり現代の方言で、寒さで手足が凍え、かじかむ意味で、カガエル、カガヤクが使はれてゐる（『全国方言辞典』[14]『日本方言大辞典』[15]）ことからも推定できる。なほ、以上の清濁の相違について、川端善明は『活用の研究』Ⅰ、Ⅱ[16]

で清濁を越えて意味が関連、相関してゐる例として、ナツク（懐）―ナヅク、モト（本）―マヅ（先）、ナギ（凪）・ナゴ・ニギ（和、柔）―ニキ・ニコ、モトル（很）―モヂフ（捫）の例を挙げる。カカルとカガルの関係も同じやうに考へていいのではないだらうか。

また、「あしひきの山田守《も》る翁《をぢ》置く蚊火《かひ》の下粉枯《こがれ》のみ我《あ》が恋ひ居らく」（二六四九）のコガル（焦）は本来、火に焼ける、燻《くすぶ》ることである。コガルことによって表面が黒くなり、変色もする。表面の色が違って、もとの色の部分とまだらに、まぜこぜになった状態にある。そのことから、心が思ひ乱れ、悶えることになる。コガルはカグル（猥雑）と同語源であり、[17]心の中が入り乱れ、雑然となる。そして、このカグルはカガルへと繋る（後述）。コガルは手足の皮膚がカカルのと同じやうに、心の中がカガル状態にあることをいふのである。

以上をまとめると、語基のカガが中核になって、カガルが組み合せ、縫ひ合せること、カガリがそれによってできたもの、カガチが表面の入り組んだ状態になってゐるもの、カカル（カガル）が表面が乱れ、荒れた状態にあることである。コガはカガの母音交代により意義は少し変化してゐるが、変色し、入り雑り、心が乱れた状態を意味する。かくして、カガの原義は線が互ひ違ひになって組まれ、交はり、一面では雑然と乱れた状態にあり、他方、幾条もの筋ができて、不規則に走ってゐることであると結論づけられる。そして、このカガの原形はカグであり、その未然形相当のア母音を含む形は、そのやうな情態にあるものといふ体言的な意味を持ち、それを阪倉説で「情態言」と名づけた。ここで、状態とせず、「情態」の文字を用ゐたのはその語の「内面的なおもむき、ありかた」を表さうといふ意図に基づく。

（2）カガヨフ、カグル、カガヒ

「燈《ともしび》の影に蚊蛾欲布《かがよふ》うつせみの妹がゑまひし面影に見ゆ」（二六四二）のカガヨフについて、「ちらちら揺れて輝く」（『日本古典文学全集萬葉集』[18]）と「ちらちら揺れ動く」（『小学館古語大辞典』[19]）の二説がある。動くだけか、輝くまで解するかといふことである。それは、「見渡せば近きものから岩隠り加我欲布《かがよふ》玉を取らずは止まじ」（九五一）の玉についても言へる。この問題を解く鍵は、「透き影に、ただ一人かがよひて、心一つにまもりゐたらむよ」（能因本枕草子、いみじう心づきなきもの）のカガヨフである。これは車の簾の透き影に映る姿がちらちらして見えてゐる状態である。ここで重要なことはたった一人の影が揺れ動いてゐるのであって、輝くことはあり得ないといふことである。暗い透き影で揺れると、輝くといふ印象になるかもしれないが、それは動きによる感覚であって、中心は揺れることである。前述の通り、カグ、カガの意義は入り組んで乱れてゐる状態をいひ、カガヨフもその派生による語である。従って、萬葉集の右の二首のカガヨフも「妹がゑまひ」「玉」が揺れて輝く、光るのではなく、揺れ動くと取らねばならない。

　枕草子のこの部分は本文に異同があり、前田家本も「かがよひて」であるが、北村季吟の『枕草子春曙抄』の「文ことばなめき人こそ」に「かぐよひて」とある。同書の本文は能因本の末流の系統と位置づけられるが、これに注して「赫耀《かぐよふ》也、我のみ栄耀がましく、一人物見ゆるらむよと也」と説く。これは輝くと考へ、比喩的に解してゐる。注意すべきは三巻本の本文で「ただよふ」と改められてゐることである。これは、カガヨフを光り輝くと考へると意味が分らなくなり、文脈上の意味を取ってタダヨフに改めたのであらう。ここでカガヨフをタダヨフの意味として当時、解釈してゐたことが理解される。

　カガヨフをタダヨフと解したことは、接辞ヨフによって意義が類似してゐることにもよらう。サマヨフ、ツタヨフ、イサヨフ、モゴヨフのヨフは揺れて動くといふ意義を含み、あちこち、ゆらゆらと揺いでゐることである。従って、カガヨフのカガには基本的にそのやうな意味はなく、正確にはカグといふ情態で、即ち、透いてゐる部分とさうでない黒い部分とが入り乱れた情態で、であり、そこに揺動を感じる端緒があったのである。語基のカグ、カガは入り混り、交はった情態であって、揺れや動き、光や輝きの要素はもとよりないことに注意すべきである。

また、「夏虫の火に入るがごと湊入りに舟漕ぐごとく帰香具礼《ゆきかぐれ》人の言ふ時」（一八〇七）のユキカグレの語義は未詳で、寄り集る、求婚するなどの説がある。カグレは下二段活用の連用形であり、基本形（終止形）はカグルであらう。カグレは前述したカグラ、カガヒをカグレアヒの約言とする説のカグレと同語である。また、右のユキカグレの修飾部を見ると、夏虫が火に入り、湊の入口で舟を漕ぐやうにといふことから、雑然と錯雑し、混乱し、入り混り合ってといふ意味に帰着する。カグは動詞以前の形状的な意義を持った語基で、これに動詞化する接辞のルがつき、カグル（猥雑）が成立したのである。

以上の考察をまとめると、カ行音とガ行音との子音の枠組みの中での母音交代において、カグ＞カグル、カグの情態言カガ＞カガル・カガリ・カガチ、一方、カガ＞カガヨフ・カガフと、語形成の過程を辿ることができる。このカガフは文献には現れないが、その連用形（居体言）がカガヒ（嬥歌）である。つまり、カガヒは男女が雑然と入り乱れ、雑り合ひ、入り交はってゐることが本義であり、これが嬥歌であり、ウタガキ（歌垣）の基本的なあり方なのである。

（三）カグの意味変化

(1) タマカギル、カギロ火、日カゲル

萬葉集にタマカギル（限、響、蜻、垣入）といふ語があり、夕《ゆふべ》、日、ほのか、はろか、石垣淵などにかかる枕詞である。意味は玉が微妙な光を放つことから、「輝く、ちらつく」こととされる（『時代別国語大辞典上代編』[20]）。しかし、タマカギルを受ける語を見ると、明るく光り輝いてゐるものではない。例へば、「岩垣淵」のやうに岩に

よって囲まれた深い淵に隠れてゐる場合、光は「夕」のやうに「ほのかに、はろかに」見えるばかりである。この語はタマが輝くのではなく、ゆらゆらと揺れ動いて、定まらない状態を指すのではないか。カギルのカギは前述のカグの母音交代による語である。カギルはカグの語義を保ちながら、タマが明るい部分と暗い部分が雑り合って、見る角度によっていろいろ変るやうに、あたかも明滅するかのやうに、揺れるやうに見えてゐることであらう。明と暗の対照から、光ってゐなくても明の部分が光ってゐるやうに見えるものであり、光や明滅は第二義的である。本義は明暗が互ひ違ひに、まだらになってゐる状態を指すのであらう。なほ、ここでタマは「玉」と漢字表記され、「玉」自体のことと当然のやうに解されてゐる。玉が揺れ動くやうに明暗が交錯し、把みどころのない曖昧さと一応は納得できる。しかし、このタマは玉を直接に言ふのではなく、はっきりしない状態を発動し、現出させる奇妙な不思議なもの、タマ（魂）の微かな揺動、はたらきと解釈できる（第三節「たま」参照）。

タマカギルの漢字表記「玉響」について、佐竹昭広は音と光を「共感覚的印象」と感じたと説く（「音と光」[21]）。玉の照り輝く現象を輝きや音として相通ふものとして感じ取るのである。卓見であるが、一方、玉の響きや音を動き、揺動として捉へられないだらうか。響きや音を仮に漫画などで描くとすれば、直線や曲線の揺れや動き、また、太さによって表すであらう。萬葉集で「なるかみ（雷神）」（二五一三）を「鳴神」（九一三）「響神」（一三六九）と表記する一方、「動神」（一〇九二）とも表すことは「鳴・響」と「動」を同一の感覚で捉へてゐたことを示す。また、鳴り響かせる意の「とよむ、とよもす」に対して「山彦令動《とよめ》呼び立て鳴くも」（一七六二）、「来鳴き響為《とよもす》鶯の声」（一〇五七）のやうに「動・響」の漢字を共通に使ってゐることから、萬葉人は音が響くことを揺らめき動くと捉へてゐたことが分る。トヨの原義は「響きとなり揺動してゆくその拡がりとしての音のあり方」（森重敏『続上代特殊仮名音義』[22]。以下、森重説）を示すものである。また、定まるところなく揺れ動くタユタフ（猶予）、その派生語のタユタニ、タユラのタユはイ音が関与して、トヨが成立して、余響、余韻の意である（森重説）。ここでイ音の関与とは、語尾にイ母音をつけて体言であることを明確にし、安定させようとした古代の語構成の方法のことである（阪倉説にもある）。揺れ動きはそれほど大きくはないが、響き、調べとして広がっていく。

さらに、佐竹は鳴り響くことと光ることが感覚として共通する例として漢語の「玲瓏」を提示する。確かにこの語は美しい音と光の輝くさまの両義がある。しかし一方、『楚辞』にある「玻として陸離として其れ上下し」（遠遊）、「斑として陸離として其れ上下す」（離騒）、「玉佩は陸離たり」（九歌）の「陸離」はそれぞれ「ちりぢりに乱れて」「目もあやに美しく」「美しくきらめく」（星川清孝校注(23)）と、分散して入りまじる様子と、光が入り乱れて美しい様子の両義を持つ。「光彩陸離」とは「光が入り乱れてまばゆいほど美しくきらめき輝くさま」（『角川大字源(24)』）であり、動きと光を同時に受止めてゐる。また、季語の「風光る」は、風にゆらぎ、そよぐ風景にまばゆいほどの春の光、明るさを感じ取ってゐる。このことから音と光だけでなく、動きと光にも共通に捉へる感覚があるといへるのである。

以上によって、タマカギルは玉のやうに入り混った明暗のさまが、点滅ではなく、見え隠れして明滅するやうに感じ、続いてそこに揺れ動きを受止めるといふ意をも含み持つに至るのである。このやうに意味が変化していく過程にある語と考へるのがよい。

「東《ひむがし》の野に炎立見えてかへり見すれば月かたぶきぬ」（四八）の「炎立」は「かぎろひの立つ」と読むのが賀茂真淵により定着した。このカギロヒの語義は未詳だが、かげろふ（陽炎）ではなく、日が上る前にさし初めるほのかな光とするのが有力である。カギロヒ（曙光）はカギルにヒ（火）が接し、さらにカゲロヒ、カゲロフと派生した（森重説）。このヒは、カギルに継続の意のフが接したとすると、カギロヒのヒと甲乙の音が違って、成立し難いとされてゐる。ここで注意すべきことはカギロヒのカギロ（カギル）そのものに「火」、即ち光の意義は含まれてゐないといふことである。このカギル自体は前述の玉カギルと同じく、光と暗、白と黒の部分が入り混り、乱れてゐるさまで、そのやうな状態の曙の空模様をいふ。これが陽光のヒによって、より明確に輝きと陰の部分ができてゐる現象を指すことになる。ヒはいはば火と見立てた比喩として表したのであらう。その明暗の対照は揺れ動いてゐると感じるかもしれず、ちらちら輝くといふ印象になるかもしれない。中古のカゲロフ（陽炎）はカギロヒの意義を保って、光がゆらゆら揺れる現象に限定された意味になった。

「纏向《まきむく》の日代《ひしろ》の宮は朝日の日照る宮夕日の比賀気流宮」（古事記、雄略天皇）の「比賀気流」の読みはヒカゲルとヒガケルの二説があり、意味も日駆ケル・日翔ケルと日陰ルと解する二説がある。また、日ガケルと読みながら、ヒカゲルの連濁とする説もある（土橋寛『古代歌謡全注釈古事記編』[25]）。ここはカグの交代形カゲに助動詞リが接続した語と解すると、夕日が空一面に広がり、明と暗の部分が交錯し、赤、白、黒の部分が入り混ってゐる状態をいふことになる。訳としては光り輝くで仕方がないであらうが、まだら模様に白と黒、明と暗の夕焼が広がってゐる有様と認識すべきである。このやうにして、カギル、カギロヒ、ヒカゲル（ヒガケル）の語基カギ、カゲに光と関はる意識が表れ、輝くに類似する意味を後に担ひ出したことに注意しなければならない。

(2) カグツチ、カグヤ姫、カゲ

記紀に見える火のカグツチ（迦具土《かぐつち》、軻遇突智《かぐつち》）の神は火の神とされる。カグは揺れ動くことから火がゆらゆらと揺れること、ツは連体助詞、チは霊魂の意である。このカグは前述の通り、揺動、明暗のさまであるが、「火の」といふ修飾句の影響で、火が揺れ動くことから、火が点滅する、輝く意と取られやすくなってゐる。迦具夜《かぐや》姫（古事記、垂仁天皇）のヤは間投助詞ではなくて、接辞であり、木花佐久夜姫のヤと同じく、さういふ情態を意味する（後述）。カグは「なよ竹のかぐや姫」（『竹取物語』）とあるやうに、しなやかで柔かい印象がある。光り輝くといふより、ほのかに揺れるやうにちらちらする光のさまを言ったのであらう。それは光ったり、暗くなったり、かすかな濃淡の入り交りをいふ。

なほ、このカグと相似た語にカカヤクがあり、第二音節は古くから清音であった。まぶしく、美しく光が輝く意味で、上来、述べてきたカグとは別語である。現代語のカガヤクは近世中期以降に使はれ出し、カカヤクは消滅した。また、テル（照）はテラフ（衒）、テラサフ（衒）の派生語があるやうに、明るく、はっきり光ること、ヒカル（光）はヒカリ、ヒカラス、ヒカラカスの派生語があるやうに、光を発することで、両語とも光線に関はってくる。問題のカグにはそのやうな捉へ方がないことに注意しなければならない。

カゲ（影、陰）はカグの母音交代により成立した。このカゲについては多くの論議があるが「光と、光を遮られた暗い部分という、まったく相反する意味が同一の語形の中に共存している」ことの「意味の分岐」（『時代別国語大辞典上代編』(26)）が焦点である。そこで、カグの本源に戻って考へる。カグは入り乱れ、入り混ることで、そこからそれを揺れ動き、ゆらめくと感知する。次に、光の視点で捉へると、白と黒、白と赤、著《しる》しと暗し、明と暗の入り混り、交錯の感覚で受止めるやうになる。もともとカグには相反する状態を表してゐた。従って、カゲも右の両面を併せ持ち、同時的に成立した。カゲは揺らぎ、ゆらめいて、混合し、交雑してゐる。明と暗、光と闇が別々に固定して安定してあるものではない。カゲの対義語はカタチ（形）であり、カゲはそれに対して輪廓や形象がなく、移ろふものである。現代語の感覚で捉へずに、カグの意義を根本に据ゑてカゲを考へることである。以上によって、カグが変化して、前項と異なる意味を含むやうになり、光ることの関はりが出てきたことが理解されよう。

（四）カグからカグラ（神楽）へ

今まで述べてきたことはカグラ（神楽）の語義を語構成をもとにして考へる基礎作業であった。簡潔に要約すると、語基のカグ、その情態言のカガは、雑然と入り混ってゐる、交叉し絡んでゐる、少しづつ見え隠れする情態といふのが原義である。ここには動きはなく、ぎざぎざとまだらの情態の模様を示してゐる。しかし、そのさまは自然にちらちらと揺れる動きとも感じられるやうになった。次に、語基のカギは明と暗の分布と揺れが基本であるが、その場面の影響によりほのかな光、またその明滅をも感じ取り、カゲができた。ここで、光との関はりが生じたが、光り輝く意のカカヤクとは別語であった。カギ、カゲの光の要素はカグの結果による第二義的なものである。

さて、カグラは、このカグを語基として接辞ラが結合して形成されたものである。カグラは、神と人とが入り雑り、交り合って、時には雑然と入り乱れ、交錯して動いて在る情態が原義である。神と人とが交流、交歓し、一体となって、遊びの境に入るのである。ここにカグの基本的な意義を保ちながら、ものではなく、こととしての動作、つまり体言性ではなく、動詞性の意義があることに注意しなければならない。接辞のラは「『…なるもの（こと・ところ）』といふ、情態を形容的に表現する意義が根柢にあ」り、「情態言的性格があった」（阪倉説）。なほ、森重説では、カグラはカグルの「未然形即名詞法」（阪倉説の情態言）であったとする。このことは土橋寛も「カグラをカグレの名詞形と見ることは可能であ」ると述べてゐた[27]。また、吉田金彦も「カグラはカグレの異形同語」で、「連用形カグレの名詞形カグラ」、即ち「未然形準体法」（阪倉説の情態言）であるとした（『古代日本語をあるく』[28]）。これは本居大平がカグラの語源をカグレアヒに求めたのを、端的にカグレとしたものである。三氏と私案は語形成の論証の過程は異なるけれども、語基のカグを源に発し、未然形相当のア母音を情態言的として考へる点は同じである。なほ、吉田はカグラの原義を「神遊びすること、足を動かして動き回ること」とするが、これではカグの基本的で核となる意義を捉へてゐない。

本居宣長は「『かぐら』は、いにしへは、神あそびとぞいへる、されば其歌をも、古今集には、かみあそびの歌とぞしるされたる、神楽と書るも、ふるくはかみあそびとぞ訓むべき」と言ひ（『玉勝間』巻十。『古事記伝』三十）、賀茂真淵も同じ趣旨を述べてゐた（『神遊考』）。神あそびのアソブは基本的には興の趣くまま、自分の思ふまま、自由に、楽しみ振舞ふことであり、その「本義は遊楽する意で、遊行・遊猟・歌舞などをいうが、それが儀礼的なものになっても、同じアソブの語を用い」た（土橋寛）(29)。このカミアソビはまさにカグの情態と同じで、神と人とが自由に交はって、神人一体、神人交会し、共に楽しみ合ふ錯雑した情態に入ってゐることである。なほ、神楽の漢字表記から神が楽しむと考へてはならない。賀茂真淵が言ふやうに「楽の事を後の物語にあそびと云は古より伝はれる事にて」（『神楽歌考』）、この表記は「伎楽など外来の名称に準じて、雅楽の整備された平安中期に定ったものか」（『角川古語大辞典』(30)）とされてゐる。

　さて、カグ・ラといふ語構成による語は、上代において一般的なものであった。ハシ（端）ラ（柱）、ツブ（円）ラ、サカシ（賢）ラなど、体言や形容詞が接する例は除いて、動詞に限って説明しよう。例へば、マクラ（枕）はマク（巻、捲、纏）ラであり、マクは絡みつける、纏ひつけるといふ意味で、袖などを巻いて、あるいは腕を纏はせてゐる情態にあるものといふ意味である。「奇《くし》稲田みと与《あた》はす麻奴良《まぬら》姫の命」（『出雲国風土記』飯石郡）の、マヌラ姫は「『結婚なさるマ寝《ぬ》ラ姫』の意の命名と解される」（阪倉説）。また、サクラ（桜）がサク（咲く）ラであることは既に吉田金彦が指摘してゐる（『日本語語源学の方法』(31)）。サクは言ふまでもなく蕾がサケ（裂）、開くことである。広々と開いた情態で広がり、ひたすら咲いてゐるそのものがサクラである。阪倉はサクとは「ものがパーッと華やかになることで」、「そういう状態にあることを『さかゆ』などとい」ふと述べる（『古代人の心とことば』(32)）。サカユ（栄、盛）はサクの情態言サカにユが接したもので、「梅の花栄えてあり待て」（四二四一）「桜花盛《さかえ》をとめ」（三三〇五）は、サクとサカユの関連を示し、まさに全開し、サクこと自体の情態、植物的な生命が盛えある情態にあるのがサクラなのである。「昔、娘子《をとめ》あり、字《あざな》を桜児といふ」（三七八六、三七八七題詞）の「桜《さくら》児《こ》」は桜のやうに美しい児といふより、美しく栄えある情態にある児を意味する。木《こ》の花の佐久夜《さくや》姫（古事記、天孫降臨）やカグヤ姫のヤは前述の通り、ラと共通する接辞であり、ラよりは古い時代の語で、上代には造語力が弱まり、用法も限られて残存してゐるだけであった（阪倉説）。念のため言へば、木の花の咲くヤは木の花の・咲くヤといふ語構成ではなく、木の花の咲く・ヤであり、ヤは、上接の語句を全体として一括して包摂して、さういふ情態を受けるほどの包容力を持ってゐる。従って、サクラもサクヤからサクラに転じたと簡単に解する（谷川士清『倭訓栞』、山田孝雄『櫻史』[33]）のではなく、仮定的に言へば、木の花の咲く・ラと類推して、この咲く・ラが単独に体言としてサクラとなったと考へるべきである。木の花知流《ちる》姫（同、須佐之男命）のチルにラがないのは、サクラは咲くといふ情態が主眼であるが、チルは動態であって、情態として捉へなかったからであらう。

次に、ウ母音ではない動詞の接尾形の例を挙げる。阪倉説によれば、「夜者須我良尓《よるはすがらに》」（六一九）、「比祢毛須尓《ひねもすに》」（四〇三七）のス（ガラ）ニは、夜（日ね）が過がらに、即ち、夜（日）が過ぎていく情態でといふ意義で、結局、一晩中、一日中といふことになる。「君が使ひをかた待ち我底良《がてら》」（四〇四一）のガテラはカツ（糅）の連用形がカテで、カツはまぜる、加へる意味である。そこで、主たる動作に別の動作をまぜ加へる情態で、つまり、待ちながらといふことになる。

さらに、須明楽美御徳《すめらみこと》（令義解儀制）、須売呂伎《すめろき》（四〇〇六）のスメラ、スメロキのスメロはスブ（統）を本源とする。森重説により説明すると、「玉の美須麻流《みすまる》」（古事記、天若日子）のミスマル（御統）、「儒波屢《すばる》の玉」（日本紀竟宴和歌七）のスバル（統）、「昴…和名須波流《すばる》」（和名類聚抄）のスバル（昴）のスマル、スバルはスム、スブの情態言による派生語である。また、もと四段活用であったスバ（甲類）にイ母音が関与して、重母音のスベ（乙類）となった。一方、スメロキのスメは連用形スミが同音相通によりスメの語形をとった。このことから、スメラ、スメロは治め、統一する情態にあるものといふ意味になる。従って、スベの乙類仮名とスメ、スメラの甲類仮名は、仮名遣ならぬ仮名音は異なるけれども、意味の根源は一つであり、同語源であると結論づけられる。このことは松本克己も『古代日本語母音論—上代特殊仮名遣の再解釈』で、四段動詞の甲類のア音スバ（スマ）と下二段動詞の乙類のスベの交替例として挙げ、同源としてゐる。[34] 従って、西宮一民の「スメ・スメラ考」（『即位の礼と大嘗祭』[35]）のスメとスベを上代特殊仮名遣の相違から別語とする説は成立しがたい。[36] かくして、スメラ、スメロも動詞性の語基スメに接辞ラ、ロがついたものと判断できる。また、「昼は之弥良尓《しみらに》」（三二九七）、「昼は之売良尓《しめらに》」（四一六六）のシミラニ、シメラニは動詞シム（繁、茂）と関係があり、昼が充満してゐる情態で、びっしりと、いっぱいといふ情態にあることから、終日の意になる。以上によって、カグラの語構成が明らかになった。

カグラでなほ着眼すべきことは地名用語で断崖をカグラと呼ぶことである（鏡味完二、鏡味明克『地名の語源』[37]）。カグラの漢字は「角良、角蔵、神楽」などを宛てる。その中で「神楽岡、神楽島、神楽岩、神楽山」と使はれるのは、岡、島、岩、山に関はるいはゆる崩壊地名である。また、カクラが方言（青森県三戸郡）で「切り立った岩山」を意味する（楠原祐介、溝手理太郎『地名用語語源辞典』[38]）ことも参考にならう。京都の神楽岡は古くは「康楽岡」（『日本逸史』延暦十三年十一月九日）、「賀楽岡」（『文徳天皇実録』斉衡三年六月二十五日）と書かれてゐた。神楽といふ漢字表記から神や神楽に結びつけてはならない。漢字は実体を覆ひ隠してしまふことがある。これに関連して、仙覚の『萬葉集註釋』（『仙覚抄』）巻八で、「足柄《あしがり》の和乎可鶏山《わをかけやま》」（三四三二）を鎌倉時代に「カクラノタケ（嶽）」と呼んでゐて、その様子を現地で確かめると「切りたりける木のもとの、いくらとも無く侍るを、今も人の多く、はつり取り侍るか」と述べる。土橋寛はこのことから「カグラの語は岡や山に関係があるらしい」と言ふが、[39] 正確にはカグラは「木の根を取りて、焚木にする」ほど、荒れて崩れた山のことである。従って、神楽岡や神楽山は、神楽が「岡や山」で行はれたことを示すのではなく、崩壊した「岡や山」に対して、削《はつ》り取られ、崩れてゐる情態といふ意味のカグラの語で命名したのである。

以上の考察によって、岡、山、岩のカグラは語基のカグの意義の通りに、入り乱れ、入り雑り、崩れかけ錯雑、雑然としてゐる情態の断崖と解せられる。カグラ（神楽）もこれと根本的に同じ発想であり、神人が一体となって交り合ひ、乱れ合ひ、時には神懸りになって熱中、陶酔、恍惚状態になることをも含むと言へる。その意味で、古事記にあるやうに天の宇受売《うずめ》の命が天の岩戸の前で神懸りして遊んだのが、カグラの始めとされるのである。

語源や語義を考へる時、いたづらに複雑に、理窟を通して追究することは禁物である。とりわけ古代人の思考や表現は簡潔、直截で、見たまま、見た状態の通りに表すことが多い（次章「『こなた』『かなた』の発想論的解釈文法」参照）。例へば、「君がため手力《たぢから》労《つかれ》織れる衣《ころも》ぞ」（一一八一）は、現代語の感覚なら力を尽してとなるが、古代人は手が疲れた情態で織ったと、その様子を見て、動的、作用的ではなく、その状態のままを静的、形状的に述べる。「風雑雨降る夜の」（八九二）「風交雪は降りつつ」（一八三六）の、「風雑、風交」は風マジへではなく、風マジリと読むのが適切であり、起ったままをその順序通りの情態であると捉へて描写する。理知的に分析したり、解釈したりはしない。ある事物、事象に対して、その本質がどういふ情態にあるかを直感的、本質的に把んで言ひ表す。カグラ（神楽）をカグ（猥雑）・ラ（情態）と捉へて表現する方法は古代人のごく自然で至当な発想法による造語であったのである。

〈注〉

（1）中央公論社、昭和四十六年。
（2）（4）同、同四十七年。
（3）同、同三十一年。
（5）（7）（27）（39）岩波書店、昭和四十年。
（6）櫻井勝之進・西川順士・薗田稔共著、学生社、平成二年。

（8）『花の文化史』、雄山閣、昭和四十九年。同じ趣旨を述べて「いはゆる『桜』ばかりがサクラではない」とも言ふ（『万葉集東歌研究』、桜楓社、同四十七年）。
（9）角川書店、昭和四十一年。
（10）（20）（26）三省堂、昭和四十二年。
（11）『日本古典文学大系』、岩波書店、昭和三十二年。
（12）『日本古典文学全集』、小学館、昭和五十一年。
（13）（15）小学館、平成元年。
（14）東條操編、東京堂出版、昭和四十二年、二十七版。
（16）（17）大修館書店、昭和五十三年、同五十四年。
（18）小島憲之・木下正俊・佐竹昭広校注、小学館、昭和四十六―五十年。
（19）小学館、昭和五十八年。
（21）『佐竹昭広集二　言語の深奥』、岩波書店、平成二十一年。
（22）和泉書院、昭和六十二年。
（23）『新釈漢文大系三四　楚辞』、明治書院、昭和四十五年。
（24）角川書店、平成四年。
（25）（29）角川書店、昭和四十七年。
（28）弘文堂、昭和五十八年。
（30）角川書店、昭和五十七―平成十一年。
（31）大修館書店、昭和五十一年。
（32）『古代日本を考える四　古代日本人の心と信仰』、学生社、昭和五十八年。
（33）櫻書房、昭和十六年。
（34）ひつじ書房、平成七年。

(35) 生田神社、平成二年。

(36) この推論の方法は「神」の語源にも適用できる（第一節「かみ」参照）。見えないやうに中に入り込む意の動詞クムの情態言がクマ（隈）で、また別に、クムの母音交代によりカムができ、奥まったところに身を隠してゐるといふ意の古い語形として、複合語に使はれた。このカムの母音交代による語がカミ（上）で、遠く隠れた根源のところを意味する（ただし、上方の意のウへとは原義が異なる）。一方、古い語形のカム（神）にイ母音を接合して体言として安定させる方式でカミ（イ列乙類）が成立し、奥深く隠れた存在を意味した。即ち、カミ（上、甲類）とカミ（神、乙類）は仮名遣ならぬ仮名音が違って、意義も分化したが、原義は同じで、同語源であると言へる。このことについては次の文献に詳しく説かれてゐる。

阪倉篤義「語源のこと」京都大学定年退官講義、昭和五十六年二月二十一日。これをもとに「語源—『神』の語源を中心に」『講座日本語の語彙二』、明治書院、同五十七年。後に『[増補]日本語の語源』に収録、平凡社、平成二十三年。

森重敏『上代特殊仮名音義—五十音図的音韻体系の論—』、『続上代特殊仮名音義—乙類仮名を含む語彙の攷—』、和泉書院、昭和五十九年、六十二年。

若井勲夫「『かみ』『まつる』の語構成的意味論」（『谷省吾先生退職記念神道学論文集』、国書刊行会、平成七年）。なほ、仮名遣の相違からカミ（神）とカミ（上）の同源説に強く反対してきた大野晋は、晩年、「kam-という語根の部分は共通である」（『日本語の形成』、岩波書店、平成十二年）ことを認め、事実上、同源説に至ったことを付記しておく。

(37) 角川書店、昭和五十二年。

(38) 東京堂出版、昭和五十八年。

第五節　「けがれ」

〔要旨〕 ケガレ（穢）の語源は民俗学者の説く気・枯れではない。正しくは前節の「かぐら」で述べた、入り雑り、乱れてゐるといふ意義の語基カグが母音交代してケガとなり、接辞ルがついたケガルの連用形（居体言）、あるいはカガが母音交代してケガ、また、カガルの母音交代によるケガルと考へられる。この説明をするのに、沖縄の古語のケグ、ア母音とエ母音との交代による語、また、アザ、アズ、アゼを語基とする語のあり方をも参考にした。ケガレの基本的な意味は、身体が雑然と入り乱れて錯雑した状態にあることで、そこから傷つき、汚くなった状態と捉へるやうになった。このやうに、カグラ、ケガレともカ行音とガ行音との子音の枠組みの中で母音交代して形成されたものである。カグの本義を基本的に保ちながら、その語基を本源として新しい語をつくり、意味も分化し派生していく古代の発想と意識を明らかにし得た。

（一）通説の批判と論述の立場

ケガレ（穢）の語源についても諸説あり、未だ確定してゐない。折口信夫はこの語源はわからないとするが、意味は「損傷を生ずる、損害ができてくる」と説く（『全集ノート編　追補一』[1]）。一方、柳田国男が常民の生活を通してケ（褻）とハレ（晴）を区別する世界観を説いてから、民俗学者で、ケガレ論が独自に展開され、通説の一つとなってゐる。それは例へば、桜井徳太郎は「ケは日常態維持のために絶えずエネルギーを発散するから…活力減退・機能衰弱を起こす」、それがケ・ガレ（気枯れ）であり「ケの活力が衰退する状態を示す」。「そこでケの機能回復のために…活力を提供するハレの賦活行事が企てられてくる」といふ「ケ・ケガレ・ハレの循環構造」を説いた（『民間信仰の研究〈上〉』）[2]。この学説はほかの民俗学者も追随し、現在、民俗学限りの観念に止らず、一般にも広がってゐる。しかし、国語学上では三音節の語の場合、○○／○といふ構成が普通で、○／○○は接頭語の場合を別にして見られないこと、ケガルはケガスと自動、他動で対応する語であり、気ガルが仮に言へたとしても気ガスが語として成立しないことなどからこの説は成り立たない。これについては西宮一民が詳しく批判して、ケガ・ルと定めたが、ケガは「怪我《けが》」で、「ケガル・ケガスの語幹の独立した語」であり、意味は「思はぬ損傷」と考へた（『上代祭祀と言語』）[3]。しかし、ケガが「語幹の独立した語」といふのは室町時代以降のことで、上代では語幹でも語でもなく、語構成論から厳密に言へば、語（単語）以前の、語構成要素としてはたらく語基（形状言）で、それに接辞ル、スが結合したものである。また、泉井久之助が述べるやうに[4]「語詞の意味には普遍的なところがある。…語の意味そのものは、意味される個々特定の物象とは別のものである」。語源や原義は「思はぬ損傷」といった特殊的、具体的な意味はあり得ず、抽象的、一般的な意義を備へたものになるはずである。さらに、ケガといふア母音の形からもとはケグ（ウ母音）といふ語を文献上にはないが、想定することも可能である。

（二）カグからケガへ（カガからケガへ）

ケガレ（穢）はレがエ母音であることから、下二段活用の動詞の連用形の体言化（居体言）であり、基本形がケガルであると推定される。ケガルに対応して、ケガスがあり、前者が自動詞、後者が他動詞として対応してゐることは言ふまでもない。ケガル、ケガスの語基のケガは情態性の接辞シがついて、ケガシができた。一方、ケガルの情態言（未然形に相当）ケガラに継続の意の接辞フがつき、再活用して、ケガラフといふ動詞になった。このやうに活潑にはたらいた語基のケガは動詞ケグの情態言ではないかと推定できよう。このケグのケは、「毛許呂裳を時かたまけて」（萬葉集一九一）のケコロモ（褻衣）のケであると思はれる。ケは後世、ハレ（晴）の対義語として、日常、平常の意で使はれるが、本来はカグの本義を保ち、それが拡大、変化して、ケコロモは衣服が着慣れて汚れ、汚くなってゐる意味になった。このケに動詞化する接尾辞のグが接合してケグ*、さらにケガ、ケガル、ケガスができたのであらう。この意義のあり方は、「あが着たる衣は奈礼奴」（同一七八七）のナル（馴、萎）のやうに着古してよれよれになる意、また、後世の「魚のなれたる」（『甲陽軍艦』十）の腐る意にもなることに共通する。また、漢字「褻」が「ふだんぎ、平服」から「けがれる、けがらはしい、きたない」と意義が派生していく（『角川大字源』[5]）ことも語義の変化として同じ例として考へられよう。

しかし、ケグの存在は文献上あり得ない。そこで参考になるのが、沖縄語のケグである。以下、『沖縄古語大辞典』[6]によって説明する。ケギウケルは、ケグ（キヂュン）の連用形に浮ケルがついたもので、意味は、かきまぜる、こねる、耕す意味である。このケグが方言として残り、キジャースンは首里方言で、ケギあはす、ひっかきまはす、キグンは八重山方言で、せっつく、キングイボーは同じく八重山方言で、醤油のたまりをかきまぜる棒のことである。また、ケギサマシはかき回して冷ますもの、ケギヰセルは土をこねておくことである。このことから、ケグは沖縄の古語として存在し、かきまぜる、かきまはすといふ基本的な意義を持つことが分る。このケグの意は今まで分析してきたカグの関連から言へば、入り雑れさせる、乱れさせることで、カグの母音交代により成立した語と見ることができる。ケガレのケガは今は存在しない動詞のケグの名残ではないだらうか。ケガのケはカグのカにイ音が関与して、ケとなり、動詞化する接尾辞グがついてケグができ、その情態言ケガが語基になったのであらう。あるいは、語基のカガのカがケに交代し、語基のケガができたと考へても同じことである。森重説（『続上代特殊仮名音義』）では、カガルのカがイ音の関与によりケとなり、ケガルを派生したとする。結果的には、私案は、カグ＞＊ケグ＞ケガレ、または、カガ＞ケガ＞ケガレ、森重説は、カグ＞カガ＞カガル＞ケガレといふ成立過程の相違であり、根本は語基のカグを本源とすることは同一である。その意義は、身体がカグレた状態のことで、（アカ）カガチのカガやコガルと相似てゐる。身体が雑然と乱れて荒れ、錯雑、猥雑したやうな状態になってゐることである。現代語のケガ（怪我）は身体が傷つき、損はれてゐることに限定されてゐる。

　カグからケガへ、また、カガからケガへ、あるいはカガルからケガルへと、カからケへのやうな、ア母音からエ母音への母音交代は古代の国語において決して珍しいことではない。以下、煩を厭はず挙げてみよう。例へば、ナグ（和）―ネグ（労）、ナス（寝）―ネブル（眠）、ナル（狎）―ネル（練）、ハグ（剝）―ヘグ（剝）、ハツル（削）―ヘツル（剝）、マグ（覓）―メグル（巡）、マクル（捲）―メクル（捲）などの動詞の対応は、基本的な意義素を共通にしながら、意味を少しずらせ、変化させて、新しい語が形成されてゐる。次に、形容詞はサシ（狭）―セシ（狭）がある。体言では二音節の語では、アカ（赤）―アケ（朱）、アマ（天、雨）―アメ、イナ（稲）―イネ、ウハ（上）―ウヘ、カガミ（鏡）―カゲミ（陰見）、カザ（風）―カゼ、コワ（声）―コヱ、サカ（酒）―サケ、タカ（高）―タケ（丈、嶽）、タタ（縦）―タテ（縦、盾）、ツラ（連）―ツレ、ハタ（端）―ヘタ、ムナ（胸）―ムネなどがある。一音節の語では、カ（日）―ケ、タ（手）―テ、マ（目）―メ、ハ（端）―ヘ（辺、上）などが挙げられ、意味の分化、特定が見られる。このやうな母音交代の相の一例として、カグからケガへ、またはカガからケガへ、あるいはカグルからケガルへの交代があり、雑然、猥雑の意義をもとにして、意味を拡大して、ケガレといふ状態に分化したと考へることができる。

（三）アザ、アゼ、アズによる類推

カグラとケガレの語義を解明する手懸りとして、カグを語基とする母音交代の例を考へてきたが、これと相似た母音交代をするアズの場合を参考に取上げよう。アザル（乱）は雑へる、交叉することが原義で、意味が分化して取乱して騒ぐ、また、魚肉などが腐る意になった。このアザは活潑な語基で、アザにフがついて、アザフ（叉）ができ、物を交叉させて積み重ねる意である。このアザフが再活用して、アザハル（糾）が生れ、もつれて交叉することである。また、ナフがついて、アザナフ（糾）、さらに再活用して、アザナハル（糾）が生れた。次に、アザにイ音が関与して、アゼ（絡）といふ絡む、絡まる意の語基を派生して、アゼ（校）倉、アゼ縄といふ複合語ができた。アゼ倉は三角形の木材を交叉させて組んで積み上げた倉、アゼ縄は縒り合せた縄のことである。このやうに、アザル、アザフ、アザハル、アザナフ、アザナハルの一連の語からアザが情態言であり、これ自体、体言として、皮膚の一部が変色するアザ（痣）になる。また、アザルの騒ぐ意義が拡大してアザケル（嘲）が騒いで戯れる意から馬鹿にすることになり、アザ笑フもできた。アザムク（欺）は人を馬鹿にして遊び戯れることから、だまし誘ふ、偽る意味になった。

一方、アザが分化した意義の一つの、魚が腐ることによって変色することから、アザラケシ（鮮）、アザラカ（鮮）、アザヤカ（鮮）と、にほひや色がほかと比べて著しい、くっきりと際立ってゐる状態を指す語ができた。中古のアザヤグ（鮮）ははっきりして目立ってゐる状態をいふ。さうして、アザ、アゼの造語力から、その基本形はアズであると類推でき、この動詞は見られないが、アズはこれ単独で体言となって、崩れた岸、崩れかけた危い崖のことである。さらに、エ母音に交代してアゼ（畦）となり、田と田の境に土を盛り上げて、仕切りとしてゐる。

このアザの沖縄語における派生を先の『沖縄古語大辞典』で調べると次の通りである。アザは八重山方言で凸凹なさまを表し、アザ道は石ころ道、アザラ畑《ばたき》は小石の多い畑のことである。また、アザレルは騒ぎ乱れる、アザレラスは騒ぎ乱れさせるの意である。一方、アゼマは十字型に交叉したもの、交叉したところ、アゼラは畔、アゼラ形は畔の形、あるいは畔に囲まれた田の形を意味する。このやうに、沖縄語のアザ、アゼはア音とザ行音の子音の型の中での母音交代であり、国語の雑へる、騒ぎ乱れる、交叉するといふ中心的な意義素と共通してゐる。

このアザ系の語の意味はカガ系の語の意味と共通するものが多く、それは意味だけでなく、語構成も類似してゐる。カガ―カグ―カゲに対して、アザ―アズ―アゼが対応する。同じやうに、コガ―コグ―コゲが対応してゐる。ただし、ケガについてはケグが沖縄の古語だが、ケゲは存在しない。また、情態言の派生では、カガル―カガフに対して、コガル―コガス、ケガル―ケガス、アザル―アザフがそれぞれ対応する。

以上、カガ、カグの語基を中心にした語構成の内容と意義の構造、母音交代による語の本義と転義を考へ、また、ほかの語の語構成から類推することにより、カグラとケガレに共通した語源、語義について明らかにすることができた。

〈注〉

（1）中央公論社、昭和六十二年。
（2）『桜井徳太郎著作集三』、吉川弘文館、昭和六十三年。
（3）桜楓社、平成二年。
（4）『新村出全集一』解説、筑摩書房、昭和四十六年。
（5）角川書店、平成四年。
（6）角川書店、平成七年。

第六節　「みそぎ」

〔要旨〕ミソギ（禊）の語源について、ミは身、ソギはソソギ（滌、濯）の略で、身をスグこととされてゐるが、詳しい考証がされずに通説となってゐる。本節はこれに対して次の通り考へる。ミソギのソギはソガソガシのソガ（清）の母音交代により成立したもので、一方、ソグの形で動詞となり、その連用形（居体言）がソギである。このソガはスガシ、スガスガシのスガ（清）と交代関係にあり、スガスガシとソガソガシは同義であって、ミソギとは身をスガスガシクすることである。この形状言スガは語基として、スガヤカ、スガスガトを派生し、また、スゲ（菅）、スグ（直）とも交代した。ただ、スガ、ソガはスガシ、ソガシと単独で語にならず、スガ、ソガを重ねて情態を表す形容詞として成立した。このスガは動詞スグ（過）の未然形スガが情態言となったものである。そこでミソギとは身体や心の中で汚れを通過、経過させて外に払ひ出し、きれいさっぱりと、つまり清々しい浄らかな状態にすることが基本的で本来の意義なのである。

（一）ミソギ（禊）の語源説

ミソギの語源についていては一般的にはミソソギ（身滌、身濯）のソの音が脱落したとして、ミ（身）ススギの義と解されてゐる。身に罪やけがれがある時、また神事を前にして、川原で身を水で洗ひ清めるといふことである。このことからミ（水）ソソギ（注）と取る説もあるが、ミソギの動作そのものに水が伴ってゐるので、ことさら水を言ふ必要がないとされる。また、ミ（身）ソキ（削）と解する考へもあり、身からけがれをへぎとる意味とする。以上の三説はいづれもミソギの動作の過程から解釈しようとしたもので、その語そのものの意味の説明としては一往、当ってゐる。

しかし、伊邪那岐命が筑紫の日向《ひむか》でミソギをしたことを日本書紀神代巻で「吾《あ》が身の濁穢《けがれ》を滌去《すすぎさらむ》」と言ひ「祓《みそぎ》除《はらへ》たまふ。遂に身の汚れを盪滌《すすぎ》たまはむとして…中つ瀬に濯《すすぎ》たまふ」と記す。ススグ、ススギサルといふ具体的な動作を総括するやうにミソギハラフと表してゐる。ミソギの仮名書きの用例はないが、ミソギは身をススグことを語源とすると説いても同語反復のやうで、実質の説明がなく、それ以上に何の意味も価値付けもないことにならう。つまり、ススグやソソグそのものの原義は何か、また、それがミソギと根本的にどのやうに関連があるのか、さらにソの脱音をいかに証明するかなど、今まで解決されてゐなかった。次に、ソク説はソクの原義はもとより、薄くへぎとる動作がミソギの動作とどう適合するのか、やや理窟が勝ってゐる。

一方、森重敏はミソギはミ／ソギではなく、ミソ／ギと分析し、ミソはミサヲ（操）のミサと同源であり、「猥雑を払ひ切った身心の純一の義」と説く[1]。ミソがミサの母音交代によることとその原義は理解できるが、ミソ、ミサを語基とするほかの語彙の例が乏しく、ただちに首肯できない。

以上のやうに従来の語源説は語義の説明になり得ても、その語本来の語の成り立ちに遡って本源の意義を説明し尽してゐないと思はれる。そこで、以下、語構成の上からこの語の本義と言語意識を究めていく。

（二）ソガソガシ（清々）の語構成

『播磨国風土記』（揖保郡）にソガソガシといふ語がある。

（菅生《すがふ》山）菅《すげ》、山の辺《へ》に生ふ、故《かれ》、菅生と曰ふ、一《ある》ひと云ふ…水の清く寒きに由りて、吾意《わがみこころ》、宗々我々志《そがそがし》、故、宗我富《そがふ》と曰ふ。

この「宗々我々志」は「宗我宗我志」の古い表記法であり、ソガソガシでなく、スガスガシと訓む説もある。しかし、「『宗』は普通ソの甲類であり…ソガソガシという形を認めてよかろう」(2)とされてゐる。

ソガソガシはソガの畳語であり、ソガシ（清）で考へると、ソガシはスガシ（清）の母音交代によりできた語である。川端善明によると、(3)サガシ（峻）、スガシ、ソガシは「本来、一つの交代関係をなし、意味的にも本来、或る神聖さの観念を中心とする語」であった。スガとソガは形状言としてはたらき、シを下接して、スガスガシ、ソガソガシを派生した。

吾《あれ》、此地《ここ》に来て、我《あ》が御心《みこころ》、須々賀々斯《すがすがし》とのりたまひて　（古事記上、天照大神と須佐之男命）

あたら須賀志売《すがしめ》　（同下、仁徳天皇）

スガシはソガシとともに品詞として独立して用ゐられた例は見当らず、右の「清し女《すがめ》」は形容詞として成立以前の形状言語な連体修飾格として使はれてゐる。これは「奇《く》し魂《みたま》」「厳《いか》し矛《ほこ》」「妙《くは》し女《め》」のやうに上代では形容詞の活用が未発達で、終止形が連体法として用ゐられた語法である。スガシは形容詞として形成されることなく、スガを重ねて情態的な意味を強くして、語として安定した。この造語は「長々し」「遠々し」のやうに、確かにそのやうに感じられると主観的に表すと言はれてゐる。

このスガの交代形ソガが品詞以前の形状言として動詞ソグを成立させ、ミソグが形成されたのである。(4)ミソグ、ミソクから動詞を探らうとすると、ソク（削）、ソク（退）を想定したくなる。しかし、前者は前述の通り、削ること、切り落すといふ行為がミソグにはやはり似合はず、ソキ、ソキイタは板に関はることである。後者はソガヒ（背向）、ソト（外）、ソムク（叛）、ソル（反）と関連し、中心から離れ、遠ざかることが本来の意味である。

スガとソガの交代はウ母音とア母音の交代である。この母音交代は上代にしばしば見られ、阪倉篤義によれば、(5)例へば次の通りである。

カグヤマ（香具山）―カゴヤマ、カクム（囲）―カコム、ヨク（横）―ヨコ、ヌゴフ（拭）―ノゴフ、ムサブル（貪）―ムサボル、マユ（眉）―マヨ、カル（軽）―カロ、アナヅル（侮）―アナドル

以上の考察により、ソガソガシはスガスガシの母音交代によって成立し、語基ソガはソグを派生し、ミソギが形成され、その意義にスガスガシと共通する要素が含まれることが予想される。なほ、このミは身であり、語の要素はミ／ソギと分析して、三音の語の一般的な構造であるミソ／ギに反する。ただし、これは体言と動詞による複合語であるので、許容されよう。

（二）スガスガシ（清々）の語構成的意味

スガスガシの語義を考察する手順としてスガを語基とする語を源氏物語の用例で見ていかう。

おぼし立ちぬること、すがすがしうおはします御心にて（宿木）

心に決めたことを思ひ切りよく進めていかうとする心ばへを表す。

女宮のかく世をそむきたまへる有様、おどろおどろしき悩みにもあらで、すがやかにおぼし立ちけむほどよ（柏木）

ためらひもなく、さっぱりと事を処していく気構へを示す。

いと後ろめたう思ひ聞えたまひて、すがすがともえ参らせ奉りたまはぬなりけり（桐壺）

これは打消の場合に使ってゐるが、意味は前二者と同じく、未練を捨て、心がすっきりした心境を言ふ。このやう

に、スガスガシ、スガヤカ、スガスガトは思ひをきれいにうち払ひ、さはやかな心になった情態を表してゐる。

　七相菅《ななふすげ》に取り持ちて…天の川原に出で立ちて潔身《みそぎ》てましと

（萬葉集四二〇）

上代にはスゲを執り物としてミソギに使った。スゲはスガにイ母音を付して母音交代して成立し、スガはスガしきもの、スゲはスガなるものの意である。[6] スゲは水辺に群生し、大きく、葉が線形であることからスガスガシと捉へられたのである。また、スギ（杉）はスグ（直）なる様で、一直線に立ち、これまたスガなる木である。

　ここで、先に述べたスガシメ（清し女）の意味を考へる。

　八田《やた》の一本菅《ひともとすげ》は子持たず立ちか荒れなむ、あたら菅原《すがはら》、言《こと》をこそ菅原《すがはら》と言はめ、あたら須賀志売《すがしめ》

（古事記下、仁徳天皇）

この歌は八田若朗女《やたのわきいらつめ》を「一本菅」に喩へ、言葉の上では「菅原」と言ふが、本当は「清し女」だとからかってゐる。スガハラとスガシの音の共通であることとともに、スゲの印象を重ねて、スガシはどのやうな意味であらうか。この歌にはスガシメの内実を示す表現はなく、スガスガシから共通の意味を考へていいだらう。これについて、佐竹昭広は一歩進めて、前述のソガソガシで、「水が清く寒いので心が清々《そがそが》しい」と言ってゐることから、次のやうに述べる。[7]

　「清々《そがそが》し」には冷気に通ずる感覚があったと推察できる。古事記の「清し女」も「涼やかな女性」、涼しい感じの美人だったのではなかろうか。…「きよし」は、客観的な汚れのない状態。「さやけし」は、通様相的に視覚。「すがし」「すがすがし」は、通様相的に温覚。…その「清さ」が感覚的に一種の「寒さ」に通ずるような心情…。

「冷気、涼しい感じ、寒さ」といふ「温感」で捉へてゐて、卓見である。しかし、「きよし」と「明るさを伴う」「さやけし」との感覚の相違は的確だが、「清々し」の心情、心境までは言ひ得てゐない。右のスガシメは子を持た

ず「一本菅」のやうに自立、孤高の身である。[8]それは清潔で純白であらうけれども、近寄りがたい高潔な生き方である。これが寒い「冷気」に通じるのであらう。ここに、スガナシに至る。

情《こころ》には緩《ゆる》ふことなく須加の山須加奈久能美也《すかなくのみや》恋ひ渡りなむ　（萬葉集四〇一五）

このスガ（スカ）ナシは通説ではひとりで心細く、楽しくない意とされる。しかし、賀茂百樹は、スガは清《すが》の転、ナシは強めで、「潔白なるは却て愛嬌なきものなり。心に飾れる処なきは…一方にはわろきものとはなれるなり」と述べ、[9]森重敏もこれを認めてゐる。このやうに、スガスガシの別の一面、冷たく、自ら高しと認める感覚のあることを認めなければならない。なほ、右のナシは、イトキナシ、オボツカナシ、カタジケナシと同じく、そのやうな状態であり、その程度が甚々しいことを意味する接尾語である。このやうに、スガスガシには冷やかで、人を寄せ付けず、自らさっぱりと取り澄ます心情が込められてゐるのである。

さて、スガ、スゲ、スギ、スグと見ていくと、動詞のスグ（過）に思ひ至らう。スグは通っていく、通過する、真直ぐに越えていくことである。それは「移動の意が強い場合と、そこに留らない意が強い場合がある」[10]。いづれにしてもスグには進んでいく、越える要素があり、そこから程度を越える、勝る、盛りが終るといふ強さが漂ふ。このことから、スガはスグの情態言であり、過ぎて行った、通り去って行った情態を意味しよう。上来、述べてきたスガスガシ、スガヤカ、スガスガト、スガシ、スガナシは心身から物が通り過ぎ、物を通り過ぎさせた後の心境、心の情態を原義とする語なのである。

この語義をスガスガシに限って言へば、その心情、感情は次の通りになる。

1、けがれが取り払はれ、きれいさっぱりとする。その結果、心が洗はれたやうに透き通り、純粋に清らかになる。心が晴れやかに、爽やかになる。

2、身が引締り、厳粛になる。身を刺すやうに凛として、きりっとなる。その結果、身がすくっと独り立ちし、気が張り、意志が強くなる。

3、心がまっすぐで、高潔である。

(四)ミソギ(禊)の語構成的意味

以上の分析からミソギの語構成による意味を考察する。まづ、ミは身であり、ソギ(ソグ)はスグの情態言であるスガを語基としてスガスガシをつくる。また、スガが母音交代によりソガができ、この語基ソガが形容詞ソガソガシ、一方、動詞ソグを成立させた。ミソグが活用した連用形がミソギで、これが体言として固定した。これを居体言といひ、~することといふ意味になる。従って、ミソグの意味はスグ(過)、スガ(清)、ソガ(清)の意義素を併せ担ふのである。

ミソギとは基本的には身をすがすがしくすることである。これを詳しく言へば、身体や心の中に汚れや穢い感情が通過していくやうに外へ払ひ出し、清らかな情態にすることである。ミソギそのものには水でもってとか洗ふとかいふ意義は含まれず、これはミソギの身体動作から付随する言語外のものである。さらに、スガスガシ、ソガソガシに結びつけて言ふと、身心ともきれいにさっぱりとさはやかな情態にすることである。従来、ミソギの語源の説明がその行動の過程に即してなされることが多かったのはミ(身)といふ身体的で具体的な語とともに動作そのものを考へてきたからである。本来は、ソギ(ソグ)そのものに着眼してその基底にある意識を分析すべきであった。このやうにして、ミソギの根源的な原義が導き出されるのである。

〈注〉

（1）（6）（8）『続上代特殊仮名音義』、和泉書院、昭和六十二年。

（2）（10）『時代別国語大辞典上代編』、三省堂、昭和四十二年。

（3）（4）『活用の研究Ⅱ』、大修館書店、昭和五十四年。

（5）『語構成の研究』、角川書店、昭和四十一年。

（7）「『清』の構造」『萬葉集再読』、岩波書店、平成十五年。

（9）『日本語源上』、興風館、昭和十八年。

第七節　「はる」「なつ」「あき」「ふゆ」

〔要旨〕本節は四季名の「はる」「なつ」「あき」「ふゆ」について古代語の語構成を原理的に遡って、その根源的な意義を探る試みである。古代語は子音はそのままにして母音を交代させ、また、語の基幹部にいろいろな語尾が付いて新しく語をつくり、意味を変化、拡大、限定させてきた。その変の相を調べ、その語とその周縁にある語を比較、対照することにより、本来の意義に至れるはずである。しかもその根底には言語主体の対象に対する捉へ方、把み方が反映してゐて、語の意味はその語に内在するといふより、どのやうに捉へたかといふ意識、態度なのである。それを意味付け、価値付けと言ってもよい。これは国語学者の命取りになるとも言はれるいはゆる語源研究ではない。独断や趣味による奇説、珍説に陥ることなく、あくまで語構成意識に基づく意味意識、つまり意味（価値）付けの意識を考へた。

「はる」（春）は「はる」（開、張）を起源として、新しい年を迎へ、暖くなり、万物が蘇り、命が張るさまを捉へたものである。「なつ」（夏）は難解で従来の説はどれも当ってゐない。それでも、「なゆ」（萎）「なる」（成）「なつ・く」（馴）と関連し、暑さの力が強まり、人も植物も力強くしなやかに生長させ、時にはぐったりと気力を萎えさせるさまを捉へた語と解釈できよう。「あき」（秋）は十分な「とし」（稔）を得て「とし」（年）を終へ、穀物の収穫、また、それに満ち足りる「あく」（飽）さまを捉へたもので、この語尾のみイ母音である根拠も推論した。「ふゆ」（冬）も難しいが、従来の説を批判し、「ふる」（旧）「ふく」（更）との関連から「ふゆ」の形成を推定し、一年が経過して終りになるさまを捉へたものと結論づけた。

本節は言語意識の探究であるが、それは文化意志にまで繋るはずである。四季それぞれの、語としての捉へ方、つまり表現の仕方は結局、日本人の季節感覚、つまり季節に対する捉へ方と根柢において共通する。

（一）論述の立場と方法

古代国語の基本的な語について語構成による中核的根源的な意味（原義・核義）を探究してきた方法論で、四季名の「はる」「なつ」「あき」「ふゆ」を取上げる。従来、これらの語について国語学、神道学、民俗学それぞれの立場から諸説が出されてゐるが、「はる」を除いて、思付きや語呂合せ、また安易な転音や音の省略による説明が多かった。あるいは季節の特色や情感をもとにして、逆に語を分析し推測されることもあり、こじつけに終ることもあった。ここではこのやうな曖昧で恣意的な方法を排して、語の構成、意味の形成をもとにして、それぞれの語の中心的な意義を探っていく。では、今まで論述してきた考へ方の上に立ち、論を進めていく立場、方法や原則についてあらかじめ述べておかう。

㈠　言葉は元来、動詞的な意味を持つ語が中心にあり、それが名詞や形容詞に派生していくものである。これは主語・主格よりむしろ述語・述格に重点がある国語において顕著であらう。体言は実質的な概念を示すものであるが、そこに用言性、動詞的な意義を探ることにより、その意味がより明確になることが多い。四季名はもとより体言であるが、そこに動作・作用・状態を表す動詞性が含まれてゐるのではないか、あるいはそれらは本来、動詞または動詞性の濃い語ではなかったかとまづ考へるのである。

㈡　ここで言った動詞や名詞は品詞論の立場からの、語の成立の後の命名である。しかし、語構成論の立場では品詞は本質的なことではない。といふより不十分であって、品詞性は重要であっても、品詞そのものはそれほど問題にならない。品詞として成立し整理される以前の、語形成に当って生産的な語基としてはたらく語、仮に言へば「言」を想定し、設定しなければならない。四季名は動詞の形と似てゐて動詞とも言へるが、厳密には動詞ではない。いはば原動詞、前動詞ともいふべき「言」であり、語基である。それは語であって語でなく、語として成立する以前の、活潑潑地たる「言」である。その一つが阪倉篤義の「情態言」（『語構成の研究』）で、その情態にあるといふ抽象度の高い意味を持って語を形成していく。もう一つが川端善明の「形状言」（『活用の研究』Ⅰ、Ⅱ）で、「すべての語の背後に直感されねばならぬ」「品詞的語の原理的な成立以前としての『語』」である。これらは活用や活用形、また品詞以前の「語」ならぬ「言」である。この「言」のはたらきを中心に据ゑる。

㈢　四季名はすべて二音節（二拍）語である。一般に和語は短い音節による語が多く、特に一音節、二音節の語は最も基本的な語に見られる。なかでも二音節は国語の安定した韻律である二拍子に適ひ、現代にまで変ることなく引継がれてゐる。四季名はよほど古くからある語であり、古代から生活に密着して使はれてきた。

二音節であることのもう一つの視点は、母音交代や子音語尾の添加による語の形成がしやすいといふことである。二音節語は語基の母音を交代することにより意味を拡大し、また限定して新しく造語をしていく。また母音の枠組みをそのままにして子音を変化させ、語を生成していく。この語彙の相関、関連、また逆に、対照関係を見ていくことにより語義を究めていけるのである。

㈣　四季名の中で「はる」「なつ」「ふゆ」は動詞の終止形に相当する形である。これは古代国語の語構成では最も古い型で、従って基本的な語に多い（阪倉篤義前掲書）。二音節でウ列母音で終り、しかも季節を表す語となると、これらの語の成立の古さがやはり示唆される。動詞の終止形は基本形ともいふべきものであり、「静的な客体的概念」（橋本四郎「動詞の終止形」『国語国文』二二ノ一二）を表す。これらの語はもと動詞終止形相当の原動詞的な言であり、一つの実態的客観的な概念をそのまま提示すると考へられる。この種の語が体言としてはたらくことは現代においても動詞終止形が人名に用ゐられることからも理解されるのである。

これに対して「あき」のみ連用形相当の語形である。このイ列母音による語構成は前述のウ列母音の後に行はれたものである（阪倉篤義前掲書）。といふことは「あき」の語の形成は右の三語より遅かったといふ仮説が成り立つ。従来、このことについて何ら問題にされず、四語が同時にできたことを暗黙の前提にして考察されてきた。四季名に成立の古さと新しさといふ視点を導入して、新たに分ってくることも出て来よう。

㈤

本節はいはゆる語源と関はるが、その探究だけを目指してゐるのではない。もとより語源とは何かといふ問題もあり、また、日本語の系統が明らかになってゐない現在、本質的な語源を解明することは不可能である。二音節語を一音節ごとに分解して遡るのか、閉音節の語を仮定して考へるのか、外国語の古語を日本語と比定して同源と説くのか、語源をどの段階で考へるかは実のところ難しい。もちろん従前の好事的趣味的な俗解、民間語源、あるいは民俗学的な好みによる解釈では到達できない。ここではいはゆる語源ではなく、その語の本源的な意味、意義素を語構成の面から考証する。しかし、それも「はる」を除いて確実に証明することは難しい。そこで、語構成の成り立ちを考へ、母音交代と語尾添加を中心に意義の変化を求め、上代といふ共時態における語彙の世界、意味の世界を探り、核となる意義を明らかにしていく。

語の構成はすぐれて意味の形成である。語構成の意識は意味の意識にほかならない。それは言語主体の表現意識によって成され得る。古代人が語による意味の世界をどのやうに捉へたか、そしてそれをどのやうに表したか、その意識と感覚が問題の根幹になる。その語にどういふ意味があるかといふことはその語をそのやうに把握して、係り合ひ、価値づけて表現したかといふことである。時枝誠記の言語過程説（『国語学原論』）によると、語の表現過程を明らかにすることである。それはまた同時に、表現することは言語者の内面でまづ理解してゐるから、言語主体による語の理解過程でもある。さういった言語過程における語意識が語としての意味であった。上来、「語構成的意味論」と称してきたのはこのやうな意図で言ひ表してゐる。

(六)　季節を表す語がなぜ四つであるか、また、なぜその語でなければならないのかを明確にすることはできない。これは国語学の研究とは別次元のことである。また、二音節語の四季名がそれぞれ語尾が「る、つ、き、ゆ」とそれぞれ異なってゐること、「なつ」が「なる」でなく、「ふゆ」が「ふる」でないことの説明も不要である。四季名の語を在るものとして国語的に解釈し、考究する。

季節の捉へ方、把み方に、ある一定の共通の感覚や感情がはたらいたことは想定できる。従前の説は四語を説く場合、違った原理や観点で行はれることが多かった。もちろん語の成立は統一的規律的になされないこともあり、偶然的な要素もあるだらう。しかし、四季の区別がはっきりしてゐて、自然の循環に定まった律動がある中に日本人の自然観、自然意識が存し、農事を基準にした生活をしてゐて、全く別々の立場によって把握して表現したとは解しがたい。四季の捉へ方、つまり意味する態度にある程度共通した発想の基盤があったと考へてよいのではないか。ただ、前述の通り「あき」のみ形が異なり成立が遅かったと考へられることは、ほかの三語と比べて意味としての表現方法が違ふのではないかといふ予想もできよう。

(七)　従前の語源について付会の多い諸説をここで網羅的に取上げ、評する必要はない。簡単には『日本国語大辞典』の「語源説」の一覧を見ればよい。これは言はれるやうに玉石混淆で却って有害な点もあるが、少くとも論者の語源意識、つまり理解意識を知ることができる。今までの研究を概括すれば、「はる」は通説でよく、「あき」はほぼ明らかにされた。しかし、「なつ」「ふゆ」は難解で国語学の外からもいろいろ試みられてゐるが、成果は得られず、確証しがたい。ここでは通説に検討を加へ、語構成面から一私案を述べる。

(八)　語を考証する場合、慣例により片仮名で表記する。本来の和語の意味を考へる時、漢字を使ふとそれによって本義が覆はれ、隠れ、また誤解することもあるからである。語の下の括弧はその和語の意味に相当する漢字を便宜上、補記する。

（二）「はる」（春）は「はる」（開・張）

ハル（春）は阪倉篤義が既に指摘してゐるやうに（『語構成の研究』、『日本語の語源』）、「ひらく、ひらける」の意義を持つハルに関連づけることができる。ハル（墾）は新しく土地を切り開いて田畑や道などをつくることである。ハリタ（墾田）、ハリミチ（墾道）、ニヒバリ（新墾）など萬葉集に多く見られる。ハルは大地を開き、拡げて、新たな世界に入っていくことである。それはまた「青柳の波里《はり》て」（萬葉集三四四三。以下、番号のみ）のやうに植物が芽ぐみ、ふくらみ、「春は張《はり》つつ」（一七〇七）のやうに春の気が開け、空間的に拡がっていくことである。ハル（晴）は空が輝き、開けていくことになる。この動詞的な概念を直叙する形状言ハルが動詞として成立するとともに、一方、体言のハルとして同時的に実現した。ハル（春）は新しく万物が生れ、開かれ、生気が蘇り、拡がるさま、即ちその時節といふ意味となる。

このハルは語基として活潑にはたらき、多くの語を形成した。ハルカ、ハルケシ、ハロカニ、ハロハロニ（遥）は空間的、時間的に遠くまで広く拡がり、開かれた情態である。ハルク、ハルカス（開）の自他の動詞はハルに動詞をつくる接尾語クが付いたものである。ハラはハルの未然形相当の情態言ハラであり、開かれた情態にあるものが原義で、大地ならハラ（原）、人体ならハラ（腹）といふことになる。そのハラがさらに語基としてはたらき、肥大形としてハラク（開）、ハラフ（払）が生じた。これは邪魔物や不安を取除き、放つことで、ハルの原義がよく保たれてゐる。ハララニは「散り散りに、ばらばらに」といふ意の擬態語と説くのが通説であるが、これは語の発生から考へると情態言ハラに、さらに情態を示す接辞のラニが接尾したとすべきである（阪倉篤義）。切り開かれた情態のままにと解するのが本義であらう。

ハルは一方、ハユ（生）にもなり、「元来目に立ってくる状態」をいった（『時代別国語大辞典上代編』）。それは即ち植物が開かれた情態に生れ出るといふことになる。また、ハルはヒラ（平）と同源であり、ヒラク（開）、ヒラメク、ヒルガヘル（翻）を派生する。ヒラなる情態はヒロ（広）なる情態にほかならず、ヒロル、ヒロメク、ヒロシ（広）といふ語群を形成する。

このやうに、ハル、ハラ、ハユ、ヒラ、ヒロのどれもが障害物が取り除かれ、空間、時間ともに拡がり開けゆく情態を表してゐると認定できる。この語彙の中のハル（春）はまさにそのやうな情態にある一時期を捉へた語として定まったのである。

このやうに考へると、「ありつつも張《はる》し来らば」（五二九）の「張」はハルと訓んで一般には季節のハルとのみ解されてゐるが、動詞性のハル（開）の意味を響かせて（「張」の用字がその意識を示してゐる）、生気の漲る春が来たならばと懸詞のやうに解釈したらどうだらうか。この意識はもっと簡単には「梓弓春山近く家居らば」（一八二九）、「白《しら》檀《ま》弓《ゆみ》今春山に行く雲の」（一九二三）のやうに、弓の弦が力一杯に引いて脹らむやうに春気が拡がる、生き生きした春山といふ解釈に適用できる。時代は下るが「霞立ち木《こ》の芽もはるの雪降れば」（古今集、春上）の「はる」は「木の芽も張る」と「春の雪」の懸詞であって、ハルの本義を十分に踏まへた表現である。以上により、ハル（春）をハル（開・張）と捉へる語意識、語源意識が十分に生きてゐたといふことができよう。

さて、ハル（春）の枕詞として著名なフユコモリ（冬隠）を考へる。「冬木成《こもり》春さり来れば」（一六）、「冬隠《こもり》春の大野を」（一三三六）などのフユコモリのハルへの係り方は従来、未詳とされてきた。これを解明する手懸りをヨゴモリ（夜隠）に求める。「夜隠《ごもり》に出で来る月の光乏しき」（二九〇）、「月しあれば夜は隠《こもる》らむ」（六六七）は、主述関係で、夜がふけて深い、深夜のことである。これが平安時代になると他動性表現になり「夜を籠めて鳥のそら音ははかるとも」（枕草子、頭の弁の職に）、「まだ夜をこめて、大極殿に参りぬ。」（『讃岐典侍日記』）のやうに、

「を」格を取って、夜を隠し籠める、つまりまだ夜が深いといふ強い意味になる。前者と同じ用法にツキコモリ、ツゴモリ（月隠）がある。月が籠ってゐることから月が出ない、つまり月末の日といふことになり、「月尽《つごもり》」（仁徳紀）はその意味がはっきり用字に示されてゐる。一方、アメゴモリ（雨隠）、キリゴモリ（霧隠）、マヨコモリ（繭隠）はその中に籠るといふ「に」格の意味である。そこで、フユコモリは夜、月と同じく主述関係の結語法にあると考へるべきで、中古からの「冬に籠る」といふ補助の関係ではない。従って、これは「冬が隠《こも》る」、即ち冬の状態が長くこもってゐることで、冬が続く、冬が深くあるといふ意味である。とするとフユコモリハルは、冬が長く深く続いてやうやく万物が芽ぐみ張ってくる春、といふやうにやはりハルを懸詞的に二重に解釈すると、この意味の流れが自然に諒解される。あるいは先の「月尽」の表記から冬が終ると解釈することもでき、結果的には同じことである（後者の説は森重敏『続上代特殊仮名音義』）。いづれにしてもフユコモリは枕詞といふより、実質的な動詞性の意味を担ふ語である。これは例へば「寒過《ふゆすぎて》春のきたれば」（一八八四）、「春過而《すぎて》夏来たるらし」（二八）と文構造的には変りがない。ハル（春）の原義の考察により萬葉集の歌が解釈できる一例としてここに挙げた。

（三）「なつ」（夏）は「なゆ」（萎）「なる」（成）「なつ・く」（馴）と関連

ナツ（夏）のいはゆる語源は難解で、従来の諸説はどれも取上げるに足るものはない。それはハル（春）のやうに対応する動詞性の語がないことと ともに、語源に対する考へ方にもよる。西洋言語学のやうに言語の系統や語族が明らかになれば、祖語に遡って追究することができよう。しかし、日本語の系統がはっきりしてゐない現時点ではその語と共通する語彙の中での意味のあり方を探り、その関はりから根本的な核義を求める方法が最良といへよう。大切なことは国語としての語源といふことである。

さて、ナツを考へる一つの手懸りとして示唆を与へられたのは、和辻哲郎の『風土』の次の一節であった。「夏の暑さもまた旺盛な緑を萎えさせる暑さであり…我々は…ひでりのころに樹木を直射する日光において心萎える我々自身を了解する。すなはち我々は『風土』において我々自身を、間柄としての我々自身を見いだすのである。」ここで思ひ合せられるのは「夏草の思ひ思奈要《しなえ》てしのふらむ」（一三一）、「夏草の思ひ之萎《しなえ》て夕星のか行きか行き」（一九六）で、「夏草の」は「しなゆ」にかかる枕詞として使はれてゐる。夏草が日に照らされて、うちしをれてゐるやうに、思ひ悩み、ぐったりとうなだれてゐるさまをいふ。このシナユ（萎）はシナフ（撓）、シナメク、シナヤカと同根で、いづれもたをやかに撓んでゐる、柔らかく曲線をなして靡いてゐることである。語基シナはシヌの情態言であり、シヌはシヌフ、シノフ（偲）、シノグ（淩）、シノニ、シノノニと派生していく。うちしをれ、ぐったりと靡き伏し、押し伏せってゐる情態を意味する。

このシナ、シヌの一連の語性がまさに問題のナツの様子と意味において関連するが、両語は別の系統のやうである。このシナユと相似た語にナユ（萎）があるが、上代に単独で使はれた用例が文献上に見出せないのはシナユが優勢であったためであらうか。しかし、ナユが語基になったと思はれるナユタケ（萎竹）、ナヨタケ（弱竹）があり、しなやかな若竹を指す。また、ナヤム（悩）、ナヤマス、ナヤマシ、ナユム（東国語）は本来、病気や障害による肉体的な苦痛を意味する（『時代別国語大辞典上代編』）。それは弱々しく無気力な状態である。このナユは平安時代に生産力を発揮し、ナヨブ、ナヨビカ、ナヨヨカ、ナヨラカ、ナエヤカなど王朝ふうにふさはしい語を派生した。また、ヌエクサ（萎草）はナエてナヨナヨしてゐる草の意で「奴延久佐《ぬえくさ》の女《め》」（神代記）は前述の「夏草の」や「奈用竹《なよたけ》のとをよる子らは」（二一七）と同じ発想である。以上により、上代において動詞ならぬ形状言ナユの存在を想定することはなほ可能であらう。

ナユの交代形と思はれるものはほかにもあり、ナフ（萎）、ナヘグ（蹇）、ナブ（靡）、ナビク、ナビカス、ナム

（摩）があり、さらにナブ・ナム（摩）はナブ・ナム（並）、ノブ（延）と拡大した。これらの一群の語彙は共通してナユの情態、しなやかに曲り、撓み、弾力を持って伏し、広げられていくことを本義とした。やはりナユそのものの用例はないけれども、シナユ、ナブ、ナムで代用され、その上、語基としてはたらいたと言ってよいであらう。

このナユはナル（生、成）とも交代した。ナルは生物が生長、生育し、実を結ぶことである。太陽の照り輝く時節に生物はしなやかに、柔らかくたをやかに、若々しく活力を発揮していく。これはナツにこそ遂げられるものである。時に暑さのためにぐったりナエ、無気力な状態になることがあっても、それは生命力の発露であり、伸長していく要素でもある。親しみうち溶け、着古した着物がよれよれになることをナル（慣、狎）といふ。それはまたネル（練）ことでもある。ナラス（平、馴）、ナラブ（並）は前述のナム、ナグ（摩、並）と意味的に相通ふ。

このやうにナを語頭に持つナユ、ナルを考へて思ひ到るのがナツを語根とするナツク（馴、懐）である。ナツクは対象に対して親しみ、馴染んで近づくことである。他動詞下二段活用のナツクは親しませる、手馴づけることになる。これは先のナル（狎）、ナラス（平、馴）と基本的に同じ意義を持つことが諒解されよう。形容詞ナツカシ（懐）は親しみをこめて慕はしい感情をいふ。このやうにナツクは相手に対してシナヤカニ、ナヨカニ、ナビクやうに、ナレ親しみ、ナレ近づき、撓垂《しな》れることである。このナツクは語基ナツに動詞をつくる接尾語クが付くことによって成立した。ここに形状言ナツを抽出することができ、既述のナユ、ナルなどの一連の語と基本的に共通する意義素があることは十分に考へられよう。

ちなみに、ナを語基として、ナグ、ナゴ、ナゴヤ（和）があり、ナビき伏し、ナメられたやうに穏やかに静まった情態を意味し、ナゴム（和）、ナグサム（慰）と展開する。また、ナヅ（撫）は手で穏やかにさすりながら、ナビカスやうにナゴヤカにナラスことである。

このやうにナは柔らかくしなやかな情態を表すのが原義で、それにいろいろな接辞が付いて、意味を広げていったのではないかと思はれる。問題のナツも品詞以前の形状言としてあり、ナツクの語基となるとともに、体言ナツ（夏）として成立したのではないだらうか。ナツは他動的にナエるやうにする、つまり暑さのためにものをしなやかに柔らかくし、生育し伸張させる時節として捉へたと結論づけることができよう。

念のために言へば、ナユ、ナルとナツにおける、語尾ユ、ルとツとの交代は上代において普通に見られた語構成法である。例へば、タユ（絶）―タツ、クユ（崩）―クツ（朽）、スユ（酸）―スツ（棄）は二音節語であり、三音節以上の語としては、ワカル（分）―ワカツ、アカル（散）―アカツ、コホル（壊）―コホツ、ハナル（放）―ハナツ、アヤマル（誤）―アヤマツなどが見られる。従って、動詞成立以前の段階で、ナユ―ナツ、ナル―ナツの対応があり、ナツ（夏）はナツ（馴）との関連を保ちながら、交代も派生もすることなく、独立して体言としてのみ使はれたのであらう。

また、語尾にツが付く動詞を右以外の語で挙げると、アツ（充）、ウツ（棄）、オツ（落）、カツ（克）、ケツ（消）、トヅ（閉）、ハツ（果）、ヒツ（漬）、マツ（待）、モツ（持）など意志的積極的に行動する意義の語が多い。三音節語になると、ウカツ（穿）、クタツ（降）、タギツ（激）、ハガツ（剝）、モミツ（黄）など、さらに強く激しい力が含まれる。ウツ（棄）をもとにした助動詞ツが意志的な完了を表すことと軌を一にしてゐる。かういふことからナツ（夏）はナユ（萎）、ナル（成）のやうに自然に実現する意とは異なって、力強い暑さと熱で生物を生長させる特性を見出すことも可能であらう。

（四）「あき」（秋）は「あき」（飽）

アキ（秋）の語源説の一つに、アキ（秋）はアキ（商）と同根で、後者は「アキナヒ・アキビトのアキに同じ…稲を交換の具としたのでいう」、また「収穫物の交換期の意」とある（『岩波古語辞典』）。このことは柳田国男が早く唱へ、「山人のもたらした山づとと里のつととを交易することから」アキ、アキナヒが生じたもので（『民族雑篇』）、「この種の交易の一方は必ず農産物で…秋の収穫によって代りを徴すべく」（『都市と農村』）と、秋の収穫物の商行為に中心を置いてゐる。

しかし、このやうな具体的で個別的、特殊的な行動によって季節の語が規定されるだらうか。ハル、ナツともその季節の全体を包括し統一する特質を一点に集中して尖鋭的に抽象化、一般化して捉へたもので、アキのみに生活の一断片を適用することは無理ではないか。確かにアキは上代に古くからある語で、先のアキナフ（商）、アキビト（商人）のほか、アキジコリ（買損）、アキガハリ（商変）、アカフ（購）など、細かく具体的な交易の一端が窺へる。しかし、これらは農産物や稲とは離れた商取引上の用語である。それを直ちにアキ（秋）と結び付けるのは早計であり、たとへ、さうであっても、次に、アキ（商）の遡る原義は何かを説明せねばならない。アキ（秋）とアキ（商）の同根を説くだけでは半面の真理を言ったに過ぎず、語源や本義を説いたことにはならない。

では、アキ（秋）の本源は何であるか。それは通説通りアク（飽）である。アクは満ち足りて、十分である状態であり、アキ（秋）の収穫、実りのことをも指したのであらう。それは例へば、「今のみに秋足《あきたら》めやも」（九三一）、「妹の命《みこと》は飽足《あきたら》に」（二〇〇九）の漢字表記からも「秋」と「飽」を同一と考へる文字意識、即ち語意識があった。また、「秋《あき》田《た》刈る仮廬《かりほ》を作り」（二一七四）の「秋田」は単に秋の田の意ではなく、稲の稔った田であり、それは即ち秋の田のことであったのである。アキ（秋）は稲や農作物の実りが十分にアキダルのであり、アクマデニは十分に満足するまでといふ心の実りのさまを表してゐる。時代は下るが「飽き満ちて舟子どもは腹鼓を撃ちて」（『土左日記』）のアキミツは十分に満ち足りることで、ここでは腹一杯になる意である。

アク（飽）はアツ（充）と同根で、そのアツはアタル（当）、アタフ（与）、アタカモ（恰）を派生する。どれもそれ自体満ちたものとして、他者に対して向っていく、それにちょうど相当し、充当するといふことである。これはアクとともに内面の充実、充満を示してゐる。このアクの連用形が体言（居体言）として、食物、特に穀物の収穫の意味で、その時期であるアキ（秋）に転じたのであらう。それが自給から交易の材料としても使はれたのでアキ（商）の意にも用ゐられた。アキ（商）はその前提にアキ（飽）があってこそのことで、同時にアキ（秋）もまたアキ（飽）に基づくのである。ちなみに、『沖縄古語大辞典』によれば、沖縄では「秋という季節感がないので口語ではほとんど使わない」が、アキは季節の秋だけでなく、「収穫の時期」の意でよく用ゐられる。アキィは「稲の刈り入れ」、アキィ・シィンは「稲を刈り入れること」で、また、ナツアキは「夏の収穫物」の意である。やはり収穫（物）のアキが季節語として拡大して使はれるに至ったのである。

ところで、ハル、ナツ、フユが終止形相当であるのにアキのみが連用形相当であることについては、その語構成による実現の時期が違ふからであり、前三者のウ接尾形は古い時期の語構成で、後者のイ接尾形はそれより新しい段階での形成であった（阪倉篤義『語構成の研究』）。四季の語は同時に一斉に成立したのではなく、まづ三季の語ができ、残りの一時期の季節としての性質を米の収穫といふ観点で捉へて、アキができた。この成立の経緯は英語の場合にも言へる。暑さと寒さははっきりしてゐるので、夏と冬の語がまづ造られ、曖昧で中途半端な時期は単語が定まらず、その後に秋ができ、ついで春の語が定着した（伊藤忠夫『英語の社会文化史―季節名から文化の深層へ』）。国語でもアキはほかの三季と比べて季節の特質を明確に捉へがたく、その成立が遅れたと言へる。

このことについてもう一つ仮説を立ててみる。既に言はれるやうに、米作りにおいて米の取入れが終る時にトシが終ったとして、主食たる稲の収穫により一年の区切りがつけられた。トシはまた米の生育期間や収穫期も指し、さらに米や穀物をも意味した。ここからトシは一年の意にも使はれるやうになった。ハル、ナツを経過して稔りの時節をトシと言ってゐたのである。このトシが一年や歳月、また年齢の意に拡大して用ゐられたため、稔りを意味するアキ（飽）が別途にできたのではないか。その時は既にウ母音で造語することがなく、連用形をそのまま体言化して使ふ時期であったので、アキ（飽）となったのであらう。このトシ（稔、年）は母音交代によりタシ（熟、豊）になる（森重敏前掲書）。タシはタシニ（確）、タシダシニ、タシカ、タシケシ（充）を派生し、確かに、十分に充実してゐるさまを意味する。この形状言タシは用言のタル（足）、タク（長、闌）と同根で、どれも内面の充実、満足の意味である。このやうに、トシ、タシ、アキの三語は共通した中心的な意義を担ひつつ、タシたるトシからアキ（飽）たるアキ（秋）へ代用されていったと思はれる。

ちなみに、類聚名義抄で「秋」にアキ、トキの二つの訓みを付ける。漢籍にある「危急存亡之秋」の「秋」は大切な時のことである。国語のトキも「置きて往にけむ時《とき》にあらずして」（四四三）のやうに、さうしなくてはならない時期、時宜の意味で使はれる。トシ（年）で最も重要なトキは稲の実りのころであり、アキ（秋）をトキと訓ずることにその意識がはたらいてゐると考へるべきであらう。

ハルからナツへ高まり向上した生気、活力はアキに収束し、収まることになる。ハル、ナツが伸長、発展であるのに対して、アキは成熟、豊満であり、そこから下降、枯落へと向ふ。アク（飽）は一方では「飽《あく》こともなし」（二五〇二）のやうに打消を伴ふときは逆の、いやになることを意味し、現代語のアキル（厭）に至る。頂点に達するアキ（飽）の正と負の両義性はアキ（秋）にも当てはまる。アキ（秋）の特性は内実的本質的にアキ（飽）にその根源があることがかういふところからも理解されるのである。

（五）「ふゆ」（冬）は「ふる」（旧）「ふく」（更）と関連

フユ（冬）はこれと同じ形の動詞があるためにそれをもとにして語源説が出されてきた。その一つが折口信夫で、フユ祭りの原型ともいへるミタマノフユ（恩頼、神霊）とタマフリ（魂振）から説く。一年の交代期に行はれるフユ祭りは遠いかなたの世界からやって来る外来魂を身体に触れる（フル）ことによって付着させる呪術タマフリが行はれる。その新しい魂は分裂、分割して増殖し（フユ）、衰へた霊魂が新しい霊魂に切り変る。それがフユゴモリで、この期間に力を貯へて、増やし、活力を身に付けて、新しく蘇る。この時がハル（春）である（『古代研究民俗学篇二』、『年中行事』）。この説を語に着目して要約すれば、魂をフル（触）こととフユ（殖）祭りの関はりからフユ（冬）となったといふことになる。これは魅力的で、興味を引き付ける考へ方で、しかもフユの中に籠り、貯へ、蔵し、耐へることによって力を増し、ハルに再生して新しい年を迎へるといふ、フユの特性と季節の循環に合致し、多く支持されてゐる。

　しかし、語構成の立場から見直していくと問題がある。まづ、フユ（殖）は上代の文献に見出すことができず、それを語基とした派生語もない。これと同じ意味では古くからマス（益）があった。次に、「佩かせる大刀《たち》本《もと》つるぎ末布由」（応神記）のフユは「殖ゆ」ではなく「振ゆ」で、振れる、揺れると考へるべきである（土橋寛『古代歌謡と儀礼の研究』、『古代歌謡全注釈古事記編』）。ミタマノフユのフユもこれと同じであって、神や天皇のミタマの霊威、威力が発動され、恩徳や加護が与へられる。フユは増殖や分割ではなく、振動、活動である。ミタマノフユとタマフリのフユ、フリは同じ意義のものでなければならない。なほ、ミタマノフユのフユ（振）はウ母音で終ってゐる。これは動詞ではなく、動詞以前の形状言で、揺れ動くことといふ概念そのままが体言となったもので、かなり古い語形成であったと思はれる。それに対してフリ（振）は動詞連用形の体言化であり、それより新しく成立した語であらう。この両語はフク（振）と同源であり、さらにフク（吹）、フクム（含）、フクル（脹）、ヒル（放）と関係する。これらの一連の語が意義的にフユ（冬）と結び付くことはあり得ない。フユ（殖）、フル（振）からフユ（冬）の語源を説くのは民俗学による観念的な想像と嗜好の産物であり、まづこの先入観と固定観念から脱却して、語そのものに目を向けねばならない。

次に、ヒユ（冷）に語源を求める説が近世以降に唱へられ、現代に及んでゐる。このヒユはヒ（氷）に接尾語ユが付いたものであるが、上代には見られず、その派生語もない。ヒそのものはヒサメ（氷雨）、ヒヲ（氷魚）、タチヒ（立氷）など多く使はれたが、動詞の用例がない。また、このやうに気象や寒暖によって季節の語を捉へる発想がハル、ナツ、アキになく、ヒユ（冷）説は成立し難い。これまでと同じく、その季節の中に生きる心の在り方、心の向け方を総括的、全体的に捉へる言語意識から探り直すべきであらう。そこで次に考へられるのがフル（旧）である。これについて松岡静雄は「ふる（古・旧）の転」として、「年の暮れゆく季節」とした（『日本古語大辞典』）。論証はされてゐないが、フユの語義はこのフルと関連づけて考へるのがよささうである。

フル（旧）は時間的に経過することを意味し、年を経る、年を取るといふことである。これが語基となって、フルス（旧）、フルブ（旧）、フルシ（古）、フルブルシ（古）ができた。フルサト（古郷）は長く年月が経過して親しんだ場所であり、フルヒト（古人）は昔の人で、平安時代には昔なじみの意にも使はれる。このやうにフルは時間が経過して久しくなる情態を表す動詞ならぬ形状言であり、それを一年が過ぎて終りを迎へるフユ（冬）と関連づけることは可能であらう。次に、フク（更）は時がたつ、深くなるといふ意義で、そこから年を取り、老いることになる。これはフカシ（深）、フカム（深）と派生し、フケル（貪）は一つの事に心がフカクとらはれることである。タク（闌）、タカシ（高）が月や日が高く昇ることから、盛りになる、そしてそれが過ぎて行くのと同じやうに、フク、フカシは年月が長く深く経過して、遂には終りになるといふことになる。

このフル、フクと関係するのが一音節語のフ（経）である。このフは中古には空間的な場所を経過する意味にもなったが、上代ではフル、フクと同じく時間的に経過する場合に限られてゐる。キフ（来経）は時間が来ては去っていくといふ経過を表す。また、ヒネヒネシはフの交代による語で、久しく古く、盛りが過ぎる様子で、老成、老熟の意味にもなる（森重敏前掲書）。このフは一音節語で安定を欠くために、より意義を明確にするために接辞のル、クが付いてフル（旧）、フク（更）が実現した。

このやうにフ（経）、フル（旧）、フク（更）は共通の意義素を担ってゐるが、これと同じ意味のフユといふ動詞は成立しなかった。上代語でフユといへば文献上、「冬」の義を持つ語のみであり、その派生語らしいものも見当らない。ここで仮説を述べれば、フを語基として、前述の通りフルとフクの形状言が成立して、語を派生しつつそのまま動詞ともなった。また、フに接尾語ユが付いて形状言フユができた。これはク（消）からキユ（消）、ケツ（消）が成立したのと同じやうな例である。このフユは先のフユ（振）が滅びて、フル（振）に取って代ったやうに、「旧ゆ、古ゆ」といふ意味の動詞として成立することなく、形状言として時間が深まり経過して行くといふ、本来の意義を保ちながら、「冬」といふ意味の体言と定まったのではないだらうか。

なほ、フル（旧）とフユ（冬）はルとユの交代であり、これは上代によく見られるものである。イル（射）―イユ、カル（離）―カユ、ケル（蹴）―クユ、コル（凝）―コユ（凍）、コゴル（凝）―コゴユ（凍）、サカル（盛）―サカユ（栄）、ハル（晴）―ハユ（生、栄）、ミル（見）―ミユなどの例があり、助動詞ル―ユの対応もある。また、時代は下るが、モチキル（用）はモチフ（神代紀上）のほかに、モチユが中世から使はれた。このことから、フル（旧）と、これと同じ本義を持つフユ（冬）とが同じ語基から生じた語であり、フユ（冬）は一年が過ぎて古く、深くなって行く情態、即ちその時節と捉へたと考へることができよう。

ちなみに、フルとフクと相似たスグ（過）は時間的にも空間的にもある一点から次のところへ単に移行、移動することである。スガラニはヨスガラニ、ヒネモスガラニのやうに、夜や日が過ぎていく情態のままにといふことになる。従って、フル、フク、フカシのやうに時がたって質的、内容的に深まる意義にはならなかった。フル、フクは年を経て一年が終り、寿命が深まり、老いていく。フケルは程度を越して精神的にも溺れることであり、フルサトは内実的に奥深く心に親しむことになる。同じやうにフユ（冬）の本義はただ一年が過ぎ行くのではなく、人が年を取るやうに、一年もいはば年を取り、老い深まり、次のハル（春）に生れ変っていくことである。なほ、参考として漢字「冬」の字源を取上げる。「冬」は「初形は糸の結び終りの形」で、「糸の末端を結んで終結の意」とした。つまり「季節の終結する時期」である（白川静『字統』。このことは『大漢語林』でも「一年の終わりの季節、ふゆの意味を表す」と説く）。この解字は国語のフユ（旧、冬）と根本的に共通する発想である。

時の経過を実質的、価値的に捉へる語としてほかにオユ（老）がある。これはオヤといふ情態言に母音交代し、形容詞オヤシ（老）、体言オヤ（親）が成立する。このオヤはウヤ、ヰヤ（礼）にも派生し、オユ、オヤといふものはウヤウヤシク（恭）、ウヤマフ、ヰヤマフ（敬）べきものなのである。国語の発想として、時や年が経過して古くなること、老いゆくことに着眼し、あるいは価値を見出す捉へ方があった。このことは月の異名にも表れてゐる。十一月のシモツキは霜月と宛字されるが、これは意味を表したものではない。正しくはシモ（下）ツツキの略であり、カミ（上）に対して一年といふ一続きの終りといふことである。また、十二月のシハスはシハスヅキ、またはシハツヅキの後略であらうが、通説ではシハツ（為果）、トシハツ（年果）とされてゐる。これでも一年の終り、極月として捉へたことになるが、シフ（廃）、シボム（凋）と関連させるのがいいであらう（森重敏前掲書）。このいづれにしても十二月を一年の最終として表したことになり、フユ（冬）も同じやうに時間の経過といふ観点から捉へたと考へるべきである。

以上の通り、四季の語はすべて古代人が生きて生活してきた自然や時間の動き、存在、状態と結び付けて造語されてゐる。そこに自然感情、季節感覚、また時間観念が反映されてゐることにならう。日本人は自然や季節を客観的、観察的にではなく、それぞれに異なった変化のある様相の中で、どう受止め、どのやうに生き、どう関はったかを主観的、主体的に捉へようとした。日本人が自然を決して対立的、対置的なものとせず、自然とともに、自然の中に包まれて、一体となって生きた態度を言葉として表現したのが四季の語であった。

第八節　「たて」「よこ」

〔要旨〕「たて（縦）」「よこ（横）」の意味について従来、タテは自然界の動きが見えるやうになる、あるいは、長くまっすぐ延びる方向、ヨコは左右にはづれたところ、あるいは、タテに交はる方向、と説明されてきた。しかし、これはタテ・ヨコの現象の一部を説いたに過ぎず、基本的な意義と派生的な意義を混同してゐる。また、「日のたたし、日のたて」「日のよこし、日のよこ」を、「日の」の文法的なはたらきに注意せず、「日の」を省いた形で考察したために、タテ・ヨコとの相違を考へずに、その意義を十分に明らかにし得なかった。その上、タテ・ヨコを、南北軸・東西軸の方位観から優劣を考へ、そこから宇宙観へと飛躍する論もあった。

本節では、ヒノタタシ（タツシ）・ヒノヨコサ（ヨコシ）、また、ヒノタテ・ヒノヨコについて、ヒノを主格、次のタタ、タツ・ヨコを述格として、その全体をサ、シが受け、ヒノとタテ、ヒノとヨコも主述関係として捉へる文法的な視点から、また、中心的なタツとヨクが母音交代によって語基としてはたらく語構成の立場から、タテ・ヨコの派生語の意味を考へた。古代ではタテ・ヨコの単独用法も語意識もなく、ヒノタタシ・ヒノヨコシといふやうに、日の動きとともに関はる情態、場所、方向を表すことが着眼点であって、東や西、縦と横の現代語の感覚で捉へてはならない。ついで、タタサ（マ）・ヨコサ（マ）も立つ、避《よ》くといふ原義を保った語であるが、タタサの道、ヨコサの道になると、それぞれ南北、東西の道といふ方位による捉へ方に変化した。しかし、タタサ（マ）・ヨコサ（マ）はタタサ・マ、ヨコサ・マの語意識であったものが、タタ（縦）サマ（様）、ヨコ（横）サマ（様）と異分析することにより、タテ・ヨコへの単独語の意識が生れ、中世後期に現代語と同じ意味のタテ・ヨコの観念による単語となった。

なほ、ヒノタタシ・ヒノヨコシに関連して、古来、日の出・日の入りを方位の東・西と結果的には同一になる表現として、「朝日の日照る宮、夕日のひがける宮」を取上げた。古代人は方位ではなく日に対する意識が強く、前者は

「朝日の日向ふ処」と同じ発想で、「日向ふ」は主述の格として捉へなければならない。それは沖縄語のアガリ・イリと対応し、また、ヒガシ・ニシの語源とも関連づけられる。タテ・ヨコは日の運行とともに成り立つ語であり、方位の観念によるものではない。従って、都城制を東西から南北への方位の転換とする考へは観念的であり、現代的な解釈であって、古代人の思考とは無関係である。言語はあくまでその時代の言語意識を基盤に考察すべきである。

（一）問題の所在と論述の立場

タテ（縦）・ヨコ（横）の意義について国語学的に究明した論考が三氏によって既に発表されてゐる。まづ、大野晋はタテの動詞形タツは「自然界の力がわき上って動きが見えるようになる」、そこから「物が上方に姿をしっかりと現わす意にも用いる」とする。[1]前者は「煙がタツ、風がタツ」、後者は「月タツ、春タツ」の例を挙げ、この考へはその後も変化がないが、タタサは「上方あるいは前方」の意味を持ったと付け加へてゐる。[2]しかし、この論法ではタテ（楯）、タテ（経、たて糸）の原義を説明することができない。タツは「立つ、起つ、建つ」が基本義であり、下方から上方へ、まっすぐな状態になる（する）ことである。風や煙が立つのは第二次的な用法で、もともと見える、現れ出るといふ意義はなかった。この意に当る語はアル（生）で、アラハル（現）、アラハス（現）を派生した。タツの体言タテも垂直方向に位置を占める状態であり、タツの本義を保ってゐる。また、大野はヨコについて、ヨク（避）を定め、ヨクは「意志的に相手をはずすように進むこと」、ヨコは「平面上で、（真実の対象から）右や左にはずれたところ」であり、この「使い方の外に」、ヨコサは「水平の方向を表わすに至った」[2]とした。しかし、この論法ではやはりヨコ山、ヨコ去らふ、ヨコ切るなどのヨコを十分に説明できない。真実からはづれることはヨク、ヨコの第一義ではない。ヨク、ヨキルは避《よ》ける、避《さ》ける、通り過ぎることが基本義であり、不正の意はそこから生じる意味の拡大である。このやうに大野の論は先入観に捕はれ、派生的な意味から出発して、タテ、ヨコの意義を十分に説明することができなかった(3)。

続いて、岩野靖則はタテの基本義を「上から下、あるいは下から上へと長くまっすぐ延びる線の方向」、ヨコを「タテに交わる方向」としながら、先の大野説の影響を受け、タテに「はっきり見える方向」、ヨコに「タテから外れた方向」を付け加へた(4)。さらにタテについて、「長く」はヨコと比較して、あるいは長短に関はらず使はれる、また、「延びる」にタツの動詞の意義が含まれると説くに至った。ヨコの定義は「タテに交わる」では基本義を説いたことにならず、あくまでヨコそのものの内実に即して言はねばならない。その上、大野説を取入れることによって焦点がぼけて、余計な付言になってしまった。続いて、岩野はタテ、ヨコの用例を古典文学作品から引用し、対義語としての成立を通時的に丹念に考察した(5)。ここで、日本書紀の「日縦・日横」をヒノタタシ・ヒノヨコシと訓読したことから、「タタシ、ヨコシという語も存在していた」、「連語として姿を見せ」と言ふ。この説明は語構成研究の立場から言へば不正確であり、ヒノタタシ・ヒノヨコシのヒノの文法的な意味を考究せず、これを切り離してタタシ・ヨコシを単語として、タテ・ヨコの単独用法と同列に考へようとして、意義の分析が不十分になった。また、言語主体の言語意識、タテ・ヨコに対する思考態度など、その言語表現によって対象をどう捉へたかといふ観点が見られない。

次に、蜂矢真郷は「上代・中古を中心とする」タテ・ヨコとその「周辺の語」について、多くの用例を挙げ、語構成的に論及した(6)。ここで、日本書紀の「日縦・日横」をヒノタタシ・ヒノヨコシと訓読することについて、やはりヒノの文法的意味と語構成を考へずに、「縦・横」と同じく単語として考察し、タテは南北、ヨコは東西を表すのが本来であり、日縦が東西、日横が南北を指してゐるのは「問題がある」とする。また、ヒノタツシ、ヒノタチシで、同じやうに、ヒノを省いて考へ、タツを終止形、タチを連用形とし、ヒノヨクシ、ヒノヨキシも同じやうに動詞の活用形で分析してゐることは語構成論から言へば厳密でない。また、やはり言語主体の表現意識や思考についても論述の対象外である。

さて、タテ・ヨコを南北軸・東西軸の方位と絡めて述べられてきた論考を次に取上げる。荒川紘は藤原京を讃へた萬葉集の歌の、日経（ヒノタテ）、日緯（ヒノヨコ）と前述の日本書紀の用例から、「東を縦、西を緯とするのは西にたいして東を優位の方向とみたからであろう」とする。(7) 古代中国では「南北が主軸」であるが、「日本では、天皇は南面するものの、東の方位も重んじられていた」といふ。確かにその通りではあらうが、東の優位性や「北辰の宇宙軸からふたたび日の宇宙軸へ」とまで結論づけることができようか。ここでもやはり、ヒノタテ・ヒノヨコのやうにヒノが表現されてゐることが重要なのである。単にタテ・ヨコ単独で考へずに、ヒノタテ・ヒノヨコを全体として見なければならない。

続いて、宮本健次は日本書紀の記述から「当初、太陽信仰から東西軸を縦軸」として、「北辰信仰をもたらしてから、南北軸が縦軸になった」とする。(8) やはり東西軸から南北軸への転換を言ひたいのであらうが、そのやうな方位の軸といふ観念や「最も上位である北」といふ方位の優劣観念があったかどうか速断できない。また、何よりも「天照大神に代表される太陽信仰があった」と主張するが、これは早くに櫻井勝之進が否定してゐる。「天照らす」といふ表現は「輝やかしく偉大なる神徳のたたえことば」であり、「大神という言葉の尊厳性を形容しただけの言葉」なのである。(9) さらに千田稔は、「タテは、ヨコに比べて優位である」と前提して、「わが国の本来のタテは、東西であったとみられ」、「この方位観こそ、日本文化の基層にある宇宙観の骨格を構成している」とする。(10) 以上、三氏の論述の問題点は、ヒノタタシ・ヒノヨコシ、ヒノタテ・ヒノヨコを現代人のタテ・ヨコの感覚で観念的に解釈し、ヒノといふ語句の文法的な考察がないこと、南北・東西、タテ・ヨコに対して「優劣の関係」から判断しようとすること、また、宇宙軸、方位軸で説明しようとすることである。これらは古代人の思考方法や言語感覚を考慮せずに、あまりにも短絡した見方であり、説明が自説に都合の良いやうになされてゐる。

そこで、本節はこれらの問題点を踏まへながら、タテ・ヨコに関はる語を用例に基づいて、国語学的に、とりわけ語構成研究の立場と方法を中心に考究していく。さうして、語構成意識を究め、そこから言語主体の言語意識、表現意識、つまり対象の捉へ方を探り、その語の本来の意義、原義を明らかにしようとする。なほ、ここで言ふ「語基」とは阪倉篤義が『語構成の研究』(11)で述べるやうに、新しく語を形成しようとする時、「語の基幹的な要素と意識されてゐたもの」であり、例へば動詞性を持つ語基であれば、「本来動詞的な意義をあらはし、動作、作用の属性を表象」するものである（以下、阪倉説と記す）。

（二）「たて」「よこ」の語構成的意味論

(1) 日のたたさ、日のたつし・日のよこさ、日のよこし

○山河を隔《さか》ひて国県《くにあがた》を分ち、阡陌に随ひて邑里《むら》を定む。因りて、東西《ひむがしにし》を日縦と為す、南北《みなみきた》を日横と為し、山陽《やまのみなみ》を影面《かげとも》と曰ひ、山陰《やまのきた》を背面《そとも》と曰ふ。（日本書紀、成務天皇五年九月）

「阡陌」とは田の間の道、畦道のことで、「阡」は南北（一説に東西）、「陌」は東西（一説に南北）をいふ(12)。ここでは厳密に方位のことをいふのではなく、四方の道、縦横《じゅうおう》の道といふ意味であらう。この「日縦・日横」はヒノタタサ・ヒノヨコサと訓んでゐる。タタサのタタはタツ（立）の未然形相当の語基、即ちタツといふ情態にある意味を表す情態言（阪倉説）である。ヒノタタが同じく情態を表す接辞サにかかり、全体として、日が立つ情態にあるもの、ところを意味する。後にサは方向を表すこともあるが、本来はその様子、その情態にあることを意味する接尾語である。ヒノタタサはヒノ・タタ・サといふ構成で、日が立ってゐる、

立っていく、さういふ情態と考へるべきである。従って、これは方位の東を表すのが本義ではなく、日が立ち、立っていく情態、即ち、そこから前に進んでいく道をも指す。ここで、サが「その方向を目ざす状態」[13]であることを思ひ合すべきである。このことからヒノタタサは敢へて方位で言ふと東の場所だけでなく、東から西へ進んでいく、東西の道筋をも示す。

ヒノヨコサのヨコは動詞ヨク（避）の母音交代による語であるが[14]、タタから類推できるヨカへ活用せず、その代りにヨコが成立した。日が横切る、通り過ぎる情態や場所を意味する。日が東西にいく時に、通り過ぎ、過《よぎ》り、避けていく情態は南北方向に進む道である。ヒノヨコサは前述と同じく、ヒノ・ヨコサでなくヒノヨコ・サと分析して語義を考へねばならない。動詞タツ、ヨクの原義を保ち、ヒノとタタ・ヨコが主述の格を保持しながら、全体としていはば語基として、その情態にあるものとして捉へるべきである。これはタテ・ヨコと同義でなく、あくまで太陽の運行と一体化して捉へた表現である。

このやうな語構成は上代で一般的な用法であった。例へば「ももしきの大宮人のまかり出《で》て遊ぶ今夜《こよひ》の月の清《さやけ》佐《さ》」（萬葉集一〇七六、以下、番号のみ）のサヤケサは「月に対してこれをさやけしと叙述する述格にたつ資格をうちにふくんだまま体言的に定着されたもの」で、サはマやカとともに「形式名詞的特性」（阪倉説）を持つ、つまり、サヤケサは月ノサヤケ・サであり、月がさやけきことと、主述の関係を含んで体言として定着したものである。また、「風をだに待ちてぞ花の散りなまし心づからにうつろふがうさ」（『後撰集』八八）は、「心づからにうつろふ」といふ叙述の全体を体言的な「さ」が受け、移ろふことが憂しと主述の関係で、それを体言化して詠嘆する。ヒノタタシ・ヒノヨコサもこれと類推して考へねばならない。

さて、日本書紀卜部兼右本に次の通り書かれてゐる。

○日縦　比乃多都志　ひのたつし　養老

日横　比乃与己之　ひのよこし　養老

これは室町時代に卜部兼右が書写した本にある傍訓で、養老年間（七一七―七二三）の講書の時の書込みをそのまま注記したものである。「古訓を伝えるもの」(15)とされ、ヒノタツシ・ヒノヨコシはより古い訓み方と考へてよいであらう。ヒノタツシはヒノタツが終止形相当の形状言として、シにかかり、日が立ってゐる情態、様子をいひ、ヒノヨコシは、日が横切り、通り越す情態、様子といふ意味である。阪倉説によると、シは情態を示す「叙述形」であり、それが母音交代によりサといふ情態言的な体言になったものである。このことからもヒノタタシが古い形で、ヒノタタサは新しいことが分る。

なほ、『住吉大社神代記（船木等本記）』の

○山の石門《いはと》開香乃東は日縦、南は日横とし

について、田中卓は「香山《かぐやま》の石門を開けてと訂すべきか」として、日縦、日横をヒノタタシ、ヒノヨコシと訓解する(16)。これは先の日本書紀の東西、南北と違って、東は日の立っていく情態のところ、南は日が横切り、通り過ぎていく情態のところで、その道が南に水平に延びていくことを表したのであらう。

つまり、朝の日の光は東から昇り、立ち、進んでいく。その進む方向を西ではなく南とし、南側は光が交叉し、素通りして、常に当ってゐるが、北側は当らないと捉へた。そこで、ヒノヨコシは南北の線とは考へずに、南とのみ表したのである。もとより東西軸、南北軸といふ意識はない。このことに関して、伴信友は『高橋氏文考註』(17)で「本朝月令」六月に残る「日竪、日横」をヒノタツシ、ヒノヨコシと訓み、前者は「朝日の立昇りて漸《ヤヤ〱》に南ざまにおよぶまでの間」、後者を「南ざまより西さまに漸に降《クダ》ち行く間」と説いてゐる。また、その「附《つけたり》　万葉集藤原御井歌四面方位考図」で、東から南への円周部に「日縦」、南から西への円周部に「日緯」と記してゐる。これは、ヒノタツシを正午まで（午前）、日の光が東から南へ立ってゐる情態と捉へ、ヒノヨコシを正午から（午後）、日の

光が南から西へ下降して、地平線を横切り、沈んでいく情態と捉へたと解釈できる。この「日竪、日横」は通説では[13]ヒノタテ、ヒノヨコと訓まれるが、以上のことからヒノタタシ、ヒノヨコシと訓むのがよいと思はれる。なほ、同じく『高橋氏文』で、一般的に南とされる「陰面《かげとも》」を伴信友は「夕日の降ち陰《カゲ》ろふ西ざまより北ざまにおよぶ間」、北とされる「背面《そとも》（外面）」を「北ざまより東さまの間」とする。この四方の語は「上古よりおほらかに称《ヨ》び来れる四面《ヨモ》の名なりける」と言ふやうに、かなり概括的な発想によるものであらう。

このヨコの解釈について補足すると、ヨコヤマ（横山）は横にある山でなく、「起伏少なくなだらかに、横に長くつらなった山」、ヨコサラフは「横に移動する」の意である。[13]ヨキヤマ、ヨキサラフの形はないが、この連用形による動態的な意味ではなく、それぞれヨキられた情態である山、ヨキられて脇に移動して、広がりゆくことである。ヨコは実体的な実質の概念ではなく、形状言的な語基としてはたらいてゐる。以上のことから『住吉大社神代記』で、ヒノタタシは東から南に、ヒノヨコシは南から西に日の光が動く情態を意味し、とりわけヒノヨコシは南の方向にヨキられた、避《よ》けられた線が逸《そ》れたまま延びていくと捉へたと言へる。

なほ、現代の方言でタテシ、タテセが鳥取県、島根県、広島県に、ヨコシ、ヨコセがこれ以外に岡山県、四国地方にある[18]ことはこの語の長い生命力を物語ってゐる。

（2）日のたて・日のよこ、日のよくし

○大和の青香具山は　日経の大き御門に　春山としみさび立てり　畝傍のこの瑞山《みづやま》は　日緯の大き御門に　瑞山と山さびいます　耳梨の青菅山《あをすがやま》は、背面《そとも》の大き御門に…名ぐはしき吉野の山は　影面《かげとも》の大き御門ゆ…（五二）

これは「藤原宮の御井《みゐ》の歌」と題し、藤原宮の周囲の環境を褒め讃へた歌である。この「日経・日緯」はヒノタテ・ヒノヨコと訓まれてゐる。どちらも「日の」といふ語句が付いてゐることに注意しなければならない。ヒノタ

テ・ヒノヨコは先のヒノタタシ・ヒノヨコシと同じく、主述の格を保持して体言化されたものである。これで一語であり、タテ・ヨコを単独語として扱ってはいけない。ヒノタテは日が立つところ、ヒノヨコは日が避きる、つまり日が横切って左右に延び、水平に広がっていく、即ち日が沈むところといふ意味である。ヒノタタシ・ヒノヨコシは情態的な意味合ひで、東西・南北の道をも表したが、これは線よりも点、場所を指す。と言って、これは東、東面《ひがしおもて》・西、西面《にしおもて》と同義ではない。結果的にはその通りであるが、発想が異なる。ここは方位を示すことよりも、日の光がどうなのかといふことに重点がある。森重敏は、タツは「直立性の方向量をもつ」、ヨコは「向うからの方向量に対して、こちらがそれを正面《まとも》に受けずによく（避）る、その側《かたはら》の方向ないし場所…その方向量に対して右か左かへと開いて逸らす」[19]と説く。ヨコの説明が受取る側に重点を置き過ぎてゐるが、この捉へ方をさらに進めると、「自国他国の兵ども道を塞ぎ前《さき》を要《よぎ》って」（『太平記』二十二）のやうに、こちらが向うをさへぎることになる。従って、ヒノヨコシ、ヒノヨコは、南北を仮定した線から言へば日の光をさへぎる、日から言へば、日の光をさへぎられるといふことである。このことからも、ヒノタテ・ヒノヨコは動詞性の意味を担ったまま体言として定着してゐることが認められるのである。

さらに考へると、ヒノタテはヒノタチと同語とは言へない。例へば、月立ち（ついたち）は単に月が立つと叙述するだけである。月立ての語はないが、ヒノタテは月立ての仮想的な意味から考へるとよい。ヒノヨコはヒノヨクの他動詞的表現の体言化であり、自動詞のヒヨキルとはやはり違った意味になるはずである。さらに文法的に言へば、立ちは四段活用で自動詞、立ては下二段活用で他動詞である。松本克己は、立ちは「動作を表す基本述語」、立ては「結果相を表す派生述語」とし、川端善明はそれぞれに「第一連用形」「第二連用形」と呼ぶ[14]。ヒノタテは、日が自らを立たせて、その結果、日が立った情態にあることをいふ。ヒノヨコのヨクは上二段活用の他動詞で、日の自らの動作を捉へてその結果の情態をいふ。従って、ヒノといふ能動の主体を意識して解釈せねばならず、単純に方位を言ってゐるのではない。そのことはこれに続いて、「背面、影面」と表現してゐることからも理解できる。ソトモはソ（背）ツ（連体格）オモ（面）の約音で、日の光が背（後ろ）に当るところ、カゲトモは日の光がまともに当るところである。それぞれ北と南のことになるが、その発想の根本は日が当る、日を受けるかどうかにある。つまり、藤原宮の四方について、太陽の光をもとにして、日とどう関はるかといふ観点から表現してゐるのである。

さて、『校本萬葉集』によれば、この日経、日緯に、それぞれタツシ（大矢本）、ヨクシ（大矢本、温故堂本）の訓を付け加へてゐる。[20] このヒノタツシは先の日本書紀卜部兼右本の傍訓と同じで、ヒノヨクシはヒノヨコシとあった。このことから、ヒノタツシの訓読は古くからあり、ヒノヨコシはヒノヨクシの方が古い形であったであらうと思はれる。ヒノヨクシは先のヒノタツシと同じく、ヒノヨクの終止形相当の語基が形状言となって、シにかかる。ヒノタテ・ヒノヨコはこれで一語であり、ヒノタツシ・ヒノヨクシ、ヒノヨコシと同じ語構成で考へる必要があると改めて言へるのである。

(3) たたさ（ま）、たたしま、たてさま、たちし、たたり・よこさ（ま）、よこしま、よこし

○多々佐にもかにも与古佐も奴《やつこ》とぞ我はありける主《ぬし》の殿戸《とのど》に　（四一三二）

タタサ・ヨコサは縦さ・横さで、サは前述の通り、情態の意味を表す接辞である。縦の方・横の方、「どちらから見ても疑いもなく」といふことである。[21] ここで着目すべきは今までのヒノが付かずに語基タタ・ヨコがサに付いてゐることである。従って、述語性を持つ動詞の意味を含まない体言として用ゐられてゐる。上下・左右のどの状態からも、と比喩的に表してゐて、ここでは方位を示すのが第一義ではない。

○山河を隔《さか》りて国県《くにあがた》を分ち、阡《たたさのみち》陌《よこさのみち》に随ひて、邑里《むら》を定む　（日本書紀、成務天皇五年九月）

ここの部分は前出のヒノタタシ・ヒノヨコシの直前の箇所で、阡・陌をタタサノミチ・ヨコサノミチと訓む。和

名類聚抄では「南北曰阡、東西曰陌」に、それぞれ「日本紀私記云」として、「多知之乃美知」「与古之乃美知」と記す。箋注倭名類聚鈔（狩谷棭斎）では前者に「多々佐乃三千」の訓も注する。ここで注意すべきはやはりヒノがないことで、太陽の運行とは無関係に純粋に方位のみで捉へてゐることである。和名類聚抄の分類も「居處部、道路類　大路」であり、あくまで道のことである。タタサノミチは南北の道、ヨコサノミチは東西の道で、現在の方位と一致してゐる。先のヒノタタシ・ヒノヨコシが結果的にそれぞれ東西か南北を指すのは、ヒノを主にした太陽の動きを基準にしてゐたからである。一方、タタサノミチ・ヨコサノミチは日ノ立ツ・日ノ避クとは無関係に、道路として独立した捉へ方になってゐる。これは方位観の転換によるものではなく、太陽から独立して現実的、実際的に捉へたことに基づく。

○馬に乗ること、縦《たたさま》横《よこさま》、並に意《こころ》の任《まま》なり。（日本書紀、天武天皇十三年閏四月）

馬の乗り方が前にも左右にも自由自在であり、サマは「その方向をめざす状態」[13]をいふ。

○タタサマ　樅…縮也　毛牟乃木　又太々佐万（享和本新撰字鏡）

「樅」は縦の字を混同したもので、タタサマといふ語が確証できる。

○長く駕《ゆ》き遠く撫でて、横逸乎都外（日本書紀、安閑天皇元年閏十二月）

ここを寛文版書紀古訓に従って「横《よこ》に都の外《ほか》に逸《こえい》で」と訓読する説があるが[22]、ヨコの単独用法はこの時代にはなく、不適切である。当時の用法としてヨコサマ[13]と訓むべきである。

○墓は…其の外《と》の域《めぐり》は、方《たたさよこさ》九尋《ここのひろ》、高さ五尋《いつひろ》。（日本書紀、孝徳天皇大化二年三月）

「方」は四方、よものことで、タタサヨコサの和訓でよい。

○衡従　ヨコシ《マ》マ　タタシ《サ》マ（観智院本類聚名義抄、佛上）

「衡従《こうしょう》」とは「横と縦、また、横にしたり縦にしたりする」[23]ことである。ヨコシマのシの横のマはサの誤記であり、ヨコシマ、タタシマとともにヨコサマ、タタサマの語が確認できる。このシマとサマはどちらも情態的なものを表し、特に意義の区別はなく、通じて用ゐられたのであらう。用例は省略するが日本書紀の「横」の訓読はヨコサマ、ヨコシマのどちらとも訓めるものである（景行天皇十二年十月・四十年十月、神功皇后摂政前紀・仲哀天皇九年九月、神功皇后摂政元年二月、仁徳天皇十一年四月）。

なほ、『肥前国風土記』（高来郡）に「池の裏《うち》は、縦横、廾町《はたまち》余り許《ばか》りなり」とある。この「縦横」を諸注釈はすべて「たて（と）よこ（と）」と訓んでゐる。この訓読の方針について例へば、『新編日本古典文学全集』(24)では、凡例に、「なるべく和訓で」「できる限り奈良時代の仮名書き例証を求めて訓み」「見つからない場合は、やむなく日本書紀の古訓（主として寛文九年板本）を利用した」と記す。上代にタテ、ヨコの単独語はなく、複合語として使はれてきたことは既述の通りである。ここは、前述の萬葉集（四一三二）によって、タタサ（マ）、ヨコサ（マ）と訓まねばならず、書紀古訓は当時のタテ・ヨコの観念、漢語の「縦横」の存在によって誤ったのであらう。従って、意味は上代の言語意識から言へば、池の中の広さは、まっすぐに延びてゐる情態、方向にあるものと、それと交叉して遮ってゐる情態、方向にあるものとが二十町余りほどといふことである。

ところで、タタサマ・ヨコサマは上代ではタツ・ヨクの動詞としての意識が保たれてゐたが、中古に至って、捉へ方が変化してきた。

○琵琶の御琴をたたさまに持たせたまへり　（枕草子、上の御局の御簾の前にて）

このタタサマは中宮が自分の姿を隠すために御琴をまっすぐに立てて、といふ意味で、情態言のタタに立てるといふ原義が含まれてゐる。これを縦にして、縦様《たてさま》に解することもできようが、それは結果的にさう言へるまでで、この語の根本はやはり立てた情態にといふ、垂直性、直立性を読み取るべきである。

○目はたたさまにつき、眉は額《ひたひ》ざまに生ひあがり　（同、職の御曹司の西面に）

○ながながとたたさまに行けば　（同、五月ばかりなどに山里にありく）

このタタサマは、前者は縦の方向、縦向き、後者はまっすぐ、一直線にといふ意味である。タタサマの立つといふ原義が薄れ、垂直の方向、真直ぐ前の方へといふ捉え方に広がっていったのである。

○風のいたう吹きてよこさまに雪を吹きかくれば　（同、雪高う降りて）

○さるべき仲、えさらぬ睦びよりも、よこさまの人の、なげのあはれをもかけ　（源氏物語、若菜上）

このヨコサマは横の方、横側（他人）の意で、避く、通り過ぎる原義は失はれてゐる。これはちょうど、ヒノタタシ、ヒノタテからタタサマ、タタシマに変化していく過程と同じである。これはタタサ・マ、ヨコサ・マといふ語構成意識がなくなり、タタ・サマ、ヨコ・サマと異分析して語を認識することと連動していく。さらにこれを縦様・横様と漢字を宛て、さらに、様をザマと濁音化することにより単語として安定していく。なほ、このやうに縦・横の観念が生れてきても、それは複合語の中においてのことであり、単独語として使はれるには至ってゐないことを十分に認識すべきである。

○娘子《をとめ》らが続麻《うみを》の多田利《たたり》打麻《うちそ》掛けうむ時なしに恋ひ渡るかも　（二九九〇）

タタリ（絡垜）とは「方形の台に柱を立て、紡いだ糸を纏きつけるようにしたもの。糸巻き。繰り台」[13]のことであり、『肥前国風土記』（基肄《き》郡）にも用例がある。これについて、川端善明は「タタ（縦）を被覆形とする想定」[14]をしてゐる。リは体言化の語尾であらう。タタリは台に柱を垂直に立て、まさにまっすぐ立ってゐる情態にあるもので、タツの原義を保ってゐる。

（4）たて・ぬき

○み吉野の青根が峰のこけむしろ誰《たれ》か織りけむ経緯《たてぬき》なしに　（一一二〇）

経《たて》もなく緯《ぬき》も定めず娘子《をとめ》らが織るもみち葉に霜は降りそね　（一五一二）

このタテはたて糸のことで、織手から見て前方に長く張られてゐる糸をタテと捉へた。立て糸といっても垂直に立ってゐるのではなく、言語主体の身体を土台にしてあたかも直立していく情態にある糸なのである。一方、ヌキはヌク（貫）の連用形が体言として固定したもので、立て糸の中に梭《ひ》をくぐらせて左右に貫く、つまり通らせることである。結果的には横糸のことであるが、さうは言はないのは横の観念やたて・よこの対義関係の意識がないからである。従って、縦や方位の観念もなく、ヌキはタテ糸を抜いていく動作をいふのみである。

以上を要約すると、古代では現代のやうな縦・横の観念や捉へ方はなかった。常に、日ノが上に付くか、サ（マ）、シが下に付くか、複合語の形をとり、立つ、避くの動詞性の意味を持ってゐた。独立した体言性は薄く、そのやうな情態、場所、あるいは目指す方向など抽象度は低く、具体的な意識を含んでゐた。初めは太陽の動きに関はって表現され、方位観念も都城制とも無関係であった。しかし、中古から徐々にタテ、タタ・ヨコの独立性が意識され出し、現代の縦感覚、横感覚が生れてきた。

永正六年（一五〇九）ごろまで生存してゐた連歌作者に次の歌がある。

○　或人よこに行雁といふ事をよめといはれければ

遥なる嶺うち越えてくる雁は風に吹かれて横へきれけり　（桜井基佐集）[25]

これはヨコが単独で用ゐられた早い例である。次に、タテは転じてタツの形で使はれることもあった[26]。これはタテの元の語、立ツに再び遡る意識もあったであらう。

○本城の岸、谷の底までたつに掘つづけ　（宗長日記下、大永二—七年〈一五二二—二七〉）

○こなたの召したは、縫ひ目がたつにござるが、私がのは、縫ひ目は横にあるばかりが、違うてござる。

（虎明本狂言、引取聟。室町末期～近世初期）

○目はたつにりんと立って

（狂言、佐渡狐）

また、慶長八、九年（一六〇三、四）に刊行された『日葡辞書』に次の通り記す。(27)

○タテ、またはタテサマ　横幅のある形や物の縦

○ヨコ　側面または横

タテ、ヨコの独立した語意識は十分にあったと言ってよいであらう。

○すずしさや都を竪にながれり

（蕪村、明和年間〈一七六四―七一〉）

この「竪」の読み方はタツ、タテの両説がある。ここは京都の南北の通りを縦で捉へる感覚で詠んでゐる。

○たつから見てもよこから見ても

（洒落本、虚実柳巷方言、寛政六年〈一七九四〉）

このやうに室町時代後期から、タテ・ヨコの観念が出来て、この両語を対義的に捉へる意識も生れた。ここに至るまで長年の時を要したのであって、古代人のタテ・ヨコの言葉とそれに関はる思想を考察する時には、その時代の意識に立ってなすべきであり、現代人の感覚で判断してはならない。

(三) 東西と日の出・日の入り

景行天皇を讃美する歌が雄略天皇のこととして取上げられたのが、次の歌である。

○纒向《まきむく》の日代《ひしろ》の宮は阿佐比能　比伝流美夜　由布比能　比賀気流美夜

（古事記、雄略天皇）

「朝日の日照る宮」は朝日が照り輝く宮で、東からの日の輝きを言ふ。これと対句をなす「夕日のヒガケル宮」は清濁が絡んで解釈が難しく、諸説がある。カグの交代形カゲを語基としてカゲルで照り輝く、カケル（駈、翔）で日の光が走るやうに差す、日隠（ヒカゲル）で日が隠れるなど、未解決である。また、日ガケルと読みながら、

ヒ・カゲルの連濁とする説もある。(28) この宮がどの方位に位置してゐたかはここでは不問にして、「宮讃めの慣用句」(28)として歌はれたこの表現が、東の朝日と西の夕日の両方が照り輝くとして讃へてゐることが肝腎である。これは前述の、ヒノタタシ・ヒノヨコシ、ヒノタテ・ヒノヨコと根本的に同じ発想であり、その土地の安定性と素晴しさを表してゐる。これと類似の表現は次の通りに見られる。

○朝日の直刺《たださす》国　夕日の日照《ひでる》国　（古事記、神代）

○朝日の来向《きむかふ》国　夕日の来向《きむかふ》国　（倭姫命世記）

○五十《い》師《し》の原に　うちひさす　大宮仕へ　朝日奈須　まぐはしも　夕日奈須　うらぐはしも　（三二三四）

第一例はタダサスに力強い朝日の輝きがあり、夕日のヒデルは先に朝日で使はれた語句と同じである。第二例はキムカフが日がこちらに近づいてやって来るといふ原義から、朝日、夕日の厳粛な様子が感じられる。第三例の場所は三重県内のどこか不明であるが、その宮が朝日、夕日のやうにうるはしく美しいと讃へてゐる。

○阿佐比左之　背面《そがひ》に見ゆる　神ながら　み名に帯ばせる…高き立山《たちやま》…　（四〇〇三）

冒頭の「朝日さし」は朝日が光り輝いて神々しく聳え立つ立山を詠む。朝日のさすところの神秘な光景はヒノタチシ、ヒノタテの情態である。これに対応する夕日はなく、「夕されば雲居たなびき」と表されてゐるだけであるが、朝夕を対比する意図はあった。

○吾が宮は朝日の日向《ひむかふ》処　夕日の日隠《ひかげる》処の　龍田の立野《たちの》の小野に　（延喜式祝詞、龍田風神祭）

「朝日の日向ふ処」のヒムカフは先のヒデル、キムカフ、タダサスと同じ捉へ方で解釈して、日が向ふ、つまり、日が正面に差して輝くと考へるべきである。青木紀元はこの箇所を「朝日が輝しく射す所」と現代語訳しながら、語釈では「朝の太陽に向い合った所」と「に」格に解釈する。(29) こちらが日に向ってゐることはあちらから日が向いてゐることになるのであるが、これは視点の問題、あるいは自他の捉へ方の相違に関はる。ここでは主述の語法に従って、日を主格とすべきである。次にヒカゲルがやはり難解である。これを文字表記の通りに「日が隠れてしまふ」と取ると、「宮所のほめ詞として…不適当」であり、(13) 基本的にはヒ影ル（ヒカゲル）で、日が輝くと考へればよいであらう。青木は、ここをヒガクルと訓み、「西に山を負うて夕日がうまく隠れるからこのように表現した」と解する。(29) ヒノヨコシ、ヒノヨコから類推すると、夕日が沈み、山に隠れることは自然の理で、その時の日の光が左右に延びて輝いてゐることまで含意してゐると解すると、この訓みでもよい。右の「うまく」の訳は曖昧であるが、それを「美しく光り輝いて」と補ふと、この場にふさはしいであらう。さらに推論すれば、先の「夕日のひがける宮」のヒガケルに対する諸説の一つである「翔ける」を参考にして、このカケルはもとカカル（掛）がイ音が関与して成立したもので、昇る、揚る、逸《はや》り行くことを意味すると言へる。(19) 先のヒノヨコは日が西の地平線に掛り、横切り、水平、左右に延び広がっていく情態である。即ち、夕日のヒガケルとは夕日が左右に広々と延びて差し輝いてゐることを表すと解することもできよう。

○ももきね美濃の国の高北《たかきた》の泳《くく》りの宮に日向《ひむかひ》尓《に》行き靡きける　（三二四二）

このヒムカヒは「日に向って」と解するのが通説であるが、未詳、あるいは「西の方とする説もある」(26) とされてゐる。「日に向って」といふ説は、次の「行き靡きける」にひかれてのことではないだらうか。ヒムカヒの語そのものは日が向ふこと、つまり日がまっすぐに差し、日が輝いてゐるところと解すべきである。結果的には東を指すが、それはあちらの日に向ってではなく、日がこちらを向いて正面から輝いてゐるところといふ捉へ方が基本である。これは即ち、先の、ヒノタタシ、ヒノタテと同じ発想といふことになる。前述の龍田風神祭の祝詞「朝日の日向ふ処」と同じ表現である。日向ひ、日向くは、日を主体にして、日から向うへといふ方向であって、日にといふ「に」格ではない。結果的には同じであっても視点は逆である。オモムク（面向、趣）もこちらの面がその方向に向ふのであって、面に向ふのではない。森重敏はムクとムカフ（向、四段活用）は「こちらから向うへといふ方向」であり、ムカフ（迎、下二段活用）は「向うからこちらへといふ方向でのもの、すなはち、向うから来るのをこちらが受け入れ、ないし、来るやうに招き入れる」と、「対義的両義」として分析した(19)。このやうに、本来的に、ヒムカヒは日が向ふのであって、日に向ふのではない。

このやうに考へることによって、ヒムガシ（東）の語源も明らかにならう。本居宣長が『古事記伝』で、「日の出る方を東《ヒムガシ》といふも、即チ日向の意なるべし」（巻十二）、「比牟加斯は、日向風《ヒムカシ》なり（凡て、東ノ方を日向《ヒムカヒ》と云ること多し）」（巻三十五）と述べる通り、ヒムカとヒムカシは同語源である。しかも、この視点が先のヒノタタシ・ヒノタテと共通してゐることも言へる。一方、ヒムガシに対してニシ（西）は通説で「去《い》に風《し》」のイ音が落ちて成立したとされる。村山七郎がこれを言語学的に解いた説(30)を次に紹介する。ニシを表す八重山方言の祖形を復元すると、ジャワ語と一致して、「側面、わきの方に行く」といふ意味である。そこで、ニシの原義は「（太陽が）わき（はずれ）へ行く」ことで、これは国語のイニ（去）の「わきの方（はずれの方）に去る」といふ意味と「密接な関係に立つ」といふ。この考へ方はヒノヨコシ、ヒノヨコの考へと共通する。「側面、わきの方、はずれの方」へ「行く、去る」ことは夕日が直進しないで横切り、地平線で左右に延びていくことである。ヨコは正面から受けずに、対象をはづし、逸らし、脇に行かせ、流していく。この情態はまさにニシであったのである。

さて、平成二十一年、奈良県桜井市の纏向遺跡で、以前に発見されてゐた三棟の建物に加へて、大型の建物跡が発見された。これは宮跡と思はれ、田中卓は崇神天皇の宮殿跡とした(31)。この四棟全体について、黒田龍二は中心軸を東西軸に揃へて並んでゐることが大切であって、太陽の出る方とか山の前にあるとかいふ、自然物の関係は考へなくてよいと述べてゐる(32)。そして、大型の建物から二つめの建物にある西の柵に明確な出入口がないことから、東面が正面、つまり東向きであると判断した(33)。さうすると祭神は東向きで、礼拝は西に向ってといふことになる。しかし、四棟の建物の東側には三輪山と纏向山とがあり、太陽はここから出る。日は東から西に動き、それに沿って東西の方向に宮殿が並ぶと、ヒノタタシ、ヒノタテが連想されてくる。また、日の出、日の入りが宮殿の讃へ言葉として慣用的に使はれてきた。さうすると、「朝日の日照る宮、夕日の日がける宮」の表現とこの東西の線は一致するのではないだらうか。この建物は日が立ち昇っていく情態で光り輝き、日が通り過ぎ、沈み広がっていく情態で光り輝く宮なのである。なほ、田中は出雲大社で「国造は、東向に神拝（祭神は西向）されるから」、大型建物は「若し同様に東拝されたとすると、それは丁度、東方から登るヒの神と、大モノ主の神にあたる三輪山…とを、ほぼ同時に遥拝される」と推定した(31)。山を背にして天皇の御陵が築かれ、多くが西面してゐて、東に向って礼拝することからも、このやうに考へるのが自然であらう。

東西の方位と日の出・日の入りとの関係でよく知られてゐるのは沖縄の上《あが》りと入《い》りである。大東島は現在、音よみされるが、本来はオホアガリ、またはオホノボリで、地元ではウフアガリといふ。ウフは沖縄語で大きいといふ意味である。大東島は東に位置し、太陽が上り、登っていくところである。一方、西表島は音よみせず、イリオモテといふ。イリは太陽が入ること、オモテは正面であって、日没する正面といふ意味になる。八重山諸島から見ると夕日はその最大の島影に沈んでいく。島の人から言へば日の入りをまともに迎へる。沖縄ではアガリは東、イリは西をも指し、太陽の出入りが方位そのものをも表すことになった。この対応はほかの島にも見られ、宮古島の東平安名崎、西平安名崎はそれぞれ、アガリヘンナザキ、イリヘンナザキと称する。また、伊江島の東江、西江がそれぞれアガリイ、イリイ、日本最西端の与那国島の東崎、西崎がアガリザキ、イリザキと呼ばれる。

以上のことから、まづ太陽の動きを場所に結びつけ、やがて、方位に関連づける思想は日本人の精神と意識の基底をなしてゐる。上来、述べてきたヒノタタシ・ヒノヨコシ、ヒノタテ・ヒノヨコは東と西、縦と横といふ地点や線上だけでなく、生活の根柢にあって、本節の主題ではないが、信仰にも深く関はってゐるのである。

（四）言語と思想

現代語のタテ、ヨコの基本的な意義については『ことばの意味3』[34]、『基礎日本語3』[35]で詳しく考察されてゐる。前者では、タテ・ヨコはそれぞれ、垂直方向（長さ）・水平方向（長さ）、話し手を基準にした前後方向（長さ）・左右方向（長さ）、形態として比較的に長い・短い、とする。後者では、タテ・ヨコはそれぞれ、上から下への方向（に伸びる）・左右方向、水平方向（に伸びる）、前・左右、長い方・短い方（幅）、とする。両書とも基本的に同じ捉へ方で、タテとヨコの基本義を言ひ尽してゐる。これはタテ・ヨコについての現代人の意識、感覚であるが、古代人にとっては、タテ・ヨコを単独に抽象化、一般化して考へずに、太陽の運行とともにそれが見える情態のままに具体的、即物的、描写的に捉へてきた。では、その古代語の表現を現代語の概念とどう関はるかを見てみよう。

ヒノタタサ、ヒノタツシは、日が垂直方向へ、下から上に伸び、日から言へば前の方向に進む情態である。一方、ヒノヨコサ、ヒノヨコシは、日が水平方向に向ひ、交叉し横切って延びていくと観念し、まづ左に延び、ついで没する時は左右の方向に放射して延びゆく情態を表す。この長さを形態として比較すると、前者は東西で長く続き、後者は南北と言っても、日の及ぶ長さは短いと言へよう。また、ヒノタテは右と同じく下から上に垂直に立ち、前方へ動いていくところで、東の地点をいふ。一方、ヒノヨコは日が水平方向に延びようとして左右に流れていくところで、西の地点のことである。長短の感覚はそれほど明確でなく、短形でないのでそれほど考慮することもないが、ヒノタテは長さの観念があるのに、ヒノヨコは長さよりもむしろ幅であり、やはり長短の差はあるだらう。次に、タタサ（マ）、タタシマはヒノから独立したが、サ（マ）といふ情態性の意味を含み、垂直方向、前方向、長さの感覚を保ち、ヨコサ（マ）、ヨコシマは、水平方向、左右方向に逸れる短い幅の感覚が含まれてゐる。

このやうに、古代語のタテ・ヨコに関はる語を現代語のタテ・ヨコの基本義と結びつけて解釈することが可能である。それは日本人のタテ・ヨコの意識と感覚が伝統的に変らないといふことであるが、その原点は太陽が出て、廻り、入るといふ、一日の動きと関連づけてゐたのである。東と西の方位がともに日の光を受けることが第一の条件であって、東が上位、優位、西が下位、劣位といふ観念を見出すことができない。東と西は同等であり、両者とも光り輝くことによって成り立つ。日が登り、上り、日が沈み、隠れることは自然現象であり、もとより優劣の差はなかった。

藤原宮は先に見たやうに、東西南北を太陽の動きや光りと関連づけて讃へてゐる。ところが、平城宮、平安宮、また、国府の政庁では太陽とは無関係に、北から南への線、東から西への線によって成り立つ条坊制を採用した。これは方位観や宇宙観の転換といふほどの抽象的な問題ではない。自然の運行による都づくりではなく、古代中国の都城制にならった方位思想によってである。南北と東西は確かに現代の感覚によるタテとヨコではあるけれども、それを古代の、例へばヒノタタシ、ヒノヨコシと同義に考へてはならない。その捉へ方の発想がもともと異なるのである。また、縦は古代では日が立つことにより下から上への方向であるが、現代では上から下への方向であることに注意しなければならない。

なほ、漢語では、「東西」は天地、乾坤の語の構成と同じく、東が上位で西が下位、「南北」は「北南」といふ語順はなく、天子南面から南が上位、北が下位である(36)。ミナミ、キタの語源は未詳であるが、わが国では方位に対する優劣感は本来はなかったであらう。

タテ・ヨコの観念と両語の対義語意識はそれらが独立して使はれるやうになった中世後期からであり、それが現代に至ってゐる。ヨコの原義からまっすぐな道からはづす、逸れるといふ意識が生れ、良くないといふ意味が派生したが、ヨコ本来には劣位意識はない。上代にヨコゴト（横辞）、ヨコシマ（邪）、ヨコス（讒）、ヨコナマル（訛）

などの語があり、近世では「横に出る、横を言ふ、横を切る、横車」など、ヨコに良くない、不正の意味が派生するが、これらはすべて複合語や句として使はれたものである。タテとヨコを言語的に解明するに当っては、その語の本源の形に立って、語構成の見地から考察しなければならないのである。

〈注〉

（1）『日本語をさかのぼる』、岩波書店、昭和四十九年。『日本語の世界Ⅰ　日本語の成立』、中央公論社、昭和五十五年。

（2）『日本語の世界』、朝日新聞社、昭和五十一年。『日本語の水脈』、新潮文庫、平成十四年。

（3）このことは辞書の記述でも変ることがない。『岩波古語辞典』第一刷、昭和四十九年。同増補版、平成二年。ここで、タツを自然現象の一端として、ある地点からの運動や力として捉へる。また「はっきりと、確実にくっきりと、しっかりと」いふやうに感情表現が多過ぎる。

（4）「タテ、ヨコの基本的意義」『国語語彙史の研究四』、和泉書院、昭和五十八年。

（5）「タテ、ヨコの成立」『日本語学』三ノ三、明治書院、昭和五十九年三月。

（6）「タテ［縦］・ヨコ［横］とその周辺」『語文』八六、平成十八年六月。

（7）『日本人の宇宙観　飛鳥から現代まで』、紀伊國屋書店、平成十三年。

（8）「日本建築と左右」『國文學別冊』六〇、學燈社、平成十八年二月。

（9）『伊勢神宮』、学生社、昭和四十四年。『次代に伝える神道』、弘文堂、平成十年。

（10）「古代の方位と宇宙観―横大路にふれて」『學士會会報』八八一、平成二十二年三月。

（11）角川書店、昭和四十一年。

（12）『角川大字源』、角川書店、平成四年。

（13）『時代別国語大辞典上代編』、三省堂、昭和四十二年。

（14）川端善明『活用の研究Ⅱ』、大修館書店、昭和五十四年。ヨコを「形状言」とするが、ここでは「情態言」と同じ意味である。なほ、松本克己は、ヨコにイ母音が付いてヨキが成立したとする。『古代日本語母音論―上代特殊仮名遣の再解釈』、ひつじ書房、平成七年。

(15)『新編日本古典文学全集　日本書紀一』、小学館、平成六年。

(16)『田中卓著作集六　住吉大社神代記の研究』、国書刊行会、昭和六十年。

(17)『神道大系古典編十三』、神道大系編纂会、平成四年。

(18)『日本方言大辞典』、小学館、平成元年。

(19)『続上代特殊仮名音義―乙類仮名を含む語彙の攷―』、和泉書院、昭和六十二年。

(20)第二巻。第二刷新増補、岩波書店、昭和五十四年。

(21)『日本古典文学全集　萬葉集四』、小島憲之・木下正俊・佐竹昭広校注、小学館、昭和五十年。

(22)『日本古典文学大系　日本書紀下』、坂本太郎・家永三郎・井上光貞・大野晋校注、岩波書店、昭和四十年。なほ、『新編日本古典文学全集』（注15）では、「都外に横逸《おういつ》して」と音よみしてゐる。

(23)鎌田正、米山寅太郎『大漢語林』、大修館書店、平成四年。

(24)植垣節也校注、小学館、平成九年。

(25)『群書類従』十五和歌。和歌史研究会編『私家集大成六中世Ⅳ』、明治書院、昭和五十一年。

(26)『日本国語大辞典第二版』、小学館、平成十四年。

(27)土井忠生・森田武・長南実編訳『邦訳日葡辞書』、岩波書店、昭和五十五年。

(28)土橋寛『古代歌謡全注釈古事記編』角川書店、昭和四十七年。

(29)『祝詞全評釈』、右文書院、平成十二年。

(30)『国語学の限界』、弘文堂、昭和五十年。

(31)「〔増補〕纏向遺跡の大型建物跡は崇神天皇の宮跡といふ論拠」『藝林』五九ノ一、平成二十二年。

(32)平成二十二年九月十一日、藝林会学術研究大会における現地での講話。

(33)「初期ヤマト王権中枢施設の形とその意味」『大美和』一一九、大神神社、平成二十二年七月。

(34) 國廣哲彌・柴田武ほか編、平凡社、昭和五十七年。
(35) 森田良行著、角川書店、昭和五十九年。
(36) 加地伸行「編集者へ」『正論』平成二十四年七月号、同年八月十八日付筆者宛書簡。

第九節　「やさし」

〔要旨〕ヤサシ（恥、優）の意味が動詞ヤス（痩）からの派生で、痩せるやうな思ひをして、恥しく辛いが原義であることは既に明らかにされてゐる。本節はこの立場に立って、言語主体と客体との関はり合ひを中心にしてヤサシの意味変化の諸相を構造的に探らうとする。ヤサシは最初は主体（話手）の否定的な感情であるが、客体（対象）への肯定に転じ、さらに客観的、直接的な捉へ方に変ったことを用例を挙げながら考察した。そして、右の主客のあり方を「こなた」（こちら、自）と「かなた」（あちら、他）の観点（発想）から捉へ直して、その意味変化による意義の構造を視覚的に示して考へた。ここに日本人の他者との関はり、距離の取り方が言語表現に影響して反映する型が表れてゐる。さらに、現代語のヤサシイについて、前代とは異なった新しい意味用法が生れ、そのことの根本にある現代日本人の意識、感情の変化を論じた。

（一）「やさし」の語構成的意味

形容詞「やさし」の「し」は形容詞をつくる接尾語であり、「…のやうな情態である」といふ意味である。例へば、「さびし」は「さぶ」（古くなる、衰へる）情態、「おとなし」は「おとな」（大人）のやうな情態、「執念《しふね》し」は「執念」の有る情態を意味する。「やさし」の「し」もこのことから類推して、「やさ」の意味する情態ではないだらうかと推定される。では、「やさ」とは何か。ここで、形容詞の語構成の一つとして、動詞から派生して形容詞が成立する例が多いことを考へるのがよい。例へば、「したはし」は「したふ」、「なつかし」は「なつく」といふ動詞を語の構成要素として含んでゐる。この動詞の未然形相当の形（語末がア段の語）に「し」が付いたのである。ほかに例を挙げれば、ある（荒）→あらし、あく（明）→あかし、くゆ（悔）→くやし、など、動作、作用の本来の意味が、さういふ情態であるといふ意味に転じてゐる。となると、「やさし」の「やさ」も何かの動詞と関連づけられ、その母音交代によるものではないかと類推される。右の法則から言へば、「やす」（痩）といふ動詞に至ることになる。

この「やす→やさ」の派生について詳しく説明すると、上代において活潑な語構成として、語末ウ段の語（ウ接尾形、動詞の終止形に相当）が、語末ア段の語（ア接尾形）に変化する例として、阪倉篤義は次の例を挙げる。

はる（墾、開）→はら（原、腹）、はさむ（挟）→はさま（間）、つく（築）→つか（塚）
むる（群）→むら（村）、をす（治）→をさ（長）、つる（連）→つら（列）

「はら」は開墾し、開けた情態、またその情態にあるもの、「はさま」は挟んだ情態、またその情態にあるもの、といふやうに、後者は、そのやうな情態、その情態にあるものといふ、一定の共通した意味を表してゐる。これを阪倉は「情態言」と名付けた（『語構成の研究』）。その「やさ」はまさに「やす」の情態言であった。つまり、「やさし」本来の意味は痩せる情態にある、身心ともに痩せるほどの情態である、身も心も痩せ細る思ひである、といふことになる。

以上は、近世以来の通説であり、一般的に認められてゐるものだが、この反対の説もある。森重敏は「やさ」は「よそ」（外）と同語源であり、「世間から疎隔、疎外もされてそれを厭離する情緒」「隔てがましい感」として、これは「よそ」なる感情であるとしてゐる（『続上代特殊仮名音義』）。しかし、「よそ」「よそし」「よそよそなり」と

「やさし」との拡大された意味との関連より、むしろ、「やす」から「やさ」の派生による意味の拡大の方が、より思弁的ならぬ情感的で、自然であり、派生そのものが体系的である。また、「やす」は「やつる」「やつす」の「やつ」と関係がありさうである。「やつる」は現代語の、痩せ衰へるといふ意味は古くにはなく、容貌や服装が衰へ、みすぼらしくなるといふのが本来の意義である。「やす」と「やつ」の語形が相似てゐることから、例へば、近世になって「恋ひやす」「思ひやす」といふ語を生じた。この場合の「やす」は「やつる」とほぼ同じ意味に使はれてゐて、恋の悩みや苦しみで痩せ細ってゐることをいふ。「やさし」の語義に、「やせる」とともに現代語の「やつれる」といふ感覚が籠ってゐる。また、これに「やむ」（病）を考へ合せると、「やす」「やつ」「やむ」が身心の情態を否定的に捉へて、衰へゆくさまを共通に表してゐるやうに思はれる。

（二）「やさし」の意味変化

(1) 主体の否定的な感情

では、次に「やさし」の用例をもとに、まづその語義、語誌をたどってみよう。

世の中を憂しとやさしと思へども飛びたちかねつ鳥にしあらねば　（萬葉集八九三）

山上憶良の貧窮問答歌の長歌に対する反歌である。この「やさし」は「憂し」（つらい、心苦しい、いとはしい）と対等に使はれてゐて、相似たやうな意味で、「世の中」に対する否定的な感情を表してゐる。

僧景戒、慚愧の心を発し、憂愁《うれ》へ嗟《なげ》きて言はく、嗚呼恥しきかな、羞《やさ》しきかな　（日本霊異記下、三八）

「慚愧の心」「憂愁へ嗟き」「恥しき」といふ、恥ぢ嘆き、ひけ目を感じるといふ共通の文脈の中で「やさし」が使はれてゐる。

昨日今日みかどののたまはむことにつかむ、人聞きやさし。（竹取物語、帝の求婚）

世間の評判や噂に対して「やさし」と言ってゐる。さういふものから逃れたい、避けたい、恥しいといふ、やはり否定的な感情である。

何として身のいたづらに老いぬらむ年の思はむことぞやさしき（古今集巻十九）

わが身が無駄に長らへてゐることに対する気持を「やさし」と言ってゐる。「命長ければ恥多し」（徒然草）に相通じる心境である。これはまた、

いかでなほありと知らせじ高砂の松の思はむこともはづかし（古今六帖巻五）

と共通し、長寿の松から見れば、わが長き命が「はづかし」と言ふ。

このやうに考へていくと、「やさし」は「憂し」や「はづかし」と共通の意義の要素があり、否定的に内に籠って、身を縮ませるやうな感覚があり、現代語の「やさしい」とはよほど違ってゐることを知る。対象に対して、自分自身の方がひけ目や劣等感、卑小感を抱いて、身を屈めるように、肩身を狭くしてゐる自分の身や心が、穴があったら入りたいほど苦しく、つらい、堪へられないといふのである。

この「やさし」が動詞として使はれると、

けしきばみ、やさしがりて、知らずとも言ひ、物も言はで往ぬる者はいみじうにくし。（枕草子、御殿にあまた人の）

のやうに、緊張して勿体ぶった所作をしながら、気恥しがってゐる様子を、作者が「にくし」とやはり否定的、批判的に捉へることになる。以上によって、「やさし」の意義を「やす」と結びつけて、身や心が痩せるほど苦しい、つらいと解されるのである。

（2）客体（対象）への肯定的な感情

ところで、次の用例になると対象に対する捉へ方がこれらとまた違ってくる。

声いと若やかに愛敬づき、やさしきところ添ひたり。（源氏物語、蜻蛉）

相手の様子を若々しく、かはいらしさがあって、「やさしき」面があると肯定的に表現してゐる。

軍《いくさ》の陣へ笛持つ人はよもあらじ、上臈はなほもやさしかりけり。（平家物語巻九、敦盛最期）

戦場に笛を持参した身分の高い人の心根を「やさしかりけり」と感嘆してゐる。先のやうに自ら卑下して内に閉ぢていく心情ではなく、対象に開けて向っていく讃辞である。

あなやさし…味方の勢ひはみな落ち候ふに、ただ一騎残らせたまひたるこそ優なれ。（平家物語巻七、実盛）

「優なれ」（すぐれてゐる）といふ褒め言葉が、「あなやさし」といふ感動の言葉とよく響き合ってゐる。

月をめで、花をながめしいにしへ人のやさしき人は…（徒然草、六七）

時代が降るごとに、この語は対象に対して、話し手（言語主体）がすばらしいと讃へる感情を表す。以上によって、これらの「やさし」は相手がすぐれてゐる、優美である、上品であるといふ意味であると考へられる。

では、前述の否定的な意味合ひが、ここで逆の肯定的な捉へ方に変るとはどういうことだらうか。ここで思ひ合はされるのが、先にも出てきた「はづかし」といふ語である。

里人の見る目はづかし（萬葉集四一〇八）

「里人」の目に対して、自分が気がひける、きまりが悪いと言ふ。現代語の「はづかしい」に近い、否定的な意味である。ところが、

はづかしき人の、歌の本末問ひたるに、ふと覚えたる、われながらうれし。（枕草子、うれしきもの）

この「人」は、すぐれてゐる、立派な人で、作者より上位の人に「はづかし」と肯定的に褒めて言ふ。恥しいのは

自分であり、言はば、「（わが）はづかしき人」である。これは、自分が恥しいと思ふほど、相手（この場合は「人」）がすぐれてゐるといふ、屈折した心理を表してゐる。このやうに、「はづかし」は自分に対しては否定的、相手に対しては肯定的と、両様に使はれてゐる。発する心情はひとつであるが、その向き方が異なってくる。

また、「にくし」といふ語はどうであらうか。

紫のにほへる妹をにくくあらば人妻ゆゑに我恋ひめやも　（萬葉集二一）

相手への、気に入らない、うとましい情を仮定して表してゐる。一方、

にくい剛の者かな　（保元物語、白河殿攻落）

これは、相手に対して、あっぱれだと感心してゐる。現代語の「にくい出来ばえ」「心にくい演技」のやうに、憎らしいほど相手が見事ですぐれてゐると肯定する用法と同じである。このやうに、自分が恥しいほど、自分が癪にさはるほどといふ、話者の批評する態度を付加することにより、否定から肯定へと転じたのである。

「やさし」の意味変化もこれと同じやうに考へればよい。つまり、上代、平安前期では、自分が相手に対して身も心も痩せるほど苦しいと、自分のことを言ってゐた。それが平安中期から中世にかけて、自分の身や心が痩せて苦しむ、それほど相手がすぐれてゐるといふ捉へ方になった。痩せるやうな情態にあるといふ中心的な意義には変りはないけれども、心の向ふところが、対象（客体）と比べて自分（主体）への批評から、自分に比べて対象への評価へと転じたのである。

(3)　主体（主観）から客体（客観）へ

ところで、ここで形容詞の意味について観点を変へて考察しよう。時枝誠記が既に明らかにしたやうに（『国語学原論』、『古典解釈のための日本文法増訂版』）、形容詞の中で例へば、「花が赤い」「山が高い」の「赤い」「高い」

は「客観的な事実」を表現するものであるのに対して、「人が恋しい」「故郷が懐しい」の「恋しい」「懐しい」は、「主観的な感情、情緒」を表現してゐる。また、例へば、「寂しい街」の「寂しい」は町の静かさを客観的に表すのと同時に、そのやうに感じる言語主体の心情をも主観的に表す。もとよりこれは、形容詞の内包する意義そのものに関はるものであるが、形容詞の意味内容をこのやうに主客といふ観点から考へることもできる。川端康成の小説『伊豆の踊子』にある「いい人はいいね」といふ表現も、前者の「いい」は客観的、後者は主観的な話し手の判断といふやうに、重点を移して考へると、同語の反復によるおもしろみがよりよく理解される。

そこで、問題の「やさし」を考へると、（1）の否定的な感情の「やさし」は言語主体の内面に深く自省するところから主観的な表現、（2）の肯定的な感情の「やさし」は言語主体の内面を通った上で、相手を対象化しようとしてゐるので主観から客観へと、捉へ方が移動したとすることができよう。

（4）客観的、直接的な捉へ方

さて、「やさし」が相手の品性や態度を話し手の心情に絡めて、いはば間接的に表現するやうになっていくと、次は話し手の主観に拘らず、また、話し手の心理を通過するといふ複雑な過程を経ずに、初めから客観的に、いはば直接的に表現するといふ手法になっていくことは言語の経済といふ点から言っても、自然なことであらう。そこで、第三の使ひ方として、

君の御事を思ひ出で参らせて…この楽（想夫恋の曲）をひきたまひけるやさしさよ。（平家物語巻六、小督）

これは相手の思ひやる情の深さを肯定的に述べて感動してゐる。

さるにても御身はやさしき心を持ちたまへる人かな。人の疲れを助けて、我が飢ゑをしのぎたまふ志、ためしなき次第なり。（御伽草子、摂津かもむ物語）

これも同じやうに、相手の、対象に対して気を遣ふ心情を讃へる。

あら、やさしや。いまの物語を聞き候ひて、落涙し候ふよ。（謡曲、隅田川）

人情に厚く、感涙する心の細やかさを対象化して感嘆してゐる。

このやうに、この段階になると、相手の、対象に対する態度、心情をそのまま客観的に、しかも肯定的に評価してゐて、現代語の「やさしい」により近づいてゐることが分る。そこで問題は、この「やさし」が語源の「やす」とどう関係してゐるかといふことである。これは言語主体が話題にし客体化した人物自身が自分の身も心も痩せさせるほど対象に気を遣ひ、思ひやってゐることを「やさし」と言ふのであらう。古くは主体自身の痩せる思ひを主観的に表してゐたのが、中世以降になって、行為者自身の痩せるほどの、自己を抑制し、立場をわきまへた、たしなみの深い心情を話し手が自らの心に思ひやって、客観的に表現することになったのである。現代語の用法はこれを引き継いでゐることになる。

さて、ここで先の主観化、客観化の表現をさらに掘り下げて考へてみよう。「はづかし」について、

ただに病み死ぬるよりも人聞きはづかしく覚えたまふなりけり。（竹取物語、燕の子安貝）

しはぶき。はづかしき人に物言はむとするに、先に立つ。（枕草子、人ばへするもの）

前者は「人聞き（が）はづかしく」、もう少し詳しく言へば「（中納言は）人聞き（が）はづかしく」である。この「人聞き」は「人聞き（に対して）」であり、時枝誠記のいはゆる「対象語」である。後者は前にも触れたが「（わが）はづかしき人」といふ意味で、この「（わが）」は主体を表してゐる。

この分析法を「やさし」に当てはめると、先の第一の分類「世の中を憂しとやさしと思へども」は「世の中（が）やさし」とすることができ、これは対象語格に立つ。これに対して第二の分類「愛敬づき、やさしきところ添ひたり」は「（わが）やさしきところ」であって主格に立つことになる。同じやうに「にくし」の場合は、「紫の

にほへる妹をにくくあらば」では「妹（が）にくく」、一方、「にくい剛の者」の場合は、「（わが）にくい」といふことになる。

では、「ゆかし」はどうであらうか。

ねびゆかむさまゆかしき人かな。（源氏物語、若紫）

山路来て何やらゆかしすみれ草（芭蕉、野ざらし紀行）

やはり前者は「ねびゆかむさま（が）ゆかしき人」、後者は「（わが）ゆかし」と、対象語格から主格へといふ移動が認められる。

次に、「恋し」の場合をさらに考へれば、

…御手つき、黒木の御数珠に映えたまへるは、故郷《ふるさと》の女恋しき人々の心、みな慰みにけり。

初雁は恋しき人の列《つら》なれや旅の空飛ぶ声の悲しき（源氏物語、須磨）

この前者の「故郷の女恋しき人々」の「故郷の女」は対象語で、源氏とお伴の「人々」が恋しく思ふ対象を表してゐる。ところが、後者の「恋しき人」は諸注釈書の多くが「（源氏が）恋しく思ふ人」、つまり「都に残してきた恋人」の意味に取ってゐる。これは対象語とはせず、主語を補って考へ、「（わが）恋しき人」と、現代語の「恋人」に通じる解釈である。これに対して、時枝は「雁」といふ比喩表現、直前の地の文及び源氏に続くほかの人々の歌の内容との文脈上の関連から、前者と同じやうに対象語格として解すべきであると論じた（『古典解釈のための日本文法増訂版』）。先に見たやうに、上代、中古には形容詞の対象語的表現が多くあったことから考へても、この場合、両者ともそのやうに解釈するのが適切であると思はれる。

では、話を元に戻して、「やさし」の第三の分類はどのやうな「格」を考へるべきだらうか。先の「やさしさよ」「やさしき心」「やさしさや」や、「やさしの人の心や」（狂言、八句連歌）は客観化して表されてゐる。これはもはや、対象語や主語を補って考へるまでもなく、一般の独立語や連体修飾語として使はれてゐる。従って、この段階では「格」は限定されず、より開かれた表現になってゐる。

(5) 意味変化のまとめ

このやうにして、以上述べてきた「やさし」の三つの意味変化を要約すると、次の通りである。

①自分が、身心が痩せるほど相手（対象）に対して心苦しい。
（否定的、主観的表現。対象語をとる。）
②自分の身心が痩せるほど、相手（対象）がすぐれてゐる。
（自己の否定から相手の肯定へ。主観的から客観的な表現へ。主語をとる。）
③行為者（動作主）が心身を痩せるほど気を遣って、思ひやる心が健気で、情深い。
（肯定的、客観的表現。格は限定されない。）

（三）「こなた」「かなた」の観点（発想）

「やさし」の意味変化による意義の構造について、以上、考察してきたが、ここでもう一つ別の観点で究めていかう。それは「こなた」と「かなた」といふ考へ方である。「こなた」とは話し手、言語主体を中心にして相手を捉へ、それに関はりを持った表現、「かなた」は聞き手、相手を中心に捉へ、話し手との関はりを持たうとしない表現と、まづ一往言っておく。「こなた」を「こちら」「自」、「かなた」を「あちら」「他」と言ってもよい。言語主体が対象を「こなた」側として捉へるか、「かなた」側として捉へるかといふ意識、発想の違ひによって、表現やその言はうとする意味が変ってくるのが国語の表現法なのである。

例へば、「親が死ぬ」と「親に死なれる」の表現性を比べてみると親の死去といふ事実そのものには違ひはないが、主体の捉へ方が異なる。前者は親が死ぬといふことを客観的に言ふだけで、そこに主体の感情や意識は特に示されてゐない。一方、後者はその事実に対する主体の意識が表れ、自分にとってどうなのかといふ関はりの中で、悲しい、困ったといふ心情が表れてゐる。これはいはゆる「迷惑の受身」であり、これを「こなた」の表現と言っておく。前者は自分に関はりなく表してゐるので、「かなた」の表現としておく。ほかに例を挙げれば、後ろから来る車を避けるため、立止って車が通るのを待つとき、「車を先に行かせる」と表すことがある。一方、「車が先に行く」とも言へる。これは「こなた」の領分と「かなた」の領分との意識の反映である。「本を読む」と「本を読んでやる」「本を読んであげる」や、「お送りくださる」「お送りいただく」などの敬語法の違ひも「こなた」「かなた」との関はり合ひの捉へ方の相違に基づいてゐる。

次に、形容詞の場合を考へよう。先に述べたやうに、形容詞は主観、客観の移動といふ視点が入るため少し複雑になる。前の「はづかし」を例に挙げると、「人聞きはづかし」は対象に対して自分が恥しく思ふ感情を言ってゐる。これは「かなた」から「こなた」への心情の作用がはたらいたと考へられる。一方、「はづかしき人」は自分が恥しく思ふほど対象がすぐれてゐるという意味で、「かなた」から「こなた」へ作用した感情が「かなた」に戻って響くといふ、二重のはたらきをしてゐる。これを示せば次のやうになる。

①人聞きはづかし　かなた → こなた〔こちらが気恥しい〕

②はづかしき人　かなた ⇄ こなた〔こちらが気恥しいほど、あちらがすぐれてゐる〕

また、現代語に見られる用法で、「はづかしい行動をやめる」の「はづかしい」は世間の客観的、道徳的な基準から言って、恥とすべきであるといふ意味であり、話者と関はりなく表現されてゐる。右にならってこれを示せば次のやうにならう。

③はづかしい行動　こなた ⟶ かなた（世間的、一般的な捉へ方）

このやうにして、右の用法を①「こなた」の表現、②「こなた」から「かなた」への表現、③「かなた」の表現と名づけることができる。

「にくし」も同じやうに考へられる。「にくき人」は「（わが）にくき人」であり、「かなた」に対して「こなた」が憎く思ふのである。従って、「かなた ⟶ こなた」で、①「こなた」の表現である。一方、「にくき演技」は「こなた」が憎いと思ふほど「かなた」がすぐれてゐることを言ふ。従って、「こなた」の心中の感情を通過して「かなた」に及んでいく。つまり②「かなた ⇄ こなた」といふ表現になる。

以下、いくつかの形容詞の例を挙げてさらに考へてみよう。

かくあさましきそらごとにてありければ　（竹取物語、蓬萊の玉の枝）

あさましう、うつくしげさ添ひたまへり。（源氏物語、桐壺）

人の睡り生ずるやうにするを高きことと心得るぞいとあさましき。（花月草紙）

前二者は善意に拘らず、予期に反して、意外なことに驚きあきれるといふ意味である。従って、二重の過程を経て「こなた」があきれるほどといふ評価の心情が入ってきて、②「かなた ⇄ こなた」と考へられる。一方、後者は浅ましい、浅はかだと客観的に批評してゐるだけであり、③「こなた ⟶ かなた」と表せ、これが現代語の用法にもなってゐる。

「つらし」は本来、相手が自分に対して情がないといふ意で、「こなた」が堪へ難いほど「かなた」の仕打ちに薄情を感じるときに使はれる。

命長さのいとつらう思うたまへ知らるるに　（源氏物語、桐壺）

つまり、「かなた」から「こなた」を通過して、そこから再び「かなた」に返っていく心情を言ってゐる（前述の②）。それに対して、

むげに世を思ひ知らぬやうに、おぼほれたまふらむ、いと、つらきと恨みられて、（源氏物語、帚木）

これは「かなた」に再び戻らず、単に「かなた」の無情、薄情を「こなた」が心苦しく残酷に思ってゐるのである（前述の①）。

「ゆかし」はさういった自他の心の動きを如実に示してゐる。この語は本来「ゆく」（行）の情態言「ゆか」に接尾語「し」が付いたもので「心がゆく情態である」といふ意義である。「こなた」の心が「かなた」にゆき、こちらが心ひかれるほどといふ気持である（前述の②）。一方、現代語の、例へば「ゆかしい人柄」は単に上品、気品のある様子を「こなた」との関係を考慮に入れずに、客観的に「かなた」のものとして表現してゐる（前述の③）といふことになる。

さて、以上、「こなた」「かなた」といふ観点から一部の形容詞についてその意味を考へてきたが、ここで本題の「やさし」を再び取上げる。

先に要約した三つの意義分類をこの視点から考へ直すと次のやうにならう。

まづ、①は「こなた」が痩せるほど「かなた」に対して心苦しい、恥しい、堪へられないといふことである。「かなた」に圧倒されて、「こなた」が気詰りで、気がひけて、きまりが悪くなってくる。これを、先の「はづかし」の例によって、

①かなた ──→ こなた〔「こなた」の表現〕

と表すことができよう。しかし、もう少し詳しく考へると、「こなたが痩せるほど」といふ心情は、まず「こなた」から出てくることである。従って、この部分を仮に点線で表すと次の通りにならう。

①´かなた ⇄ こなた

次に、②は「こなた」が痩せるほど、「かなた」がすぐれてゐると讃へてゐる。「こなた」を通過して、最終的には「かなた」に及んでゐる。この点、①が「こなた」自身に籠ってゐるのと対照的である。先の「はづかし」にならへば、次の通りになる。

②かなた ⇄ こなた　〔「こなた」から「かなた」への表現〕

これでいいのだが、①と同じやうに「こなた」「かなた」のどちらに重点があるかと言へば「かなた」である。しかも、「こなた」が痩せるほどといふ心情が付加されてゐる。従って、より厳密に期せば、仮に次の通りにならう。

②´かなた ⇄ こなた

続いて、③は方向性が単純で、特に「こなた」の心中に関はるといふ意識はない。「こなた」から「かなた」への判断、認識が一直線に表されてをり、次のやうに示すことができる。

③こなた ──→ かなた　〔「かなた」の表現〕

しかし、もう少し厳密に考へると、「かなた」の場にある人物（行為者、動作主）が対象にはたらきかけてゐる態度、姿勢に対して「こなた」の場にある話し手が判断したのである。従って、次のやうに改めて表すことができよう。

③´こなた ----→ かなたの「場」

（四）現代語「やさしい」の意味変化

では、ここで現代語の「やさしい」の意味用法について考へてみよう。

やさしい心遣ひ

やさしく声を掛ける

これは相手の情愛が細やかで、こちらに対して思ひやりがある、親切であるさまを言ひ、「やさし」で要約した②の意味を基本的に引継いでゐる。対象に対する肯定的な感情を一往、示してはゐる。次に、

やさしい顔

やさしい姿の花

これは繊細で、優美であるさまを言ひ、「やさし」の③の意味に相当し、ひとまづ客観的、直接的には捉へてゐると言へる。

しかし、現代語の②と③の表現性は古語の場合とよほど異なった様相を示してゐるのではないか。「やさし」の担ってゐた「自分が痩せるほど」といふ「こなた」との関はりはもはや意識されず、単純に「こなた」が「かなた」の場において客観的に認識する。古語の、主客を併せ持った総合的表現、「こなた」「かなた」が絡み合ふ含みのある表現は、論理的、分析的な近代語では好まれないのである。「やさし」の①のやうに自分の身が痩せるやうであるといふ否定的な意味合ひももはや消え、もっぱら肯定的な場合に限られるやうになった。右の②と③の相違点は②が心情的、主観的で人に対する、③が状態的、客観的で物を中心とすることで、肯定的にやはらかく好感を与へる点では共通する。ただ、右の相違点は被修飾語によって意味する焦点が異なるだけである。

ところで、②の「やさしい」が人間の場合に限られるのと異なって、③の「やさしい」は人間だけでなく、物や自然にも広げて使はれてゐる。実は、これは古い用例にもあった。

さもやさしきすみかあり　（散木寿歌集、秋）

藤ばかまのほころびわたりて、いとやさしく見え侍りければ　（為忠集）

かっこと申物は優《やさ》しいもので…もて遊びに成りまする

（狂言、鍋八撥）

また、中世以降、歌論の評語として、歌の姿や言葉、素材についてしばしば用ゐられた。現代語の右の用例以外にも、「やさしい月の光」「やさしいせせらぎの音」「やさしい春風」のやうに、人間に静かで落着いた快い感じを与へる対象が「やさしい」と捉へられてゐる。これらは例へば「月の光がやさしい」といふ主語述語の判断に基づいて連体形によって修飾される「やさしい月の光」であるが、近年、次のやうな新たな用法が生れてきた。

地球にやさしい環境
自然にやさしい
目にやさしい大きな活字

これは昭和五十年代半ばから使はれ出し、一般の辞書にはまだ登録されず、流行語的な要素を持ってゐるが、徐々に広がりつつある。前二者は地球や自然を環境破壊から保護するといふ時に使はれる。後者は「目」だけでなく、「体にやさしい薬」、「耳にやさしい音」とか身体を大事に健康を保つ時にも使はれる。従来、人や生き物に対するものが、無生物にまで拡大され、また、比喩的、心情的に捉へられるやうになった。この意味は右の③をもとに生じてゐて、「体にやさしい薬」で言へば、薬が体に対して「気を遣ひ、思ひやる心」を持つことを擬人的に表現したのであらう。主格・述格ではなくて「に」格を取ることからも対象への作用が見られる。「老人にやさしくする子」が「老人にやさしい子」と表せるやうに、「薬が体にやさしく効用を与へる」「体にやさしくする薬」が「体にやさしい薬」と動詞表現から形容詞表現へと短縮されたのであらう。これを新たに④とすると、その意義は穏やかにやはらかく調和する情態、しっくりと溶け込み、そのものを生かし、温かく協調する情態と記述することができよう。

では、次の場合はどう考へるべきか。

やさしい問題
人の真似をするのはやさしい
やさしく説明する

これは、これまでの「やさしい」が漢字で「優しい」とも書かれるのに対して、「易しい」と書き分けられてゐて、「平易、容易、簡単」の意味である。この意義としては「やすし」といふ語が本来あつたが、語形が似通つてゐることから、両語の間に意味の混同が起つたのであらう。しかしまた、右の「やさしく説明する」が「わかりやすく」といふ意味とともに「親切に、思ひやりをこめて」とも取れるやうに、「やさし」の思ひやり、やはらかさ、慎みといつた意味内容が、「やすし」の安らかさ、穏やかさ、わかりよさといつた意味内容にも共通して重なる部分もあつたのである（阪倉篤義『日本語の語源』）。なほ、「やすし」の「やす」は「やさし」の「やさ」「やす」と一見、同じ語源のやうだがさうではない。「やすし」「やすらか」（安）の「やす」は「やすむ」（休）「やむ」「よす」（止）と語源を同じくして、動きをとめてぢつとしてゐる情態をいふ語である。

「やさしい」が「やすい」に似通つた意味を持つに至つたことで注意すべきことは、この語が人の緊張感を解き、気楽に安んじさせる傾向をも併せ持つといふことである。阪倉篤義も説くように、そこに「悪い意味での素直さに流れる危険」があり、とつつきやすく、安易な雰囲気が漂つてくるであらう。「やさしい」の一面である、おとなしく素直、温和で従順であるといふ意味が強く打ち出されると、主体性や自主性に欠ける恐れが出てくる。

名歌仕《つかまつ》つて御感にあづかるほどのやさをとこに　（平家物語巻一、御輿振）

と言へば、風流の道（歌）に心得のある男として賞讃される。しかし、「やさ女」「やさめ」が現代語として使はれなくなつたのに対して、「やさ男」は現代では必ずしも褒め言葉ではなく、「やさがた」（優形）ならぬ「痩せ」に通じる、華奢で弱々しい語感もある。事実、「やさおもて」とは「痩面」（夏目漱石『虞美人草』）であり、「やさがた」（有島武郎『或る女』）もほっそりしたさまを指してゐる。「やさしい」の「やさ」が複合語として使はれると、現代ではどうしてもその語の本源の「痩せ」た弱々しい語感が伴ふのである。

古語「やさし」は先に見たやうに「身も心も痩せるほど」といふたしなみに基づいた苦しみや恥の意識、自己の抑制があり、「こなた」「かなた」をめぐる葛藤と自覚があった。ここで、室町時代にイエズス会の宣教師が著した『日葡辞書』に「やさしい」を「慎み深く、礼儀正しく、かつ愛情に満ちた人」（『日本国語大辞典第二版』の「訳」）と説明してゐることを思ひ合すとよい（ただし、『邦訳日葡辞書』では、「礼儀正しく、育ちがよくて、温和な（人）」とある）。しかし、現代語の「やさしい」にはさういった意味変化の過程がなくなり、単純に「こなた」から「かなた」への方向しかない。しかも、意義として、「やすい（たやすい）」に通ふ面もある。かくして、これは言葉の問題にとどまらず、その言葉を表現し、理解する日本人自身の意識に関はってくることになった。

言葉はもとより、時代とともに変化し、また時代をも反映する。現代の若者がものわかりがよく、「やさしい」と言はれ、世の中は全体として、平和で、思ひやりのある「やさしい」時代とも言へる。前述の「やさしい」の④、地球や自然に「やさしい」、目や体に「やさしい」といふ新しい表現は決してこの風潮と無縁ではない。これはまた、「かはいい」といふ言葉が流行し、「かはいらしさ」が求められ、人名や会社名（命名は即ち言葉）にまで及んでいく「かはいい」時代と軌を一にしてゐる。そのうち、「やさしい」と「かはいらしい」が、先の「やすい」と同じやうに、一部の意義を共有することにならないとも限らない。事実、『日本方言大辞典』によると、「やさしい」が「かはいらしい」の意味で一部の地域（山形県東置賜郡、福島県岩瀬郡、富山県、和歌山県東牟婁郡）で方言として使はれてゐる。「やさしい」の内包する意味の構造と変化は、単に国語だけの問題ではなく、日本人の生き方や考へ方、さらに広く、文化に結びつく問題であったのである。

第三章　「こなた」「かなた」の発想論的解釈文法

〔要旨〕 話手自身の意識、感情、立場など主体的な要素を絡めて表現するのは国語の特質であるとともに、日本人の特質でもある。その中で、動詞による表現を、言語主体（話手・書手）が行為や状態を主観的に捉へて表すか、言語主体に関はらないで自然に成立したと客観的に捉へて表すかを区別して考へることが解釈の重要な手懸りになる。このことに関して、動詞の自動詞・他動詞は西洋語の文法を取入れたものだが、国語では明確に区別できないことがある。一方、江戸時代の国学者は自の詞・他の詞、裏・表、こなた・あなた、みづからのこと・人のこと、といった観点から古典の歌文を解釈し、言語主体の動詞による表現意識（意味）を究めてきた。また、渡辺実はわがこと・ひとごとの観点から表現を文法論的に説いた。

本章では、前者を「こなた」、後者を「かなた」と名づけ、それぞれの観点・発想が単独で、また、両者が関係し合って作用し合ふ意味構造を考察し、解釈するのが主眼である。さうして、「こなた」「かなた」の観点から動詞の自他を越えて、古典文学の歌や文を解釈し直し、国語表現の自他意識、主客意識を明らかにしようとした。この発想は動詞の表す行為や状態を言語主体によるものとして捉へて自分と関はってゐると見るか、あるいは、自分と関はらないと捉へてそのことが実現したと見るか、といふ認識・判断の仕方をいふ。「こなた」は主観的・主体的な捉へ方、「かなた」は客観的・客体的な捉へ方である。この場合、格助詞「を」がつくかつかないかは一つの目安になっても、決定的なものではない。また、従来の動詞の自動詞・他動詞と重なる点もあるが、それだけで解釈するのは不十分であり、その表現が「こなた」からか、「かなた」からかといふ作用の影響の方向と主体との関はりを解釈に生かさうとする。

ここで、「こなた」「かなた」の観点、「こなた」から「かなた」へ、逆に、「かなた」から「こなた」へ転換する観点、両者を総合的に表現する観点に分けて、歌文について文法論を基盤に解釈し、古代人の表現の発想と根本的な観念を考察する。その主な内容は次の通りである。

（1）「こなた」か「かなた」かといふ表現の方法によって言語主体の意識や感情の相違が明瞭になる。

（2）「こなた」から「かなた」への作用として表すことにより、自然現象が「かなた」として実現し、また、人・物と主体が関係あることを示す。

（3）「かなた」から「こなた」への作用として表すことにより、「かなた」の力を受止める。
（4）「こなた」と「かなた」を総合的、両面的に表すことによって、言語主体の重層的な意識を表さうとする。
このやうにして、国語の独自の発想によって意識・感情をはたらかせ、表現に至る構造、また、話手に関はる主体的要素が豊かである国語の特徴が明らかになった。

次に、芭蕉の発句と俳文について、同じ発想（観点）に基づき、その表現の根源にある発想を究め、その語法と文法を俳諧の構造から明らかにし、表現意識と創作意欲を考察する。主な論点は次の通りである。
（1）芭蕉は一つの句であっても推敲を重ね、いろいろ異形がある。その中で自他の動詞による表現的意味を探る。
（2）自然の状景を詠む時、その力強さを意識して、また、俳文で改まった気分で書き始める時、こなたの表現になる。
（3）自然の力がわが身にはたらきかける時は、かなたからの表現になる。
（4）従来、他動詞の自動詞的用法とされてきた句は、こなたとかなたとの関はり、かなたからこなたへの作用と捉へた表現であり、そこに自然の力を感じ取ってゐると解することができる。
（5）有名な句で諸説があるものを、こなた・かなたの観点の転換から再考するとよりよく理解することができる。
以上、古典の歌・文章、また、芭蕉の発句・俳文を通じて、国語のこなた・かなたの発想による表現は国語の根柢をなし、そこに日本人の考へ方、感じ方の特徴が存してゐることを明らかにし得た。

第一節　動詞の自他

西洋語の文法で自動詞・他動詞は目的語を必要としないか、必要とするか、つまり、働き掛ける対象がないか、あるかによって区別され、動詞と目的語との関係は主語、述語の次に位置するかによって決定される。しかし、国語では自動詞・他動詞の区別は西洋語ほどに明確でない。周知のことであるが、まづ格助詞「を」の有無が目的語を識別する目安にならず、「古里を思ふ」「空を飛ぶ」は、どちらも「を」で表すが、前者は他動詞、後者は自動詞とされる。また、自動詞でも受身（受動態）になり、「泣かれる、死なれる」など国語独自の表現がある。しかし、動詞の中で、語幹が同じで活用の種類の異なるものが一部あり、「割る・割れる、助ける・助かる、破る・破れる」などの対応から、自動・他動を区別することはできる。西洋語のやうに動詞の自他を文法的にはっきり分けることはできなくても、言語主体（話手）の対象に対する捉へ方によって何らかの自他的な言ひ分けをして表さうとする意識はあるはずである。

例へば、「薪が割れる」は客観的な表現であるが、「薪を割る」には主体の意志、意図が表されてゐる。一方、「茶碗を割った」は意図的に行ふ時もあらうが、主体の不注意で、自分の行動の結果として、自分に引きつけて表してゐる。「赤字が出た」は主体と関はることなく、さういふ状態になったことを意味するが、「赤字を出した」は自ら出さうとしたのではなく、不本意な結果で残念ながら赤字になったといふ意味を含み持つ。また、狭い道で後ろから車が来た時、立ち止って車が先に通り過ぎるのを待つことがある。この時、「車を先に行かせる」と言っても、車の運転手は関知せず、話者が自己との関係において車の行動を捉へて表してゐる。「を」に主体の意志を含めるかどうか、主体が基点となって、主体と関はるか否かといふことが、西洋語の自動詞・他動詞とは違った発想が国語にあるやうに思はれる。

この自他といふ見方は江戸時代の国語研究で既に考へられてゐた。以下、略述すると、江戸初期の『一歩』（著者未詳）で、「みづからの事をい」ふ時は「自の詞」、「人の身をいふ」時は「他の詞」を用ゐるべしと言ふ。「つめるくるしさ」は「自他の相違」があり、「つめるあはれさ」、「つむぞくるしき」と表せば、前者は二語とも「他の詞」、後者は「自の詞」で「相応」すると言ふ。次に、江戸中期の国学者、富士谷成章が著した『あゆひ抄』で、『裏』とはみづからの上なり。『表』とは人・物・事の上なり」として、「裏」を言語主体のこと、「表」を言語主体に対する他者のことと考へた。「ただし、人・物・事の上なりとも、しばらくそれが心になりて言はば、ただ裏なり」と、他者の立場に立って主体的に表すこともあると言ふ。「たのむ」（四段）は「人のちぎりをたのみ思ふ」ことで「裏」、「たのむる」（下二段）は「たのもしげに人に言ひちぎる」ことで「表」とする。このやうに、言語主体と人（他者）との関はり合ひにおいて、「裏・表」の思想を説かうとした。この「たのむ・たのむる」に加へて、江戸後期の本居宣長は「露のみづからおきそふを、おきそふるとはいひがたし」として、「これらにて自他の意をわきまふべし」と述べる（『詞玉緒』）。また、古今集の口語訳に当り「あなたなる事には、アレ、或はアノヤウニ、又ソノヤウニなどいひ、こなたなる事には、コレ、或は此ヤウニなどいふ詞を添へて訳せること多き」と、「あなた・こなた」の観点を導入して解釈しようとした（『古今集遠鏡』）。

宣長の自他の論を発展させたのが、本居春庭で、『詞通路』の「詞の自他の事」の冒頭に「六段の表」を掲げ、「おのづから然《しか》る（みづから然する）、物を然する、他に然する、他に然さする、おのづから然せらるる、他に然せらるる」と語例を挙げてゐる。「おのづから」「みづから」、「物」「他」、「然る」「然する」「然さする」などの観念の別によって、動詞の自他を考へようとしたのである。以上の研究の過程を要約すると、表現の観点、視点は大きく二つに分けられ、一方はみづからのこと（上）、裏、こなた、おのづから、他方は人・物・事の上、表、かなた、他と区別され、これが歌文の解釈に応用されてきたのである。

この江戸時代の国語研究とは別に、渡辺実は「『わがこと・ひとごと』の観点と文法論」で、二つの観点から文法論を展開した（『国語学』一六五、『国語意味論』）。これによると、国語では、「話手自身のこと（わがこと）と把握するか、話手に関わりなく成立すること（ひとごと）と把握するか、を表現する水準がある」。このことによって、助動詞、終助詞、授受益表現、「のだ」構文などを解明できるとする。例へば、「雨に降られる」などの「『迷惑の受身』は、受動表現に主体的意義を持ち込んで、自分自身の意と無関係に実現してしまう事態」で、「『ひとごと』的事態と扱ったもの」、「『兜の内を射させて』は、意に反して実現を許してしまった『ひとごと』性の主体的使役表現」であるとする。また、「教えてもらいたい・教えてくれる」は、「『たい』は願う『わがこと』的状態、『くれる』は願いの叶う『わがこと』的事態」である。以上の観点は拙稿の論述の方向に一つの示唆を与へることになろう。

第二節　「こなた」か「かなた」か

動詞の表す行為・動作・事態・状態を言語主体（話手）がどのやうに捉へて言語表現に至るかを考へると、それは自《みづか》らのものとして捉へるか、他者のものとして捉へるか、といふ二様の発想、即ち態度にならう。自らのものとは話手、つまり自分が関はってゐるか、一方、他者のものとは自分は関はらないで、そのことが実現したかといふ認識の仕方である。前者の場合、話題の世界における中心人物（動作主、為手）は話手が自らに引き寄せて表すので、自分との関係において把握したとする。自の立場は主体的、主観的な捉へ方で、これを「こなた」としよう。一方、他者の立場は客体的、客観的で、これを「かなた」としよう。

この二つの表現世界について例を挙げて説明する。正岡子規の俳句に「島々に灯をともしけり春の海」がある。この「灯をともしけり」はこなたとして捉へて表現してゐる。灯をともすのは表現されてゐないが、島の人々で、ここに「全体者」（森重敏『日本文法通論』）の意図的な行動として表すことにより、夜に入った島々の生活の情景が鮮明に浮び上り、人々が生きてくる。これを仮に「灯のともりたり」と言へば、単なる客観的な描写で、平板、単調な状景に終ってしまふ。一方、子規の別の句「灯のともる東照宮や杉木立」はかなたの世界として自己と関係なく客体的に捉へた表現である。落着いた森厳な静寂はかなたの描写であってこそふさはしい。前者は「わがこと」として自らのものとして受止め、後者は「ひとごと」として、他者として扱ってゐる。「とんぼが羽根を休ませてゐる」「月が顔を出す」は、とんぼ、月に意志の力を感じ取って、主体的な心のはたらきとして話手は感情移入さへしてゐる。これはこなた的で、裏としての捉へ方であり、擬人法へと発展する。一方、「とんぼが止ってゐる」「月が出る」は単に自然現象として表してゐるだけで、かなた的で、表としての捉へ方である。

漢詩の例になるが、盛唐の詩人、杜甫の「春望」の第三、四句「感時花濺涙、恨別鳥驚心」は通説では、「時に感じては花にも涙を濺ぎ、別れを恨んでは鳥にも心を驚かす」と読む。この主体は作者自身であり、こなたとして捉へてゐる。第一、二句の「国破れて山河在り、城春にして草木深し」から始り、この前後はかなたの世界が客観的に歌はれてゐる。その展開の中で第三、四句のみこなたとして主情的に表現することは詩の構想としてどうであらうか。この読み方は「擬人的表現に慣れなかった日本人が誤り読んだかもしれない」といふ説がある（金田一春彦『日本語の生理と心理』）。これについて、吉川幸次郎は「時に感じて花も涙を濺ぎ、別れを恨みて鳥も心を驚かす」と読み、主語を花、鳥と解釈してゐる（『全集十一』）。この理由は特に説明されてゐないが、花や鳥はこちとは別のかなたにあるものである。しかし、そのかなたのひとごとの世界にある花、鳥までもが、こなたとしての行動をしたと捉へた。その力の作用が作者に至り、悲しみや不安な気持が自己自身に及んでくる。つまり、この表現はかなたに止るだけでなく、かなたからこなたに関はり、影響し、結局、こなたの事態が実現したと考へるべきである。通説のやうに、こなたの事態だけでなく、吉川説の読みのやうにかなたではあってもその力がこなたに及んでゐると解する方が作者の悲痛な心情に響いて来よう。

以下、こなた、かなたの発想、こなたとかなたを入り交へた新しい発想から古典文学の歌と文を中心に、文法的に考へながら、言語主体の表現意識を究め、解釈していく。さうすることにより、国語の表現、発想や日本人の感情のはたらかせ方の特徴が明らかになるであらう。なほ、本文の引用はできるだけ最少に押へ、適宜、表記を変へ、文脈や場面の説明も簡単にする。用例文の出典も簡略して示し、本章では次の通り略称で表す。

大系――『日本古典文学大系』（岩波書店）。全集――『日本古典文学全集』（小学館）。集成――『日本古典文学集成』（新潮社）。新大系――『新日本古典文学大系』（岩波書店）。

第三節　「こなた」「かなた」の発想

○きのふこそ早苗とりしかいつのまに稲葉そよぎて秋風の吹く　（古今集一七二）

「稲葉そよぎて」は自動詞による表現で、「て」は状態を表す。既に指摘されてゐるやうに、「稲葉がそよぐという状態で」（大系）といふ意味の連用修飾句である。この歌はかなたとして主観を排除した客体的な表現で一首が統一されてゐる。現代語の感覚でいふなら「稲葉をそよがせ」と、こなたの表現になるが、古代人の感覚は後述するやうにさうではなかったらしい。これを「まず感覚として聞える音を示した後、その原因を言う」と解するのは（角川文庫新版）分析的な理窟であって、「その原因を言う」のではなく、それを包む全体の風景をまづ話手が捉へて言ふのである。「その原因」までも表さうとすると、こなたの発想になり、一首の調和が乱れる。「国語では、話を話し手の感じ取ったままに述べる傾向がある」のであり、「話し手の立場との関係を優先して表現を構成する」（山口明穂『国語の論理』）。この歌は自動詞・他動詞による表現といふ観点でも理解できるが、本節はそれを越えて、かなた、こなたといふ近世国学の考へ方を発展させて解釈しようとしたのである。

○をかしき額つきの透影《すきかげ》、あまた見えてのぞく。　（源氏物語、夕顔）

これは、簾越しの影がたくさん見える状態で女達がのぞいてゐる、厳密に解すると、その透影が光源氏の意志を度外視し、見えるままに、こちらにそれと分るほどにといふことで、源氏との関はり合ひの立場から描写してゐるのである。

○秋萩にうらびれをればあしひきの山下とよみ鹿の鳴くらむ　（古今集二一六）

「山下とよみ」は前と同じく「山の麓が鳴り響くという状態で」と解する（大系）のが正しく、これが現代語の感覚でないなら「響くほどに」（新大系）と、程度と解するのがよい。簡単には自動詞の「響いて」でよいが、これを否定して他動詞的な「響かせて」と取る説がある（角川文庫新版）。しかし、「秋萩にうらびれをれば」は鹿が萩に恋するあまり沈んでゐる気持を表す、主体のこなた的な捉へ方である。憂へる鹿の立場から言へば「響かせ」といふ、強いこなた志向とは相入れない。ここは静かなかなたの表現の「響いて」がよく合ひ、全体として「らむ」といふ作者のこなたによる推量で詠んでゐるのである。

○秋なれば山とよむまで鳴く鹿にわれおとらめや一人寝る夜は　（古今集五八二）

「山とよむまで」は前歌と同じく「山が鳴り響くまでに」と、かなたの表現で、前歌より「まで」による強さがある。ところが「山に響くまで」と、山を主格でなく補格にとる説がある（角川文庫新版）。しかし、これは通説通り主語・述語の関係を保持した連用修飾句であり、「に」格の省略は国語にないことを知らねばならない。また、これではこなたの表現になり、やはり「鳴く鹿」のかなた志向の表現と齟齬することになる。

○小少将の君の、文おこせたる返りごと書くに、時雨の、さとかきくらせば…たちかへり…

雲間なくながむる空もかきくらしいかにしのぶる時雨なるらむ　（紫式部日記）

「かきくらす」は、時雨の立場から言へばこなたの表現であり、その作用が主体（作者）に及ぶ。従って、「空が暗くなってさっと降ってきたので」（大系）と、ひとごとのやうに、かなたの表現に解するのはよくない。ここは「さっと降って空を暗くしてきたので」（集成）と、こなたのはたらきとして迫って来る、わがことととして捉へるべきである。歌の解釈も同じく、「折から空がかき暗がり」（全集）ではなく、「空をも…まっくらにして降る」（集成）がよく、だからこそ、紫式部を恋ひ慕ふ小少将の君の、物思ひに沈んで抑へ気味の心情が生かされるのである。

○世に知らず惑ふべきかな先に立つ涙も道をかきくらしつつ　（源氏物語、浮舟）

これも前と同じく「先立つ涙が道を真暗にするばかり」（玉上琢彌『源氏物語評釈』。以下、評釈と記す）で、涙自体のこなた的な作用が、どうすることもできずに思ひ惑ふ匂宮に重くのしかかる。これを、「わが身をかき暗す」ことが「自動詞的意味」となり、「涙で道も見えなくなって」（全集）と解するのは正しくない。結果的にはその通りの状態にならうが、根源の発想は異なる。また、他動詞が「自動詞的意味」に変ることの説明ができるかどうか。なほ、「にはかに風吹き出でて空もかきくれぬ」（源氏物語、須磨）の「かきくる」は純粋のかなたの描写であり、まっ暗になってしまった、といふ客観的な状態である。

○空寒み花にまがへて散る雪に／少し春ある心地こそすれ　（枕草子、二月つごもりころに）

藤原公任が漢詩を踏まへて下の句を詠み、清少納言が上の句を即座に応答したもので、これで一首の歌になってゐる。「まがふ」は見まちがへさせることで、かなたからの、こなた的な作用を示す。直訳すれば、花に見まちがへさせるやうな状態で散る雪といふことで、雪に主体的意志があると解してゐる。雪の力として花のごとく散るのである。諸注は折角、「他動詞」と認識しながら、「花に見まがうばかりに」（全集）と訳すのがほとんどで、これなら現代語の「雪と見まがふ花吹雪」と変らず、主体は作者となり、焦点が雪と作者の二つに分れて散漫になる。上の句は自然界の生きた現象として捉へて解釈するのがよい。

○世に知らぬここちこそすれ有明の月のゆくへを空にまがへて　（源氏物語、花宴）

「まがへて」はわからなくさせて、見失はせて、であり、「有明の月」、つまり女の行方を結局は見失ってしまったことになる。それを自ら見失ったとは考へず、何かが見失はせたと、自らに関はらない大きな力がわが身にはたらいたと観念した表現である。かなたがこなた的な作用を発揮する重さがよく表れてゐる。

○海人《あま》の刈るみるめを波にまがへつつ名草の浜を尋ねわびぬる　（新古今集一〇七八）

右と同じく、全体者が作者に見失はせ、作者はやや投げやりな気分でその状態に任せてゐる。これは使役的な意味を持つが、裏から言へば「見失はさせられつつ」「わからなくさせられつつ」と受動的な意味合ひをも複合的に表すことになる（後述）。

○松浦《まつら》川川の瀬速み紅の裳の裾濡れて鮎か釣るらむ　（萬葉集八六一）

この語法は先の「稲葉そよぎて」「山下とよみ」と比べるとよく知られたもので、裳の裾が濡れる状態で（くらゐに、ほどに）と本義を把み、訳す時は「濡らして（ながら）」とするのが一般的である。ただ、古代ではかなたとしての捉へ方が普通であり、見えるままに詠んでゐることを知らねばならない。上代人の感覚では「濡れたままで」と捉へてゐる。

○いざ子ども香椎の潟に白たへの袖さへ濡れて朝菜摘みてむ　（萬葉集九五七）

○風高く辺《へ》には吹けども妹がため袖さへ濡れて刈れる玉藻ぞ　（同七八二）

どちらも「状態性を表す連用修飾句」（全集）で、かなた的な表現であるが、特に前者で「朝菜摘みてむ」と主体の強い意志を表しながら「状態性」の表現とは意外である。これは「袖さへ」の「さへ」によって、ほかのものはもちろん袖までも、といふ気息によって相応じることにならう。

○たらちねの母も妻らも朝霧に裳の裾比都知《ひづち》夕霧に衣手《ころもで》奴礼弖《ぬれて》　（萬葉集三六九一）

○娘子《をとめ》らが春菜摘ますと紅の赤裳の裾の春雨ににほひ比豆知弖《ひづちて》通ふらむ　（同三九六九）

「漬《ひづ》つ」とは水に濡れ、また、泥で汚れることである。ここは裳の裾が朝霧や春雨に濡れた状態で、濡れるままにといふ意味で、主語・述語の関係を保持して、その状態を見えるまま、事実通りに表した。次の「衣手濡れて」も現代語の感覚なら「濡らして」と言ふところだが、古代人は他動的な感覚では捉へなかったのである。

○君がため手力《たぢから》疲れ織れる衣《ころも》ぞ　春さらば　いかなる色に摺りてばよけむ　（萬葉集一二八一）

現代語であれば「力を尽くして」（全集）とならうが、古代ではこなたの力を自ら言ふことはせず、手が疲れるといふ事実をそのまま直叙する。ここは「手も疲れて」(大系)「手から力が抜けてしまふほどに」(集成)のやうに、かなたの状態的な意味に解するのが適切である。

○はしきやし逢はぬ君ゆゑいたづらにこの川の瀬に玉藻濡らしつ　(萬葉集二七〇五)

○さみだれに裳裾濡らして植うる田を君が千年のみまくさにせむ　(栄花物語、御裳着)

ところが、袖でなく裳裾になると、かなたではなく、こなたとして表す。そのわけは、裳裾は身体の下部に着けるもので、自然に濡れる、濡らされるといふより、濡らしてしまふのを自覚してのことだからであらうか。前者は「川瀬で男を待って、行きつ戻りつする間に濡れたのである」(全集)と注解する。やはり主体の意志の含まれるこなたからの動きである。この表現は慣用句のやうに残り、佐佐木信綱が作詞した唱歌「夏は来ぬ」の「さみだれのそそぐ山田に/早乙女が裳裾ぬらして」に引継がれてゐる。なほ、「袖濡れて」のかなた的表現に対する「袖濡らす」といふこなた的表現は、落ちる涙に袖を濡らす、つまり、泣くといふ意味に固定して用ゐられてきた。かなたとこなた、自動と他動の語法が意義を分担した一例である。

○袖ひちてむすびし水のこほれるを春立つけふの風やとくらむ　(古今集二)

○袖ひちてわが手にむすぶ水の面に天つ星会ひの空を見るかな　(新古今集三一六)

前の「袖濡れて」と同じく、袖が濡れる状態で水を手にすくふのである。といふことは、袖が濡れるままに(任せて)といふことで、かなたの捉へ方であり、濡れること自体に心は向かないやうである。

○天雲のはるかなりつる桂川袖をひてても渡りつるかな　(土左日記)

一方、右のこなた的な表現も例は少ないがある。土佐国からはるかに遠かった都近くに来て、桂川をただ今、袖を濡らしてでも渡ったと、無事に到着しさうだといふ安心感と喜びが心にある。袖を濡らすことを厭はず、道を進める気に満ちてゐる。このやうに、従来の自動詞、他動詞といふ考へ方だけでは厳密な解釈に入り込めない。かなた、こなたの発想と表現が重要な鍵となるのである。

○恨みわびほさぬ袖だにあるものを恋に朽ちなむ名こそ惜しけれ　（後拾遺集巻十四。百人一首）

諸注のほとんどが「涙に濡れてかわくひまもなく」（学術文庫）と、ひとごとのやうに、自己と無関係にかなたとして捉へてゐるのはどうしてか。ここは「涙にぬれた袖を乾かす暇さへもないのに」（文春文庫）と、こなたからの行動を否定してこそ「だに」が響き合ふ。涙で濡らした袖を乾かさうとする気にもなれない、乾かさうともしない悲しみの中にゐて、なほも恋ひ続けずにはゐられない苦しみにある作者には、主体的なわがことの表現でしか表すことができないのである。

○あめの下のがるる人のなければや着てし濡れ衣《きぬ》干《ひ》るよしもなき　（拾遺集巻十九）

菅原道真の作と伝へられる歌の「濡れ衣干る」を「濡れ衣を干す手立てもない」（新大系）、「乾くすべもない」（大系）と解するのと、どちらが作者の意に近いか。上の句で雨が降り注ぐのを逃れられないと観じ、諦念してゐることから、やはり「干る」の自動的な意味のままに、かなたの表現として、冷静に受止めてゐると、後者のやうに解釈するのがよい。

○風雑　雨降る夜の　雨雑　雪降る夜の　（萬葉集八九二）

○風交雪は降りつつしかすがに霞たなびき春さりにけり　（同一八三六）

この「風雑、雨雑、風交」をどう読むかがまづ問題である。「風まじへ」（大系）か、「風まじり」（全集、集成）か、前者は他動的で、こなたの表現、後者は自動的で、かなたの表現である。今まで見てきたように、古代人の発想は対象をかなたの状態として捉へることが多い。見たまま、起ったままをその順序の通り叙すのである。従って、ここは「風まじり、雨まじり」と、「降る」といふかなたの表現に沿って読むのが適切である。さう読むと、それぞれ風と雨、雨と雪、風と雪が同時に吹き、降ってゐることになる。「まじへ」なら、中心は「雨降る、雪降る、雪は降りつつ」に集約され、この力強い作用として、「風、雨、風」を「まじへ」てゐることになる。しかし、この認識はやはり分析的、微細的で、その上、理論的で上代人にはそぐはない。ところが「風まじり」の現代語訳になると「風にまじって」と、「に」格であるのはどうしてか。現代語で「風交り」といへば、「雨や雪が風を伴うこと」（『大辞林第三版』）であるが、ここは「風がまじって」と主格に訳すべきである。

○風まぜに雪は降りつつしかすがに霞たなびき春は來にけり　（新古今集八）

○たちばなの花こそいとど薫るなれ風まぜに降る雨の夕暮れ　（建礼門院右京大夫集）

後代になると、「風まぜに」と表し、雪や雨が主体となって、それがこなた側から、風をまじへてと、全体的、総合的でなく細分化した表現に変った。「風まぜに」は必ずしも「風まじへ」からできた語ではないし、また、「風まじり」と同じ意味になることもない。中心の雪・雨、まぜられてゐる風の、どちらに視点を置くかといふ問題である。前述の通り、かなたで表すと焦点が二つに分散するが、こなたで表すと焦点が集中して一本化される。前者は上代的な思考、後者は中世的な思考であるといへよう。

○引馬野《ひくまの》ににほふ榛原《はりはら》入乱衣にほはせ旅のしるしに　（萬葉集五七）

この「入乱」をどう読むかが問題で、「入り乱れ」（全集、集成）の自動詞か、「入り乱り」（大系）の他動詞かといふことである。この訓読は前述の「風雑、風交」の訓み方と対応してゐて、校注者の見識によるのであらう。既に明らかにしたやうに、古代では入りまじった状態でと、かなたとして捉へて描写するのが一般的な方法である。その状態で衣を染めよといふ方が榛原で乱れ合って、染めやすいのであらう。「宮家《みやいへ》の使どもの入り乱れてののしり、公事《おほやけごと》は慰むかたもなきに」（宇津保物語、吹上上）も同じ発想の表現である。ただ、「倉山田麻呂…流《い》る汗、身に沃《うるほ》ひて、乱レ声、手動《わなな》く」（日本書紀二四、皇極天皇四年）の「乱レ声」を「声乱れ（て）」（全集、大系）と訓読しながら、「声を乱し」（全集）と訳してゐる。レ点に従って、「声を乱り（て）」と他動四段で訓むべきだらうが、前後がかなたの表現で、また、古代語の状態表現の原則から敢へて返り点を無視して自動詞ふうに訓読したのであらうか。

○玉桙《たまほこ》の道の遠けば…思ほしき言《こと》も可欲波受《かよはず》　（萬葉集三九六九）

○御文などはしげうかよへど、まだ御対面はなきを　（枕草子、淑景舎《しげいさ》、東宮にまゐりたまふほどのことなど）

○御消息ばかりはあはれなるにてたびたびかよふ　（源氏物語、賢木）

言葉や手紙の交換を「通はす」でなくて「通ふ」と自動詞で表してゐる。手紙は相手に出すものであるが、それをこなたとしてでなく、かなたとして客観的に往き来すると捉へるのである。これは返歌の場合は、「かへし（うた）」、手紙の返事は「かへりごと」といふことが多いのと対応してゐようか。ただ、第一、二例を現代語に訳さうとすると、「心に思ふことも通ぜず」（全集）、「お手紙などは…交されたが」（大系）と、他動的か受動的に訳すことになる。古代では個別者の自らの行為による表現を控へ、手紙が通っていくといふ自然な状態による表現が優勢なのである。

○この草子…よう隠し置きたりと思ひしを、心よりほかにこそ漏り出でにけれ。…端のかたなりし畳さし出でしものは、この草子載りて出でにけり。…やがて（左中将）持ておはして、いと久しくありてぞ返りたりし。それより（この草子）ありきそめたるなめり。　（枕草子、この草子目に見え心に思ふことを）

これは枕草子の跋文といふべきもので、その成立と流布の事情を記してゐる。ここで、草子が心ならずも世間に漏れ出てしまった、敷物を差し出したところこの草子が載って出てしまった、後になって戻って来たと、すべてこの草子が世に出て、広まったことをかなたとして、ひとごとのやうに捉へてゐる。自分の意志とは全く無関係に、まるで草子自身の勝手な行動のやうに表し、末尾の「なめり」で曖昧に婉曲に推量してゐることと合ってゐる。自分がこなたからことさら世に発表したのではない、自然に流出して行ったといふわけである。これは跋文によく見られる謙遜の言葉といふより、このやうなかなたとしての状態的な発想が古代の日本人の発想方法であり、即ち、表現方法であったのである。

○添ひ臥したまへる御火影、いとめでたく、女にて見たてまつらまほし　（源氏物語、帚木）

○いとよしあるさまして、色めかしうなよびたまへるを、女にて見むはをかしかりぬべく、人知れず見たてまつりたまふにも　（同、紅葉賀）

○院の御有様は、女にて見たてまつらまほしきを　（同、絵合）

源氏物語に「女にて見る」といふ表現がいくつかあり、この解釈について古くから議論がある。ここではこれを詳細に考証するのが主旨ではなく、こなた・かなた論から解釈できることを述べる。「女にて」の「に」は指定の助動詞、「て」は状態を表す接続助詞である。「女にて」に両説あり、一つは、こちら（私）が女である状態で、女であって、女になって、もう一つは、あちら（相手）を女として、女であると、の意味とする。また、「見る」はただ単に視覚的に見る、といふ意味と、世話する、妻などとしてもてなす、仕へるといふ意味がある。

さて、前者はこちらが女になって、女ならと、状態的に表し、客観的な仮定の立場で提示してゐる。これは控へ目で抑制的な表現で、表面的には、かなた的、ひとごと的に表してゐる。ただ、「にて」は「を」を伴って、「かしこき仰せ言を光にてなむ」（源氏物語、桐壺）と表す場合があるが、これは明確にこなたからの意志で「光として」といふ意味である。一方、後者は、相手を女としてと位置づけ、主観的な仮の認定から積極的な判断に至り、こなた的、わがこと的に表してゐる。この両者の下接の語句は状態的な「にて」であり、結語法として前者が適ってゐる。これは「河上《かはのへ》のゆつ岩群《いはむら》に草生《む》さず常にもがもな常処女《とこをとめ》にて」（萬葉集二二）の「にて」と同じく、かなたの状態として、永遠の乙女でありたいと歌ふのである。「女にて」も基本的には「女で」といふ意味で「（われ）女にて」といふ述語格を保持して「見る」に係っていく。このことから「女にて」は前者の解釈が正しく、自分が女であって、つまり、女である私が見る（世話する、仕へる）と解すべきである。一方、女として見るは現代的な感覚による解釈で、ここには世話するといふ意味はなく、単に見るであり、恋愛感情を伴った俗語的な表現ではないだらうか。今井正は「源氏物語『女にて』考」（『国語国文』五二ノ一二）で、源氏物語で問題とされる五例はすべて前者に解釈できるとした後、北山谿太の『源氏物語の新解釈』の次の用例を補強として引用してゐる。

○かの兵部卿の親王《みこ》…まづ、うち見るにも、かの君を女になして持たまほしく、さならずば、われ女にて向はまほしくなむ見ゆる　（宇津保物語、内侍のかみ）

帝が弟宮のことを語る場面で、「女になして」は宮を「女にして世話したい」ほど、また、「われ女にて」は、こちらが女になって、宮の「世話になりたい」（全集）ほどと解釈される。「女になして」は現代語の「女として」以上に、強い意志のある志向性があり、こなたからの立場である。一方、「われ女にて」は、こちらが女になってと、こちらを一歩引き、かなたに置いて、自動的以上に受動的である。源氏物語の「女にて見る」もこの発想で考へるべきものである。今井はさらに吉澤義則の『源語釋泉』の引例文を引用して論旨をさらに補強する。

○いかに思ひおこすらむ。我にていみじう恋しかりぬべきさまをと、うちまもりつつ　（源氏物語、薄雲）

紫の上は明石の上を思ひやりながら、明石の姫君を「我にて」、もし我だったとしたら、どんなに恋しいことだらうと、見つめてゐる。この「我にて」は「女にて」と同じ意味構造で、自分がその立場であるなら、自分が母である状態で、といふことである。これはやはり客観的に自分をかなたに置いて見てゐる。自分としてといふ、こなたとして自己を強く出してゐるのではない。「なんでふ心他すれば、かく物を思ひたるさまにて月を見たまふぞ」（竹取物語）のやうに、「にて」は、本来、状態や資格を指定するのである。

○御心のうちには、「まことにさも思し寄りてのたまはば、さやうにて見たてまつらんは、あはれなりなむかし」と、かつ見つつも　（源氏物語、柏木）

この「さやうにて」は「そのような状態（尼）で」（大系）、つまり女三宮が出家することをお望みでおっしゃるのであるならば、そのお心のままに尼になっていただき、お世話申すと、光源氏がかなた的な控へ目な内心の態度を描いてゐる。「出家をおさせして」（集成）、「そのようにして」（評釈）のやうに、こちらから強く行動を起すのではない。

ちなみに、「野とならば鶉《うづら》となりてなきをらむ狩にだにやは君は来ざらむ」（伊勢物語一二三）も参考になる。この歌は、女に飽きかけてきた男に対して、私は鶉となって泣いてをりませうと詠み返したものである。「鶉となりて」は「鶉にて」と同じ意味で、こなたの立場を打ち出さず、かなたとして第三者に従順に切ない望みを訴へようとしてゐる。これが「鶉として」泣くでは、あまりにも自我が強過ぎて作者の真情からはづれてしまふ。源氏物語に戻れば、「我にて」が河内本で「我れになりて」となってゐることも自然である。これに倣って、「女にて見る」も「われ女になりて」と解釈するのが適切である。

第四節　「こなた」から「かなた」へ

前節では、こなた、かなたのそれぞれの作用が単一にはたらく例を考へた。次に、かなたの実現を表すのに、こなたの力、意志が発動する表現を取上げる。

（一）自然現象との関はり

まづ、こなたにある人間が自らの力によって自然現象を変化させることはできないけれども、あたかも自分の作用が関与して、その状態になったと見なして表現する例を考へる。

○夜をこめて鳥のそら音ははかるとも世に逢坂の関はゆるさじ　（枕草子、頭の弁の。百人一首）

「夜をこむ」とは夜を閉ぢ込める、夜であることを隠すことである。では、この「こむる」主語は何か。それは本義的には言語主体たる話手（作者）である。しかし、作者には実際に夜を閉ぢ込めて、いつまでも暗い夜を続けさせる念力はない。ただ、作者の気分としてそれほどに夜のうちに、夜が明けないうちにといふ気力で「鳥のそら音ははかるとも」と仮定するのである。これが、こなたの意力によって、かなたを実現したと想定的、仮定的に捉へて表現に至る過程の分析である。

○まだ夜をこめて、大極殿に参りぬ　（讃岐典侍日記）

この「まだ」はどこを修飾するのか。「まだ夜の明けぬうちに」（全集）のやうに、現代語訳としては打消に係る気分であらうが、厳密に言へば、「こめて」を修飾し、夜であることをずっと包み隠すやうに、暗い状態のままにして、そっと、と作者の志向を理解すべきである。

○夜になして、京には入らんと思へば、急ぎしもせぬほどに、月出でぬ。（土左日記）

「夜になす」と言っても、作者自身、夜にしてしまふ術を持ってゐるわけではない。ここは当時の習慣として、旅の出発と帰着は夜を選び、月明りのもとに行動した。作者は入京の日取りを前もって調整してゐたのである。従って、「夜にのばして」（講談社文庫）、「夜を待って」（集成）では舌足らずであり、「夜になって京にはいるように時間を引き延ばして」（全集）と解するのが適切である。その作者の強い計らひと思ひが「夜になす」といふ、こなた側からの積極的な関与の表現になった。夜にさせるものは実際には作者ではない。それをあたかもこなたとしての作用であるかのやうに第一義的に捉へたのである。ただ、もう一歩深く考へると、それは時間の運行であり、またそれを司どる大いなる存在である。つまり、人知の及ばない全体者、いはば神が「夜になして」であり、だからこそ個別のこなたを越えて、そのことが実現するのである。なほ、「夜になりて、湯など物して、御堂にのぼる」（かげろふ日記、石山詣）の「夜になりて」は純粋なかなたの時間描写で、その相違がはっきりしよう。

○（源氏の）のたまひし餅《もちひ》、忍びていたう夜ふかしてもてまゐれり。（源氏物語、葵）

この「夜ふかして」を、「すっかり夜がふけてから」（評釈）、「夜遅くなって」（全集）と訳すのは主体の意識まで十分に踏み込んでゐない。これは前と同じく、「夜の更けるのを待つ、夜更けまで起きている」（『小学館古語大辞典』）とするのが正確な語釈である。わざわざ夜更けまで待って行動する心を、こなた側の忍びやかな気遣ひとして捉へて表現したのである。

○ややふかしてまうのぼりたるに（枕草子、心にくきもの）

この「ふかして」は右と同じく、こなた側からの「夜ふかして」だが、諸注の理解は十分でない。「少し夜更けて」（大系）、「少し時刻も過ぎてから」（集成）では、かなたの「夜ふけて」と同じ意味になってしまふ。「新参の上に身分もそれほどでないから、少しおそく御前へあがるのであろう」（新大系）は、「やや」に含まれる控へ気味のこなたとしての心情をよく把んでゐる。あくまで言語表現に即して言語主体の表現意識を読解しなければならない。なほ、「夜いたくふけて、御前にもおほとのごもり、人々みな寝ぬるのち」（枕草子、同）の「夜ふけて」と比較すると、その表現的意味の違ひが理解しやすいであらう。

○女《むすめ》住ませたるかたは、心ことにみがきて、月入れたる槙の戸口、けしきばかり押しあけたり。

（源氏物語、明石）

光源氏が明石の上に逢ふ有名な場面である。「月入れたる」は「月入りたる」とは違ひ、前者は他動詞でこなた、後者は自動詞でかなたの表現である。ところが、諸注は徹底を欠き、「月の光のさしこむ」（評釈）、「月のさしこんだ」（全集）では、明石入道が特に気を遣って源氏を迎へ入れる準備をした意欲を考慮してゐない。ここは「月の光をさし入れた」（大系）と、入道が自分の力で月の光をさしこむやうにしたと、表面には出ないが強い意志を読み取らねばならない。これが今まで述べてきた、こなたの力によるかなたの実現である。この点、「あたかも源氏を閨《ねや》に誘うかのように、という感じがあらわされている」（集成）は的確であるが、訳となると「月のさし入った」と平凡で、注解と整合してゐないのは惜しいことである。

なほ、「押しあけたり」も注意すべきで、「あいてゐる」は自動的なかなたの表現で自然に開いてゐる、「あけてある」は他動的なこなたの表現で、何らかの意図で誰かが開けてゐることになる。また、「戸口」は、「戸口が」と主格か、「戸口を」と目的格かのどちらがよいか。ここはこなた的で意志的な行動を叙してゐるので、対象を意識した、木戸口をあけてあったと解釈するのがよい。この文は作者の細心な表現の巧みさを味はふべきである。

○かくて、つれづれと六月になしつ。

（かげろふ日記、天禄三年）

この「六月になしつ」といふ表現はやや異様である。作者はほかの部分では、「かくて十月になりぬ」(天暦八年)、「さて、九月ばかりになりて」(同九年)、「さながら六月になりぬ」(天禄元年)と、多く「なる」で表してゐる。「なりぬ」は時間が自然に推移する状態を示し、自動的なかなたの意味であるが、「なしつ」は作為的、意志的な動作を示し、他動的なこなたを意味する。辛いまま、何をすることもなく、六月にした、といふことは、作者がむなしい気持に沈んで、いたづらに時を過し、費消してゐる悲嘆と悔根を表すのであらう。こなたが自身に係はり、こだはり、その内部から外に言表しようとする言語態度であることをよく示した例である。この点、「六月を迎えた」とこなたに訳し、「月日そのものがむなしく過ぎ、作者はそれに流されてしまった気持を表す」(全集)といふ注解は正鵠を得てゐる。

○ゆかしさよそなたの雲をそばだててよそになしぬる足柄の山　(十六夜日記)

この「そばだつ」とは、高く聳え立たせる、立てるやうにすることである。作者が箱根路を越える時、足柄山に雲が聳え立って山が見えない、それを「ゆかしさよ」と言った。実景は山に雲が聳え立って、視界が妨げられて見えない。その情景を作者は自ら雲を聳え立たせてと表した。つまり、実際は山が雲に隔てられて見えないかなたの風景を、作者自身が山を雲で隠したやうに捉へて、こなた側からの表現にしたのである。箱根路を越えるのに、足柄山も見ず、「よそに」、疎遠にしてしまって通り過ぎる残念な気持がこなたの表現となった。こなたはやはり自らが関はり、関心を寄せる範囲で言ひ表す。なほ、何がそばだたせたのかについて、「理窟からいえば、箱根路がとでも答える外ない」(塚本哲三『通解十六夜日記』)が正解である。ただ、根本的には作者自らから発して、そこから全体者一般といふことになり、この場合、結局「箱根路」となる。また、「自動詞思想の他動詞的表現」といふのは深い読み方で、本論の用語で言へば、「かなた思想のこなた的表現」である。

○愛発《あらち》の山と申すは…巖石峨々として、道すなほならぬ山なれば、岩角を欹《そばだ》てて、木の根は枕を並べたり。

（義経記巻七）

愛発山の峻巌さを、岩角を高く鋭く聳え立たせ、木は根を地上に現して、と描写する。これは山の根源的な力の発動を主にした表現で、やはりこなたからの主観的な描写で、それだけ力強さが籠ってゐる。

○見わたせば柳桜をこきまぜて都ぞ春の錦なりける　（古今集五六）

「こきまず」とはちぎり取って混ぜ合せる、取り合せることである。これを諸注は「とりまぜて」（集成）と他動詞に、また、「混じり合って」（新大系）と自動詞に訳してゐる。本来は他動詞であるのになぜ二様の解釈が成り立つのか、こなた・かなた論で説明する。「こきまぜ」た主体は直接には「都の春」であらうが、作者が自ら「こきまぜ」た気分で眺めてゐるかもしれない。しかし、それ以上に春そのものに内在する生命の力が柳と桜をうまく配合したやうに見たのである。自然の力、つまり全体者が「こきまぜ」て美しく織り成してゐる。これはこなたの発動であり、それが実現したさまは、かなたとして都こそ秋の錦ならぬ春の錦だった。それは全体者たる自然の計らひであるので、こなたの動作は隠れて消え、かなたの状態として捉へることができるのである。

（二）人・物との関はり

○女、人をしづめて、子《ね》一つばかりに、男のもとに来たりけり。　（伊勢物語六九）

伊勢の斎宮である女が狩の使ひである男のもとに「人をしづめて」行かうとする。これは、召使達に早く寝なさいと注意して廻り、「寝静まらせて」（大系）から行動を起すのではない。心の中では、早く寝てほしい、寝静まってほしいと、その時をぢっと待つ思ひが、このやうな、こなたによる表現となったのである。第一節に挙げた「車を先に行かせる」と同じ発想で、実際に行動に出さないが、意識としてそのやうにさせる思ひで、その実現を待つ。

「じっと注意して人が寝静まるのを待って…まだためらう、細心な女心がよくとらえられる」（講談社文庫）の注解が最も秀れてゐる。ただ、これに続く箇所で、

○男…狩に出でぬ。野にありけど、心はそらにて、今宵だに人しづめて、いととくあはむと思ひ…

の「人しづめて」を「その他動性をはっきり打ち出して捉えてよかろう」として、「人をはやくやすませて」と訳してゐる。「いととくあはむと思ひ」がこなたの強い表現であり、それを認めてならこの解釈でもよいであらう。しかし、この表現は慣用句的な表現で、待つ意識が強いことから同じやうに解して、「人が寝静まってから」（全集）といふ程度でよいのではないだらうか。現代語の感覚なら「他動性」であるが、古代語は自ら手を下すやうに思ひなして、その事態になることをひたすら待つ姿勢なのである。

これに対して、「やうやう人静まりて、女房ども…ところどころ群れゐたり。」（源氏物語、賢木）は、単純なかなたの客観描写で、人も去って静かになったことを言ふ。これは表としての表現で、主体と関はらない客体的な捉へ方である。一方、「人しづめて」はかなたのことを言ふのに、かなたからではなく、こなたからの作用として、その結果を表したことを言ふ。表のこと、他のことを言はうとする時、裏として、自のこととして主体の心、感情との関係において捉へるのである。

○やり過して、今は立ちて行けば、関うち越えて、打出の浜に…到りたれば　（かげろふ日記、天禄元年）

石山詣の途中、後から来た行列の一行を「やり過す」。現代語で、「満員電車をやり過す」「相手にせず、やり過す」に繋る表現である。先に、こなたの表現は期待、願望の気持で待つとして考へたが、ここはむしろ、積極的には関はらうとはせず、むしろ、放任、人任せである。これは文脈上から消極的になるのであり、自ら関はらうとしないところに、逆にそのことを意識してゐることになる。全くの無関心であれば、行列が通り過ぎてから今出かけていくと、単なるかなたによる捉へ方となる。

○大前小《を》前《まへ》宿禰《すくね》が金戸《かなと》陰《かげ》かく立ち寄らね雨立ち止めむ　（日本書紀、安康天皇）

宿禰の家の堅固な門のかげにこのやうに立ち寄りなさいと、みんなに呼び掛けてゐる。これとほぼ同じ文が古事記允恭天皇の条にもある。ここで、「雨立ち止めむ」は、立ちながら雨を止ませようといふことである。と言っても、人力で雨を止ませることはできない。雨を止ませたいと逸る気持で、雨が止むまで待つ、雨宿りをするといふことで、「自己の意志のように表現したもの」（『時代別国語大辞典上代編』）である。かなたのことを表すのに、こなたからそのやうに仕向けたいほどの期待、熱望の心がその事態を動かす。「雨が止むまで待つ」は受動的、消極的だが、「雨を止ませる」は能動的、積極的で、強い意志の表明になる。英語のIt rains.のItは形式上の主語とされるが、本来、それが、何か大きな力あるものが雨を降らせるといふ発想に基づくといふ説がある（泉井久之助『一般言語学と史的言語学』）。国語においては、雨を降らせ、雨を止ませるほど、雨を生命ある、人間的なものと共感的に捉へてゐたのであらうか。また、「物象としての雨が人間以上に主体性をもつ力があるものと考えられた」（全集）とも解することができる。この捉へ方が近世から現代に至るまで、「雨を止める」といふ表現に残るのである。

○山の末《は》にいさよふ月を出でむかと待ちつつをるに夜ぞ更けにける　（萬葉集一〇七一）

○君来ずは形見にせむとわが二人植ゑし松の木君を待ち出でむ　（同二四八四）

前者は「月を出さうかと待ち」、後者は「君を待って出さう、出現させよう」といふ思考の展開で、結局は、月や君が出て、現れることをひたすら待つことになる。出す主体は作者であり、対象の出現を熱烈に期待する気持がこのやうなこなた志向の表現を生むのである。これを解説ふうに現代語訳すれば、遅い月や恋人をこちらで出したいくらゐ、早く出てほしいとひたすら現れるのを待つといふことになる。ここで注意すべきは、前の「雨立ち止めむ」と同じく月に対して親近感を抱き、人間的な心を持ったものと認識してゐることである。また、月を出さうとすることが月が出ることと同じ水準で考へられ、こなたがかなたに転位して実現するところに、両者を総合的に捉へようとする意識があったことである。

○今来むと言ひしばかりに長月の有明の月を待ち出でつるかな　（古今集六九一。百人一首）

この有名な歌の「月を待ち出づ」も萬葉集と同じ発想で、ひたすら恋人を待ってゐるうちに、夜明けの月を自ら出すことになってしまったといふ、内面のいら立つ心境を歌ふ。それは意志的、行動的な、つまり、こなた的な動詞に接続する「つる」の意義に適ってゐる。ただ、現代語訳としては「月が出るまでお待ちしてしまった」（新大系）とするしかないほどに、古代人の独自の主客の捉へ方なのである。

○いかにと心さわがしたまふに、鶏《とり》の音《ね》待ち出でたまへれば、夜深きも知らず顔に急ぎ出でたまふ。　（源氏物語、若菜上）

○秋になりて待ち出でたるやうなれど、思ひしにはあらず　（更級日記、夫の死）

「待ち出づ」は散文の場合もこの語の感情を現代語で言ひ表すことは難しく、第一例は、一往は「鶏が鳴くかと待っていると、一番鳥が鳴いたから」（大系）とならう。しかし、光源氏が早く紫の上のところに帰りたいと焦ってゐるので、鶏の音を早く出したい気持を、こなたの表現でなかなか言ひにくい。「やっと鶏の声も聞えたので」（新大系）と、かなたの表現でいらいらした気持を表すしかないであらう。第二例は、夫の栄転を長い間、希望してゐると、やっと待ってゐた通り、任官に持って行けた、実現させたと、この語の本義から解くことができる。待ってゐて、その通りにする、つまり、望んでゐたやうにようやくその通りになる、といふ筋道を経た表現である。

○磯の間ゆたぎつ山川絶えずあらばまたも逢ひ見む秋かたまけて　（萬葉集三六一九）

○鶯の木伝ふ梅の移ろへば桜の花の時かたまけぬ　（同一八五四）

「かた」（片）は一部に集中する、ひたすらの意、「まく」は「まうく」（設）で待ち受けることで、こなた性の強い動詞である。第一例はひたすら「秋が来るのを心待ちして」（集成）で、上の「またも逢ひ見む」と響き合って、強い意志、期待を表す。「秋ともなって」（角川文庫新版）では、かなた的な捉へ方で全体の気息に合はない。一方、第二例はかなたとして捉へた表現で、「時期が近づいてきた」（同）と、客観的な表現になってゐる。時を待ち受けることはその時になることで、こなたがかなたに転換し、裏の捉へ方が表の捉へ方に相通したのである。

○いくたびかゆきかへるらむ七夕の暮れいそぐまの心づかひは　（建礼門院右京大夫集）

日暮れになるのを待ち遠しく思ふ織女の気持を歌ふ。「暮れいそぐ」は早く夕暮れになっていくといふ意味ではない。珍しい語構成の語で、意味の結合もわかりにくい。語義に即して考へると、早く日暮れになるやうに努める、早く日暮れにしようと焦るであり、主体のこなたによる行動と捉へるのがよいであらう。作者が、暮れることが急ぐやうに願ふ、つまり暮れることを心に急かせようとする意志的な期待が、早く暮れるのをただ待つことになり、最終的に「日の暮れるのを待ち遠しく思う」（集成）といふわけである。日暮れになることを人間が操作することはできないけれども、さうしたいほど急かされる強い願望を表すのであり、やはり、こなたによってかなたを実現させようといふ心の在り方を表してゐる。

（三）「を―み」の語法

○若の浦に潮満ち来れば潟を無み葦辺をさして鶴《たづ》鳴き渡る　（萬葉集九一九）

上代語に特有の語法として、この「潟を無み」、「山（を）高み」、「心を痛み」のやうな「を―み」の表現がある。この内容については既に明らかにされてゐるので、ここではこなた・かなた論から考へてみよう。「山を高み」は山を高くして、高しとして、高しと思って、といふやうに、言語主体が、そのやうにするといふ、こなたとしての捉へ方である。この「み」は「一種の体言形式」で、「よみす、かろんず、やすむず」など、「―みす」の形でも用ゐられた（阪倉篤義『語構成の研究』）。これが現代の「よしとする、苦しとせず」にまで至ってゐる。「山を高み」は言語主体の判断に基づいて、山を高しと、こなたとして捉へて自ら高しとする、そのやうに判断するといふ主観的な強い認識を表す。これが文脈上、第二義的に原因、理由を表すことになる。つまりこなたからかなたへの世界に転じて、客観的に山が高く、高いのでと一般化された表現になり、個別者から全体者が主語となる。「あらゆる者が『高いと思う』のであるために、主語が表出されず…客観的に『山』が『高くある』の意味に転換する」（森重敏『日本文法の諸問題』）。「山高ければ」と言へば、純粋なかなたの表現として、客観的な理由づけであるのに対し、「山（を）高み」はこなたを通して、かなたを言はうとする、主情的、感情的な表現である。この点について、前者は「論理そのものの表現、客観的で、ロゴスの表現」、後者は「話者自身の態度の表現でパトス的である」（竹岡正夫『富士谷成章全集上』）といふのと根源を同じくする考へ方である。

（四）「てぞ見る」の文型

○嵐吹く山のあなたのもみぢ葉を戸無瀬の滝に落してぞ見る　（続古今集巻六）

この歌の中心は「落してぞ見る」で、「落す」のは誰か、「落す」の意味は何かといふことである。以下、順を追って簡潔に述べる。

1、ひとたびは風に散りにしもみぢ葉を戸無瀬の滝のなほ落すかな　（（源）有房集）

この歌は単純で素直な読み方で、一度、風に大空を舞ひ散ったもみぢ葉を今度は滝がもう一度、強い流れで下に落してゐるといふことである。滝の激しい流れの、こなたとしての力を詠んでゐる。

2、本歌を仮に「もみぢ葉の戸無瀬の滝に落つるをぞ見る」と変へた場合、もみぢ葉が流れ落ちるだけであり、やはり単純なかなたの表現となる。本歌が「落して」と連用形であることに注意する。

3、本歌を「見る」でなく、「見ゆ（る）」とした場合、萬葉集的な把握で、「見えるという状態である」「存在を見えるすがたにおいて描写的に把捉しようとする古代の心性」を示す（佐竹昭広『萬葉集抜書』）。これもかなたとして捉へた描き方である。

4、本歌の実景は、嵐山の山の向うで、嵐が吹き散らしたもみぢ葉が戸無瀬の滝に付き、滝の流れとともに落ちていくさまである。その様子を作者がどう認識して、いかに表現するかといふ捉へ方、表し方が問題である。

5、「見る」の意味は単に見る、眺めるでもよいし、賞美する、観賞するでもよい。

以上を踏まへて結論を述べると、「落して」の主語は作者であって、自分自身がもみぢ葉を滝の流れに落してゐると強く感じ入ったと表した。こなたとして自ら滝になって、自分が落していく実感を味はったのである。「落す」の意味は、滝の激しさ、力強さをいふのではなく、作者の視線の動き、眼の着けどころを表す。「見る」とはそのやうに視点を定めて、その一点に集中して着眼したこと、自己の判断を示してゐる。実際は滝が落してゐても、まるで自分自身で落してゐるかのやうに想像し、幻視し、そこにおもしろみを見出したのである。ここに、「見ゆ」ではなく「見る」と、見る姿勢において、見るままに描写し、主体の強い意図を示さうとしたと考へられる。

○さらぬだにひかり涼しき夏の夜の月を清水にやどしてぞ見る　（千載集巻五）

○千歳すむ池の汀の八重ざくらかげさへ底にかさねてぞ見る　（同巻十）

○雲の波かからぬさよの月影を清滝川にうつしてぞ見る　（金葉集巻三）

この「てぞ見る」は中世和歌で愛用された表現形式である。第一例の歌は、例へば「月が清水にやどるをぞ見る」といふ、かなたの表現でない。「やどして」は作者が実際にできないけれども、自ら宿すやうなつもりで想像して見てゐる。「月を清水に映して賞美することだ」（新大系）の訳では作者の意図は出て来ない。「月をさらに清水に映しとどめて見ることだよ」（上篠彰次『千載和歌集』）は作者の意図にやや近づいてゐる。月を清水に自ら映したかのやうに水面に映る月の光を見て、より涼しさを味はうとしてゐる、といふのが作者本来の主旨であらう。第二例の歌は、水面に映る八重桜を水底にあると仮想して二重に映して自ら見ようとした。「八重桜の量感と奥行を出そうとした」（新大系）（新大系）作者のこなたとしての自覚的な詠ひぶりがよく表れてゐる。第三例の歌は「映し見る」（新大系）のはやはり作者であり、そのやうな見方を自らに課して月光の清澄さを味はってゐる。この種の表現方法は一種の見なし、見立てといってよく、単に客観的に直叙するのではなく、詠む者の見る姿勢、詠む態度までも表して、その主体性をより強く出さうとしたのである。

(五)「て」の補説

これまで取上げてきた語法を見て気付くことは、「―て」といふ表現が多いことである。「袖濡れて、夜をこめて、人をしづめて」など連用修飾句として次の述語に係っていく。この「て」の意義を考へるに当り、富士谷成章の『あゆひ抄』（巻五、て身）が参考になる。それは「しるしのて」で、「しばらく神を隠して、しるしのあらはなる物を言ふ」と述べる。「火をちらして戦ふ」「腹をよりて笑ふ」で、「火をちらして」「腹をよりて」がしるし、「戦ふ」「笑ふ」を神とする。神とは「話手の意識にとらえた、現象の奥にある、その現象を生んでいる能動的な勢そのもの」であり、しるしとは「その勢がある形をとって実現した場合の現象」で、「現象の奥にある勢を、あたかも実現したかの如くに説く」（中田祝夫、竹岡正夫『あゆひ抄新注』）ものである。これをこなた・かなた論で言へば、こなた意識、かなた意識で捉へようとする表現姿勢が「神」であり、「て」で表されてゐる語句が「しるし」である。成章はその訳し方として、「ほどに、よと言ふほどに」を示し、「『つつ』にも通ふ心あり」と言ふ。口語で言へば「〜の状態で、〜せんばかりに」である（前掲書）。右の語例を訳せば、「袖が濡れるほどに、夜を閉ぢ込めんばかりに、人を寝静まらせるといふほどに」となる。

元に戻って、「もみぢ葉を…滝に落してぞ見る」は作者自らがもみぢ葉を滝に落さんばかりに、自ら落してと言ひたいほどに見てゐる、と解釈すれば、より表現意識の根柢に迫っていけるであらう。このやうにして、上述の表現方法が古代人の発想する型によって成り立ってゐることがわかるのである。

第五節　「かなた」から「こなた」へ

次に、「かなた」から「こなた」へ力が及び、作用する例を考へよう。「かなた」の世界にある人や物が「こなた」に関はって、その作用する有様を主にして表現する。

○宇津の山にいたりて…すずろなるめを見ることと思ふに、修行者あひたり。…といふを見れば、見し人なりけり。（伊勢物語九）

現代語の感覚では「修行者にあひたり」とありたいところだが、古文では「に」格の省略はない。文構造から言へば、主語は修行者であり、修行者が偶然にこちらに来て会った、来合はせる、その姿を現すといふことである。こちらがあちらに会ふのではなく、かなたがこなたにやって来たと、かなたからの作用として表す。

○修行者あひたり。…京にその人のもとにとて、文かきてつく。

するがなるうつの山べのうつつにも夢にも人のあはぬなりけり（塗籠本伊勢物語九）

『伊勢物語』の天福本系や『新古今集』（九〇四）には「人にあはぬ」となってゐるが、塗籠本にのみ「人のあはぬ」とあるのは注意すべきである。藤井高尚は『伊勢物語新釋』（文化十年）で「『人のあはぬ』といふこと、ききなれぬやうなりと思ふ、後の世、意のさかしらに、うつす人のかきなしたるにやあらん。いみじきひがごと也」と、後世の利口ぶった誤写と推定してゐる。塗籠本は「古形」（玉上琢彌）で、「他本より古態を保っていると思われる本文もあって注目される」（『日本古典文学大辞典』）もので、「人の」が正しい本文である。主客の捉へ方の一例として、誰かの夢を見ると、その人が自分（こちら）を思って夢に現れたと判断する当時の習慣に基づいて、夢の人が主体であるとする。このことと同じく、この場合も主格の「の」が適切である。現実にも夢の中にも人が来合せない、姿を現さないことで、「あなたが姿を見せて下さらぬことですね」（『日本古典全書』）と受益態に訳すのが一方法である。しかもその前の「修行者あひたり」とこの表現が対応してゐて、かなたからやって来て、こなたに合せるといふ共通の意味を響かせてゐる。この表現が古態であったのである。

○常《とこ》しへに君も阿閇揶毛《あへやも》いさな取り海の浜藻の寄る時々《ときとき》を　（日本書紀十三、允恭天皇十一年）

○後つひに妹は将相《あはむ》と朝霧の命は生けり恋は繁けど　（萬葉集三〇四〇）

相手があふといふ表現は早く上代にしばしば見られる。どちらも、恋人は私に逢って下さるでせうかと、やはり受益態で解するのが現代語の感覚として自然であらう。第一例を意訳すれば「あなたはいつもお出でになるわけではございますまい」（大系『古代歌謡集』）と、姿を見せることが、来ることにまで訳して、解釈の幅が広くなり、かなたからこなたへの作用がやや弱くなった。相手が主体になると、どうしてもこちらは受身的、消極的に会ってくれるといふ態度になる。姿を見せる、姿を表すと、「を」格をとってかなたからの強い力を伴ふ表現なのである。

○言霊の八十の衢《ちまた》に夕占《ゆふけ》問ふ占正《うらまさ》に告《の》る妹相依（妹は相寄らむ）　（同二五〇六）

○玉桙の道行き占の占正に妹逢（妹は逢はむ）と我に告りつる　（同二五〇七）

相寄ると逢ふが並んで、同じ構造の意味で表されてゐる。靡き寄るだらうと逢ふだらうとが、同じ発想と感覚で使はれ、かなたからこなたへ近づき、寄り、逢ってくれるのである。

さて、萬葉集のこの用法について、伊藤博は次のやうに解説する（『萬葉集釋注』四、五）。「人逢ふ」は「人に逢ふ」に対して、「相手が逢う意志を持って、こちらに逢ってくれることを示す」、「相手を主体と」し、「逢う意志を相手に托した表現」である。ここで相手に意志があるかどうかは伊勢物語の例にあるやうに、さうでないこともある。また、この出会ひには「特殊性、神秘性」があり、「自らの意思を超越した突然の出会いを願望」したり、

「相手がひょっこり神秘的に立ち現れて自分と出会ってほしい気持ちを表す」とする。また、「万一の偶然に対するはかない期待」や「その偶然の表現される状況を幻想する神秘性」があるとも述べる。確かにこのやうに読み取ることができるが、それは前後の文脈や場面によるのであり、鑑賞的な立場から言へることである。「あふ」そのものに右の意義が含まれてゐるのではなく、前述の通り、「人の逢ふ」は人の寄る、人の来ると同じ文構造で、そのやうにしてこちらに会はせたといふのが原義である。また、あふことはあらかじめ約束して落合ふのは別にして、もともと偶然性があるもので、ことさらここで強調するほどのものではない。「人の逢ふ」はやはりかなたの世界からこなたの側への力の作用として、こなたが受止めるといふ捉へ方が根本で、それは来合せる、逢ってくれる（下さる）、姿を現す、現れると、相手を主体にした発想なのである。

○にげなきもの…月のあかきに、屋形なき車のあひたる　（枕草子、にげなきもの）
○散り散らず聞かまほしきをふる里の花見て帰る人も逢はなん　（拾遺集巻一）
○常盤井の相国…勅書を持ちたる北面逢ひたてまつりて、馬より下りたるを　（徒然草九四）

第一例は屋形のない牛車が「行き合せた時」（新大系）と、かなたから受止めるのがよい。「予期せずやって来た」（大系）はその通りであらうが、「やって来た」は一般的な言ひ方なので、強ひて言へば「予期せず出くはした」とまで解すべきである。第二例の「故里の花を見て帰ってくる人があれば、逢ってほしいものだ」（新大系『拾遺集』）は熟さない解釈で、このやうな国語の表現があるだらうか。「故里の花を見ての帰りという人に会えるといいのに」（同『平安私家集』所収の『伊勢集』）は、回りくどくて格を取り違へ、しかも「なん」の助詞と意味が合ってゐない。これについては既に本居宣長が「人も、と云も、人のあはなむなり」と述べてゐる（『古事記伝』十六）。人が来合せてほしいと簡潔に解すればよい。これほど現代人には縁遠い発想と語法になってしまったのである。第三例の「たてまつり」は受手の相国に対する敬意で、これと「逢ひ」が絡まって訳しにくい。北面の者が

「行会い申し上げて」（橘純一『徒然草新講』）、「たまたまお会い申上げて」（松尾聡『徒然草全釈』）が行き届いてゐる。しかし、「お逢い申上げて」（新大系）、「お会い申して」（全集）では現代語の、人に出会ふといふ「逢ふ」と同じで、古語の、人が向うから出くはすといふ「逢ふ」の意味構造を理解してゐないことになる。

○明くるまでも試みむとしつれど、とみなる召使のきあひたりつればなむ　（かげろふ日記、天暦九年）

これも召使を主、作者を従とし、かなたなる召使がこなたなる作者のところに、来合はせたといふことで、焦点をどちらに置くかといふことである。これと対照的なのが「〜に出で会ふ」で、これは出迎へる、巡り会ふで、こなたからのはたらきである。

○人々また来あへばやがてすべり入りて、その夜さり、まかでにしかば　（更級日記、春秋のさだめ）

○左大将朝光、久しくおとづれ侍らで、旅なるところに来あひて　（新古今集一二〇九、詞書）

中古に、来合せる、来て会ふといふ意味の「来あふ」がしばしば用ゐられた。これは前の「あふ」と基本的に同じだが、やって来てといふ意味が含まれてゐる。「あふ」単独ではどうしても「〜にあふ」ととりやすく、より正確に「来」を付けた複合語が成立したのであらうか。三例とも突然、偶然に来てあふ、出くはす意味だが、これは前の萬葉集と同じく場面によるものである。ここはやはりかなたからやって来るといふ出来事として捉へてゐると解するのが基本である。

○宇津の山越ゆるほどにしも、阿闍梨の見知りたる山伏、行きあひたり　（十六夜日記）

伊勢物語第九段の「修行者あひたり」を念頭に置いた叙述である。しかるに「山伏に行き逢った」（新大系）、「修行者と私とが、あった」（全集）と解するのはどういふ了見であらうか。ここの中心者は誰か、主格をどう考へるかである。山伏が主体であることはこの文構造からも分る。「向こうからやって来た」（学術文庫）はかなたからの動向を捉へてゐるが、こなたの動きが表されてゐない。こなたが「行き」、かなたが「あふ」であり、出くはしたとまで訳出すべきである。

○くちをしきもの…さるべき人の、馬にても車にても行きあひ、見ずなりぬる。（枕草子、くちをしきもの）

これは分りやすく、現代語の感覚に近いと思はれる。それでも基本的には「人の行き合ふ」であり、向うから行きあはせるのであり、「出て来た」（大系）では簡単過ぎることになる。

○忘るなよほどは雲居になりぬとも空行く月のめぐりあふまで（拾遺集巻八。伊勢物語一一）

月がめぐりあふやうに、二人が再びめぐりあふまで、と二重の意味を掛けてゐる。「月のめぐりあふ」の「の」に注意すると、月にめぐりあふではなく、月がめぐりめぐって再び「あふ」、つまり、出くはす、姿を現すやうにの意味で、「あふ」の原義を保って解釈する必要がある。現代語でも、めぐりあはせ、まはりあはせ、しあはせ、など他動詞的に運命を判断してゐて、根本的な発想は変ってゐない。

○待ちけりな昔も越えし宮路山同じ時雨のめぐりあふ世を（十六夜日記）

「時雨にめぐりあふ」と表す方が我々にはよほど分りやすいが、古くはさうは考へなかった。昔と同じ時雨がめぐって作者に降りかかって逢ふことになるのである。時雨が主であり、かなたの空からこなたの作者に降る、つまり、時雨が私をめぐりあはせるのである。「私と再会するまで」（新大系）、「めぐり逢う運命を」（全集）はよく考へられてゐるが、あと一つ足りないものがある。それはめぐりあひを他者、即ち神に任せ、それをそのまま受止めるといふ心意を把んでゐないためである。

○日並《ひなみし》の皇子《みこ》の尊《みこと》の馬並《な》めてみ狩り立たしし時は来向《きむかふ》（萬葉集四九）

日並皇子（草壁皇子）が亡くなられた後、遺児の軽《かるの》皇子《みこ》（後の文武天皇）が追慕の狩に出られた時にお供をした柿本人麻呂の鎮魂歌である。安騎野に旅寝した明け方、その同じ時刻が到来した。この「来向ふ」はただやって来るといふ単純なものではない。向うからこちらに、つまりかなたからこなたにやって来る、近づいて来るといふ、一行の張り詰めた、集中した覚悟の心境を表してゐる。「来て我と面と向う」（集成）といふ解釈が正確で、あなたからの強く重い力を正面から受止めようとする気概に漲ってゐる。既述の一連の「あふ」も同じ精神構造から解すべきものである。

○御匣殿《みくしげどの》は見えさせたまはざりしかば…急ぎ出でにしも、心にかかりたまひて、たよりにおとづれ聞ゆ。
（十六夜日記）

現代人の感覚では、心におかけ申し上げてと受手への敬意として表すであらう。ここは心にかかる相手をかなたとして定め、私の心にかかりなさったと、為手への敬意を表した。こちらがこなたとして心にかけるといふ主体的立場でなく、相手が主体となって、こちらにかかる、つまり私の心におかけ下さってと、かなたからこなたへ受止めたのである。前例と同じく、主体の重点をどちらに置くかといふことが焦点になる。

○東人《あづまひと》の荷前《のさき》の箱の荷の緒にも妹は情《こころ》尓《に》乗《のり》尓《に》けるかも　（萬葉集一〇〇）
　ももしきの大宮人は多かれど情《こころ》尓《に》乗《のり》而《て》思ほゆる妹　（同六九一）

相手のことが自分の心に乗る、「おおいかぶさること」（全集）で、自分自身が思ひ浮べるのではなく、相手を主にした捉へ方である。これが古代人の独自の発想法であることは既述した。夢は相手がこちらを思ってゐるからこちらに現れるといふ観念と同じである。現代のやうに「夢を見る」のではなく、「夢が見える」、つまり相手がこちらへ夢の中に見える（姿を現す）が古代人の捉へ方である。

○秋霧の立野《たちの》の駒をひく時は心に乗りて君ぞ恋しき　（後撰集巻七）

これも同じくかなたから恋人のことが心に乗って入ってきて、離れない、受動的、消極的な状態である。古代の「恋ふ」は「人を恋ふ」ではなく、「人に恋ふ」と言ひ、眼の前にゐない相手に逢ひたいと思ふ態度であることと根柢において共通する捉へ方であらう。

○韓人《からひと》の衣染むといふ紫の情《こころ》尓《に》乗《のり》而《て》思ほゆるかも　（萬葉集五六九）

○何故《なにゆゑ》か思はずあらむ紐の緒の心《こころ》尓《に》入《いり》而《て》恋ひしきものを　（同二九七七）

心に染み入って染み込む、心に入って来て入り込むと、これも同じく恋人のことが心に占めてくることで、現代語の、心に染みる（懸る、浮ぶ、適ふ、残る、染まない）といった表現に引継がれてゐる。

○かつ長かるまじきにては、などさしも心に染みて、あはれとおぼえたまひけむ　（源氏物語、夕顔）

夕顔の頓死の後、光源氏はその素性を聞き、しみじみと夕顔のことを回想する。ここは本居宣長が「おぼえは、思はれといふことにて…人に思はるる意なるあり…夕顔の、我にあはれと思はれ給ひけんといふ意」と早く指摘してゐる（『源氏物語玉の小櫛』）。あちら（夕顔）がこちら（源氏）に思はれなさるといふことで、こちらから思ふといふこなたへの方向ではなく、かなたからこなたへの作用、影響を、思はれると表した。前者なら受手（夕顔）に対する敬意であるが、後者は主語は夕顔であり、受動的に表して、「よりさらに婉曲で丁寧な言い方」（評釈）で、為手（夕顔）を敬することになる。こなたではなく、かなたを主とした表現の方がより一般化、客観化され、間接的になって「婉曲」的になるのであらう。この言ひ方は平安時代に多く見られる。

○まこと、この世の中に恥かしきものとおぼえたまへる弁の少将の君　（落窪物語巻一）

○夜昼心にかかりておぼえたまひつつ、恋しくわびしうおぼえたまひけり　（大和物語一五〇）

○中納言・大納言・大臣などになりたまひては…やむごとなうおぼえたまふことの　（枕草子、位こそなほめでたき）

第一例はすばらしい方と思はれなさってゐると、かなたの表現である。しかるに、これを「私どもで恥ずかしく感ずるほどの美男として存じております」（全集）と、下二段活用の「たまふる」と解する説がある。確かに已然形の「たまへる」は四段活用と同じ活用形になるが、ここは少将のことを客観的に語ってゐる場面で、主観的なこなたからの思ひではなく、世間の人（全体者）からの評判といふかなたの描写と取らねばならない。第二例は釆女が帝を思ふのであるが、身分が違ひ過ぎるので、こなたとして直接に言はずに、かなたのこととして、帝が勝手に、知らぬ間に釆女に思はれなさって、と表した。前述の源氏物語の例のやうに、この方が帝に対する敬意がより高くなる。これについて次の説明がある。「釆女のことに尊敬語が使われている。『釆女の心に思われる』ということと、『天皇が釆女に思われなさる』ということが混合して、このような漠然とした表現になったのであろうか」（全集）。「おぼえ」に二つの絡み合った意味があることに気づきながら、これが自動と受動の両用、あるいは中間の意味の中相（中動態、中間態）であること（後述）を知らずに解釈しようとしたのは惜しいことである。もっと端的に言へば「おぼゆ」の「ゆ」は受身であり、他人から思はれることである。それに「たまふ」がついて、思はれることをされると考へればよい。こなたか、かなたかといふ観点で、主体が何かを考へればそれほど難解ではない。第三例は同じ論法で解釈でき、典型的なかなたの表現である。

○言のみを後も逢はむとねもころに我をたのめて逢はざらむかも（萬葉集七四〇）

「頼めて」は周知のごとく、かなたからこなたに、頼りに思はせてといふことである。

○定めなき命は知らぬ旅なれどまたあふさかとたのめてぞゆく（十六夜日記）

自分自身を頼みに思はせる、あてにさせると、自分をかなたに置いて、もう一人のこなたの自分に励まし、元気づけようとしてゐる。これを「たのみてぞゆく」と言へば、ありきたりで、切実で切迫した気持が表されない。ここは「他動詞を使った自己慰安の気分」「気休めをいうの心持」（塚本哲三前掲書）を読み取らねばならない。このことを別の言ひ方をすれば、「たのめて」はこなた（自、裏）のことをいふのに、それ自身としてではなく、かなた（他、表）のはたらきとして別の面から捉へ直して表す。一方、「たのみて」はこなたのことを初めからこなたのこととして捉へて表すといふことである。

○かの大納言の御むすめ、ものしたまふと聞きたまへしは　（源氏物語、若紫）

「聞きたまへし」、また「見たまへて」「思ひたまふる」などの「たまへ」はこちら側の卑下謙遜の意で、対者に敬意を表し、会話や消息文に用ゐる。この「敬意の対者が全体者であり、当面の聞手個人はただその全体者の一つの具体として見られているもの」（森重敏『日本文法通論』）である。これを、こなた・かなた論で言ひ直すと、かなたからの導き、御蔭として、こなたがそのやうにさせていただくと謙遜するといふ思考の構造である。全体者たるかなたの作用として、こなたは敬意を持って、そのことを主観的に受止める。一方、為手尊敬の「たまふ」は、こなたからかなたへの敬意の表現で、ただ客観的、単一的に表すのみである。

第六節　「こなた」「かなた」の総合的表現

以上、こなたとかなたをそれぞれ単独で、また、両者の作用に絡めて表現する場合を考察してきた。次の問題は、一つの語（句）がこなたとかなたの両方の意味を含んで、総合的に表すことがあるといふことである。

○物思《ものも》ふと人には見えじ下紐の下ゆ恋ふるに月ぞ経にける　（萬葉集三七〇八）

○あながちに志を見えありく　（竹取物語）

第一例は人には見られないやうにしたいと受身の意味でよいが、第二例は意識的にかぐや姫への志のあるところを見られるやうにしてと、受身といふより、見せるやうにすると使役的な意味になる。以上は周知のことだが、これを、第一例は自分に関はらず人が勝手に見るといふことで、かなたの表現、第二例は自ら積極的に行ふので、こなたの表現に移行してゐると捉へ直すことができる。受身はかなた、使役はこなたと基本的に意味づけられ、この両方の意味が同時的に一語に含まれてゐる。表と裏、無意志と有意志、ひとごととわがことの両義を重層的に合せ持った表現構造である。

○帝は（釆女ヲ）召ししかども、ことともおぼさず。さすがにつねには見えたてまつる。　（大和物語一五〇）

釆女は帝を思ひ慕ふが、帝は相手にもされない。それでもいつもは仕事として帝に「見えたてまつる」。現代人の感覚では「見たてまつる」が自然な言ひ方であらう。それを「見え」とはどういふことか。「見たてまつる」は見申し上げるで、受手（帝）への敬意がある。それに対して、「見えたてまつる」は直訳すると、見られ申し上げるで、受身の表現である。これを言ひ直すと、前者はこなたからの表現で、一直線の言ひ方、後者はかなたからの表現で、それをこなたとして二重に受止める。見られ申し上げることは見せ申し上げることでもある。自分の姿を帝に見せ申し上げないわけにはいかないのである。自分自身との関はり合ひから表現するこなた・かなたの両面的な総合的表現である。前項の「志を見えありく」の「見え」と基本的に同じ発想である。この敬語意識は直接的な受手尊敬でなく、受動的、間接的に受手に敬意を表してゐることから、より高い敬意を示してゐる。それだけこなたを抑へて、かなた的に表さうとしたのである。なほ、この部分を「采女はつねに帝を宮中で見申し上げる」（学術文庫）と訳してゐるのは、「見え」の本義を理解してゐないことによらう。

○はかなき花紅葉につけても志を見えたてまつり　（源氏物語、桐壺）

○世の中の、いと憂く思ゆるほど過ぐしてなむ、人にも見えたてまつるべき　（同、葵）

第一例は光源氏が藤壺に「心のほどをお目におかけ申し」（評釈）で、前項と同じく、かなたの受身形でやや遠廻しに言ふ。その方がこなたの自己を控へ目にして、敬意が深くなる。しかるに、ここを「藤壺に対する情愛を見られなされ」（大系）と、「見え」を受動態にとったのはいいが、それを為手（源氏）への敬意に解したのはどういふことか。ここは藤壺に見られるやうにし申し上げるのであって、逆に言へば、志を見せる、示すと、こなたの言ひ方になる。いづれにしても受手（藤壺）への敬意である。第二例は、葵の上の死後、辛く思はれる時を過ごしてから「人にも見られましょう」（大系）で、やはり受身の敬意をかなたとして捉へて表す。これはまた逆に言へば「人にもお会いしましょう」（評釈）と、能動的な、こなたとして捉へて表したことになる。つまり、こなた、かなたを総合的に一語で表し得るのである。

○春の野にあさる雉《きぎし》の妻恋ひにおのがあたりを人に知れつつ　（萬葉集一四四六）

○恋すてふわが名はまだき立ちにけり人知れずこそ思ひ初めしか　（拾遺集巻十一。百人一首）

どちらも世間の人に知られたのだが、結果的に、そのつもりはなかったのに知らせたことになる。前の「見ゆ」

ほど使役的な意味はないが、自らの行動によってさうしてしまったといふ、こなた的な意味合ひも含まれてゐる。「人に知れつつ」の「つつ」は前述の富士谷成章の「て」に通ひ、「人に知れて」ともいへ、人が知るといふ状態でといふことである。ここから、やはり両義性を持った総合的な表現になるのであらう。

○由良の門《と》を渡る舟人かぢを絶えゆくへもしらぬ恋の道かも　（新古今集一〇七一。百人一首）

周知の歌で、諸注は多く「梶を失って、なくして」とする。これは自らさうしたのだらうか。「絶ゆ」は絶たれ、絶やされと受身的な表現で、かなたのことである。しかし、舟人にとっては身にかかることで、わが身から出たこと、自己の責任のやうに捉へて、絶やし、無くしといふ、こなたの捉へ方になる。その意味は「を」によって示され、間投助詞のやうな曖昧なものではなく、格助詞として目的意識を表す。このことは「さて二十余日にこの月もなりぬれど、あと絶えたり」（かげろふ日記、天延元年）の「あと絶ゆ」と比べて理解できる。後者は自然にあとが途絶えてしまった。それはひとごとのやうに自己と関はりなく起ったことである。しかし、前者は「かぢを絶え」で、自らの行動の結果と判断し、わがこととして切実感がある。なほ、「けふ見えたりし人、そのままに二十余日《よか》あとを絶ちたり」（同、天禄二年）はこなたからの強固な意志でもって絶ってしまったことを言ふ。「かぢを絶え」は意志はなかったが、わが身に降りかかった関係性を通して言ふのが主眼なのである。

○わびぬれば身をうき草の根を絶えてさそふ水あらば去《い》なむとぞ思ふ　（古今集九三八）

諸注は「根が絶えて」（角川文庫新版）、「根を絶やしてでも同じこと」（全集）、「根を断ち切って」（集成）と、不十分である。単純な自動でも、他動と同じでも、強い他動でもない。この次に「さそふ水あらば」と言ってゐるやうに、流れに任せる消極的な態度である。根を絶たれて、絶ち切られたままといふ、むしろ受動的な意味に取らねばならない。強ひて言へば、「根を」とこなたに捉へたが、次に、「絶え」とかなたに転じ、自らに関はる事態として認識したのである。

○弓手の膝口を射させ、痛手なれば、心静かに自害せんとて　（平家物語巻四）

○佐々木判官も馬を射させて、乗りかへを待つほどに　（太平記巻二）

いはゆる武者詞（武士詞）で、戦ひで自軍に関することを「射られ」と受身的に表現しないで、縁起をかついで負け惜しみのやうにさうさせると、使役的に表現する。形は使役であるが、内実は受身である。こなたとかなたの関はり合ひによって生れた主情的、感情的な表現で、それが一語によって総合的に表してゐるのである。

○をみなへし多かる野辺に宿りせばあやなくあだの名をや立ちなむ　（古今集二二九）

○いとあるまじき名を立ちて身のあはあはしくなりぬる嘆きを　（源氏物語、若菜下）

○せめてながらへばおのづからあるまじき名をも立ち　（同、柏木）

この「名を立ち」の理解は混乱してゐる。第一例について、「浮気だという評判を立ててしまうだろう」（大系）、「評判が立ってしまうだろう」（全集）と他動か自動か、相反した解釈になるのはなぜか。第二例でも「とんでもない評判を立てて」（全集）、「浮き名が立って」（集成）と同じ傾向である。そのためか、「悪い評判を立てる」として、「意味上他動詞的に解されるが、なぜそのように用いられるのか、よく分っていない」（『角川古語大辞典』）と記述されることになる。

この問題をこなた・かなた論で考へると次のやうになる。浮気や良くない評判は自分から好んで立てるものではない。立てようとして立つのではなく、誰か第三者が立ててしまふ。つまり、他者から立てられることによって浮名が立つ。「浮名が立つ」といへばそれはひとごとで、かなたとして自ら関はりがない。しかし、「浮名を立つ」は「を」を明示することによって、こなたとして、目的意識を持って、そこに主体的なわがこととしての意味が発現する。自らさうしたのではないが、結果的には自分が立てたのと同じほどだといふ、口惜しい気持を言ふのである。

○けふはなほほしく下れるきはの好き者どもに名を立ち、あざむかれて　（同、若菜上）

何でもない身分の低い者に「名を立ち、あざむかれ」と、受身表現が含まれてゐることに注意すると、「名を立ち」も浮名を立てられと受身にならう。「名を立て」や「名立ち」「名に立ち」のやうに単純なこなた表現やかなた表現ではない。「名を立ち」はこれまでの「志を見え」「梶を絶え」と同じく、こなたからとして捉へるか、かなたからとして捉へるか、どちら側からの発動としても捉へられる総合的な表現であったのである。「あらはす」は、「自らをあらはにする」こと、「あらはる」は何かによって「自らがあらはにされる」ことである（阪倉篤義前掲書）。これは「す」と「る」の対応によるが、「名を立ち」は一語によって同じやうな相反する意義を持ってゐる。

以上のことを現代語の例で説明すると、次の通りである。「浮名が立つ」はかなたの表現、「浮名を立てる」はこなたの表現で、誰かが、あるいはまれに自ら得意になって立てる。「浮名が立てられる」はかなたの表現だが、第一例と異なるのはそれが自分の身に降り懸り、自然に影響してくることである。「浮名を立てられる」はかなたからであっても、あたかもこなたからさうしたやうに、自分の不注意、不徳、失敗としてさうなったことを認めるといふことである。このことをさらに文法的に考察すると、「浮名が立てられる」は「浮名」が「立てられる」と主語述語の関係にあるだけである。一方、「浮名を立てられる」は「浮名を立てる」の目的格の「浮名」の格はそのままにして、「浮名を立て」といふ関係がまづ成立し、この全体を受身の接尾語「られる」が「包摂、包容」（阪倉篤義前掲書）する構造である。これによっても、前者はかなた、後者はこなたの発想が基盤にあるといへよう。

○柳原のあたりに、強盗法師と号する僧ありけり。たびたび強盗にあひたるゆゑに、この名をつきにける。（徒然草四六）

○信濃前司行長…七徳の舞をふたつ忘れたりければ五徳の冠者と異名をつきにけることを、心うきことにして（同二二六）

第一例は正徹本が「つき」、烏丸本が「つけ」、第二例はともに「つき」となってゐるが、両例とも「つき」がよい。第一例は僧にふさはしくないあだ名をつけられて、ついたこと、第二例は面目ないあだ名をつけられて、ついたことで、前項と同じく恥づべきことである。あだ名は当人自らがつけるものではない。人々が勝手につけたのであり、その人々は誰かといふほどでない全体者である。当人にとって、不本意で不名誉なあだ名をつけられたが、それはどちらも当人の不覚、油断によることで、根源は自らに発してゐる。結果的には自らさうした、さうなったのと同じことで、自分と関はり、こなた、かなたの総合的な表現として成立したのである。これを「四段活用の他動詞で人がつけた」（全集）とするのは十分に解釈してゐない。人につけられたが、自ら人につけられるやうにしたといふのが正しい。

○昔…陸奥守をこそ望みしに、今は又引かへて、露の身一つ置わびて、雪の頭を剃り落し、思はぬ外の法名をつきて　（保元物語中、為義降参の事）

ここで「思はぬ外」（思ひのほか）に注意すると、当人の思ひもしなかった残念な結果になったことが分る。「付けるはめになり」（全集）は考へられた訳だが、あと一歩踏み込んで、付けられてと受身で解するのが至当である。法名も自分でつけるものではなく、つけられたことによって、法名がついたことになり、結局は自分でつけたごとくになったのである。こなた、かなたを複合的に表現しようとしたのである。

○おのがじしはちりもつかじと身をもてなし　（源氏物語、帚木）

「自分自分は塵もつかぬようにと」（評釈）では、あまりにもひとごとで、かなた的で、注意が足りない。ここの「つく」は前と同じく、総合的な表現で「ちよっとしたけちもつけられまいと」（全集）のやうに、受身で表し、「まい」といふこなたの志向で、含みを持った意味として生きてくる。なほ、「目慣れぬ文字をつかんとする」（徒然草一一六）、「能をつかんとする人」（同一五〇）、「若きほどは…能をもつき、学問をもせんと」（同一八八）の「つく」は通説では自動詞を他動詞的に使ひ、習得する、身に付ける意とする。この用法がどういふ経緯で生れたか、「名をつき」から類推したのか、こなた・かなた論で解けるのか。ただ、芸能を身につけようと努力し、その良い結果として身についたことになると、総合的に表したと考へられよう。これを現代語で①海が見たい、②海を見たい、を例にして考へる。①は「海が」と「見たい」が主述の関係である。一方、②は「海を見」が「たい」の希望によって「包摂」される。①は「海が見たい」といふ状態にあることを客観的に、かなたとして表す。それに対して、②は「海を見る」ことを希望する状態を言ひ、「海」を対象に据ゑて主観的にこなたとして表す。本例は「つかじ」「つかん」と、どちらも意志を表す限定的な使ひ方であることに注意しよう。「能をつかん」と「能がつかん」は、右の②と①にそれぞれ対応し、つけようとしてついたことをその過程を含めて表現したのであらう。

○ただこの姫君の点つかれたまふまじくと、よろづにおぼしのたまふ。（源氏物語、螢）

○けしからず人に点つかるべき振舞はせじと思ふものを（同、若菜下）

この第一、二例ともに「点つく」の受身形の連語と考へられる。「点」は非難で、「点つく」は人の欠点を非難すること、「名をつき」と同じやうに言へば、「点をつく」となるはずだが、これは「点付かる」といふ「用法が固定化していたと考えられる」（『例解古語辞典』）。「付く」を「下二段活用であることが自然」（同）とするが、今まで見てきた例から考へると、四段活用であると考へる方がよい。また、逆に、「点つかる」が受身であることから、「名を立ち」「名をつき」も同じやうに受身を含意してゐると考へてもよいことになる。これが即ちこなた・かなたの総合的表現なのである。

なほ付け加へれば、現代語の「傷つく」は四段活用の自動詞で、「傷つきやすい年頃」「体面が傷つく」と言ひ、「心に痛手を受ける、また、人の名誉などがそこなわれる」といふ意味がある（『大辞林第三版』）。これは自らさうするのではなく、やはり受身的にさうなってしまふ、さうされるといった、かなたではあるが、こなたへの作用としてもはたらいてくる。

○この世にののしりたまふ光源氏、かかるつひでに見たてまつりたまはんや。（源氏物語、若菜）

「ののしる」は世間で噂をして大騒ぎすることで、この「たまふ」の敬意の対象は世間に対してではもとよりなく、光源氏に対するものである。評判は自分で立てるものではなく、人々が噂をしてもてはやし、最終的にその人が評判になる。従って、ここはその結果の状態を表したもので、「ののしられたまふ」といふ受動態と同じで、こなた・かなたの両義の総合的表現である。「左の大臣《おとど》の北の方にてののしりたまひける時」（大和物語一二四）も同じで、「名を立つ」のやうに格助詞「を」はつかないが、動詞一語でも相似た発想で意味の重点が移行して、両義を担ふことがあった。別に言へば、「ののしる」対象であり、目的格である光源氏を主格に転換して、光源氏が「ののしられる」と受身として捉へたのである。このやうに一語にして重層的、総合的、両面的な両義性を備へることは、古代語から一貫して国語に、つまり日本人の心性に存してゐるのであらう。

○いま、里よりまゐる人々は、なかなかゐこめられず、裳の裾、衣の袖、ゆくらむかたも知らず（紫式部日記）

「ゐこむ」とは「狭い所に詰め込んで座らせる」（『小学館古語大辞典』）ことである。新しく実家から参上した女房達は坐らせることができない、坐らせられない、といふ全体者のかなたからこなたへの作用を表す。それを女房の立場から言へば、坐らせてもらへないと、受益態の打消形になる。女房は結局は坐ることができないのだが、そのやうなかなた的なひとごとではなく、こなた的に自分との関はりから、させてもらへないとわがこととして、我が身に即して言ってゐる。これもやはり総合的な表現であるといへよう。

この表現を「女房たちが自身を坐りこませる」として、「主語自身を目的語にとるとき自動詞の意に裏返ることがよくある」と西洋語の再帰動詞のやうに説明する立場がある（曽沢太吉、森重敏『紫式部日記新釈』）。「波が寄せては返す」は「波がおのれを…」であり、結局「波が寄り返る」といふのである。「塩が引く、風が吹き降ろす」の類であるが、「おのれを」といふ目的語意識は我々にあるであらうか。「霞こめたるながめ」（『十六夜日記』）は

「霞こみたる」がかなたの静態的な表現であるのに対して、「霞こめたる」は霞自らの作用がはたらいて、こなたへの動態的な力に重点を置いた表現である。言語主体はそれをわがこととして受止め、自然現象を自己と関はって把まうとする。前述の「自動詞の意に裏返る」といふのと等価ではない。少なくとも主観的に感情を込めるか、客観的に感情を含めないで描写するかの違ひはつきまとふものである。

○色変る露をば袖に置きまよひうら枯れてゆく野べの秋かな　（新古今集五一六）

この歌について、本居宣長は「上に露をばといへる、をばに合せては、おきまがへといふべきを、まよひといへるは少しいかが」（『美濃の家づと』）と言ふ。文法的には確かに「露をば袖におきまがへ」、つまり自然の作用が露を置いて、迷はせると他動詞的に表現すべきであるのに、なぜ自動詞的な表現がなされたのであらうか。悲しみの血の涙を花の露かとこちらが見まちがふばかりに袖に置いてといふやうに、富士谷成章の「―て」と同じやうに考へて、おのづから花の露と紛はされて、見誤らされてと解すべきである。「置きまよひ」を置きまよはされと、自発または受身の意味に取るのである。やはりかなたとこなたが総合的に表現されてゐる。

○ひとり寝る山鳥の尾のしだり尾に霜置きまよふ床の月影　（同四八七）

「置きまよふ」は単純に「置き乱れている」（全集）や「ひどく置いている」（大系）のではない。かなたの客観描写だけではこの歌の心意は理解できない。確かに霜は床に置いてゐるのだが、その霜をまるで月の光かとこちらが見誤るほどであるといふのである。見誤る、見まちがふことは、同時に見誤らされる、見まちがはされる、さらに言へば、見まちがはせる、といふことである。かなたとこなたが一体になった複雑な表現である。

○心あてに折らばや折らむ初霜の置きまどはせる白菊の花　（古今集二七七）

これは他動詞で表現してゐるが、「置きまどふ」と自動詞で言っても結果的には同じことになる。初霜と白菊かどちらともはっきり区別できないほどと、かなたの位置にある初霜を作用の主体において、そこからこなたにある作者に強い力を及ぼすことを言ったのである。

○入りぬれば影も残らぬ山の端に宿まどはして嘆く旅人　（宇津保物語、俊蔭）

「宿まどはして」は主体自らが分らなくさせて、迷はせてと自分の不覚をこなたの立場からかこってゐる。これを「宿も分らず」（全集）、「宿がわからなくなって」（大系）と、かなたの立場で解するのは迷って悲嘆する主体の意識に反する。宿を自ら分らなくさせることは結局は分らないことになるが、その根源の発想が異なるのである。

○主《ぬし》やたれ山の裾野に宿しめてあたり淋しき竹の一むら　（十六夜日記）

山の麓に家を構へてゐる主人は誰かと自らに問うてゐる。これは明確に主の意思から出た行動をこなたとして、その積極的な意欲を直接的に表現したものである。

○紫のにほへる妹乎《を》尓《に》苦《く》久《く》有者《あらば》人妻ゆゑに我恋ひめやも　（萬葉集二一）

「妹を憎くあらば」は、あなたを気に入らないと思ってゐるならば、あなたが気に入らないのであるならば、と二様の解釈ができる。前者は「を…思ってゐる」とこなたによる意味、後者は「が…ある」とかなたによる意味である。「を」に上接する「妹」は目的語なのか、主語なのか。前に考察したやうに、「志を見え」「梶を絶え」「名を立ち」は一方では「を…させる」と使役的な意味を持つと同時に、他方では「が…（ら）れる」と受動的な意味が含まれる。「妹を憎くあらば」もこれと同じ意味構造で、他動的と自動的な状態を同時的に表してゐる。

　これを現代語で考へると、「古里が恋しい」は古里を恋しく思ふ、古里が恋しい状態であると両様に解される。「音が聞える」は音を聞くことができる、音が聞える状態にあるといふことである。この用法について、時枝文法では、古里と音は恋しい、聞えるといふ述語の対象を表し、目的語にあるものが一転して主格に立つとして、このやうな「感情を触発する機縁となり、或は感情の志向対象となるもの」を対象語と名づけた（『日本文法文語篇』）。「水が欲しい」は水を欲するといふ主観的な感情とともに、水が欲しい状態にあるといふ客観的な性質、状態を表す。こなたの情意表現を内面、裏とするなら、かなたとして捉へる表現は外面、表といへ、一語にして複合した表現になってゐる。時枝誠記はこのことを「国語の総合的な把握」による「主観、客観の総合表現」(『国語学原論』)とした。本節の立場ではこなた・かなたの総合的表現と言ひ表すことができる。そして、この表現は動詞、形容詞また、いはゆる形容動詞(あなたが好きだ)にも及ぶ。ただ「対象語の問題は、述語に用ゐられる用言の意味に関係することで」あり(『日本文法口語篇』)、対象語に関はる用言は限られた範囲内である。これはまた、先に述べた「志を見え」「名を立ち」の類の動詞にも言へることである。

なほ、対象語は対象に対するこなたの情意が、こなたを消して、その対象そのものがかなたとして主格に立って、状態を示すことになる。そのため、常に「私(に)は(…と思はれる)」と補ふことができる。「語学ができる」も「私は…」「私には、彼が…と思はれる」と、主語は他者でも成立する。そのため主体的な感情が伴って、かなたとして捉へてもやはり主観、客観の総合的表現である。さらにまた、このことは右の「志を見え」「名を立ち」にも当てはまることであり、「私は、私にとって」と、表面には出ないけれども主体的なわがこととして、こなたに関はる意識もつきまとふことになる。これを国語が言語主体の立場や意識、感情など、主体的な要素が豊かである(渡辺実『日本語概説』)ことと結びつけることができるのである。

〈附〉中相(中動態)の表現

さて、ここで「中相」といはれる表現について一言する。これは、細江逸記が「我が国語の相(voice)を論じ、動詞の活用形式の分岐するに至りし原理に及ぶ」(『岡倉先生記念論文集』)で述べたもので、能相(能動態)と所相(受動態)の中間に位置する相(態)である。動詞が行為者に反照する表現で、「反照性所相とも名付け得る」

とする。例へば、「絶ゆ、忘らゆ、泣かゆ」などである。中相は言語学では「中動態」「中間態」といはれ、受動が「他の行為者の行為が主体に及ぶ」のに対し、中動は「行為者の行為が、主体である行為者自身に及ぶ」とされる（『言語学大辞典』）。これは別に「主語の表す動作が主語に対して何らかの利害関係を持っている」か「影響を及ぼす」とする（『ドイツ言語学辞典』）。以上の説明をこなた・かなた論で言へば、行動、状態を主体の行為として、また、あたかもそのやうに捉へて、主体の責任や立場として受止めるといふことである。「人に知れつつ」はその結果は他者に向はないで、行為者自身に反照的に戻ってくる。これを「人に知られる」と解すると、自動的受動であり、かなたからこなたに影響し、他方、「人に知らせる」と解すると、他動的能動で、こなたからかなたに影響し、いづれにしても自己と関はっての表現である。ほかからさうされること、自分でさうすること、この自動的受動と他動的能動の両義を合せ持った中動態であり、これをかなた・こなたの総合的表現と考へたのである。

「本を売る」、「本が売られる」は、それぞれこなた（能動）、かなた（受動）の表現である。これに対して、「本が売れる」をどう考へるべきか。本を売ったことにより、本が売られた状態になったことで、行動の結果として、一つの状態が生れたことになる。能動と受動を複合した、また、その中間の意味を表す。先の「浮名を立つ」で再考すると、浮名を立つ（流れる）状態になることで、それは即ち浮名を立てられる（流される）と同時に、浮名を立たせる（流させる）といふことになる。どの場合も「を」格をとること、こなたの利害、被害の意識に基づき、主体自身にまとはりついてゐることに注意しなければならない。また、中相（中動態、中間態）は右に見たやうに、自動と受動の中間的、同時的表現だけでなく、受動態と使役態の中間的、同時的表現もあることが分った。これをこなた・かなたの総合的表現と言ったが、これに関連して、時枝誠記は先の対象語だけでなく、形容詞の中で、例へば「淋しい」は「同時に主観的感情とこれに対応する客観的属性とを綜合的に表現してゐる」（『国語学原論』）とし、「主観客観の総合表現」（『古典解釈のための日本文法』増訂版）と名づけた。このやうに主観的な情意を伴って客観的な事象を一語で同時に表すところに国語の特色があるのである。
ただ、この「中相」に対して批判もある。川端善明は、中相は「日本語ではそれが述定的に（引用者注、単文の主述として）実現されることなく、従って使役や受身のvoiceと同一次元に考えられない」として、「使役でも受身でもない、即ちそれらにとっての論理的以前たる一つの関係構造が、そこに求められねばならない」と言ふ（『活用の研究Ⅱ』）。それは「一つの基本的な関係構造」で、「個々の例示の個々の具体ではなく、具体へと透して見えるその背後が、ここに問われねばならない」とする。この「関係構造」として、こなたとかなたとの関はり合ひとして捉へ、具体例から帰納される作用の関係、また、言語主体と事象との関係の有無を考察してきた。動詞の自動詞、他動詞の概念を使はずに、格助詞「を」の有無も考慮せず、自己と他者とがどう関はるかが国語にとって最も重要なことなのである。一つの表現がこなたから、あるいは、かなたから発現したか、または、そのやうに見るかといふ認識、判断が言語主体の意識とどう関係し合ってゐるか、その構造を考究してきたのである。

本節のまとめとして、大略、次の通りになる。
1、こなたか、かなたかといふ発想による表現によって、言語主体の意識や感情、総じて言へば、対象に対する捉へ方の相違が明らかになる。
2、こなたから、かなたへの作用の表現に二つあり、一つは自然現象がこなたからのはたらきと想念して、かなたとして実現したと捉へ、一つはかなたとこなた、即ち人や物と主体がどう関係し合って実現したかと捉へる。
3、かなたから、こなたへの作用として表現することにより、かなたのその力をこなたが受止める。
4、こなたとかなたを総合的に表すことによって、言語主体の、こなたとかなたのどちらに重点を置くかといふ重層的な意識を表す。

こなた、かなたの発想による表現はまさに国語特有の、言語主体の主体としての要素が濃厚に含まれてゐた。その観点で古典文学の歌や文を解釈し直して、その表現の奥にある意識を明らかにし得た。

第七節　芭蕉の発句と俳文の解釈

以上の「こなた・かなた」の観点を芭蕉の発句と俳文に適用し、改めて読み直して、その表現の根柢にある発想と感覚を究め、その語法と文法を俳諧の構造から考察する。さうして、芭蕉の表現意識と創作意欲に立ち返り、従来、論議のあった発句についても一定の解釈に導くことができよう。

（一）「こなた」か「かなた」か

①発句

○嶋々や千々にくだきて夏の海　（蕉翁全伝附録）

○嶋々や千々にくだけて夏の海　（蕉翁文集）

松島湾の島々がさまざまな形をして美しく点在してゐる。前句はこなたからの捉へ方で、「くだきて」の主体は何か。松島の自然を司どる大いなるもの、つまり造化の神の主体的なはたらきによる。大自然の力が島々を細かく砕いたかのやうに配置した。一方、後句は島々が点々と夏の海に広がっている静かな状景で、かなたとして客観的に捉へて描写してゐる。

○白露もこぼさぬ萩のうねりかな　（芭蕉庵小文庫）

○白露もこぼれぬ萩のうねりかな　（珏集）

白露を置いた萩の枝がその重みでしなってゐる。前句は美しい白露を一滴もこぼさないやうに健気に耐へてゐる萩をこなたとして受止め、その萩の意志による表現とした。萩は生き、活力に溢れてゐる。一方、後句は萩の感情には踏み込まず、かなたの外面的な風景として淡々と感情を込めずに描く。こなたの表現は対象を擬人的に捉へて、その内面の動きを見ようとする。そこに情意がはたらき、「白露も」の感動的な「も」に響いてくる。

○五月雨や色紙へぎたる壁の跡　（嵯峨日記）

○五月雨や色紙まくれし壁の跡　（笈日記）

「明日は落柿舎を出でんと名残をしかりければ、奥口の一間〳〵を見廻りて」と前書がある。前句はいつのことなのか、色紙を剝いだ跡が壁に残ってゐる。実際は自然に剝がれたかもしれないが、そこに主人の意志による行動を汲み取って、こなたとして捉へた。そこには去りゆく作者の惜別の情も含まれ、折からの五月雨の降り続く情景とぴったりである。後句はいつの間にか自然に捲れたのであり、かなたとして客観的な様子を描くだけである。

○語られぬ湯殿にぬらす袂かな　（おくのほそ道、出羽三山）

○語られぬ湯殿にぬるる袂かな　（花摘）

○汐越《しほごし》や鶴はぎぬれて海涼し　（おくのほそ道、象潟）

出羽三山の一つ、湯殿山の神秘は他言無用とされてゐる。それだけに参拝を果した感慨は深い。その涙は自然に出るものであるが、第一句は自らの動作をこなたとして、わがごとのやうに捉へ、第二句は自らに関はることなく、かなたとして、ひとごとのやうである。第三句は現代の感覚では「ぬらし」とあるところだが、古くは「ぬれて」、つまり濡れた状態で（ままで）、海が涼し気である、といふ発想をしたことは前節で述べた。これに対して、第一句のこなたによる表現の主体的な力と情の動きを読み取るべきである。

○宿かりて名を名乗らする時雨かな　（続猿蓑）

○宿かして名を名乗らする時雨かな　（泊船集）

東海道の島田宿で、時雨が急に降って来たので、川庄屋に泊ることになり、その主人への挨拶句である。前句で「宿かりて」の主体は構造から言へば作者であるが、初・中句全体が下五に係ると見るべきで、「時雨」が、作者が宿を借りるやうにさせ、つまり宿を借らせ、互ひに名前を名乗り合せたと解釈する。句の主体は時雨であり、時雨の、かなたからこなたへの力強い作用が二人を結びつける「縁、仲介」（全集）になったと洒落た。後句は初五もかなたからの方向と捉へ、中七ともに時雨を主格とする単純な構造に仕立てた。「時雨のあわただしく降る侘しい本情をい」ひ、両句の「句意にかわりはない」（大系）とする説もあるが、後句はかなたが主体であることから、自然の計らひによる出会ひの喜びを趣意とすべきである。「宿泊は予定通りの行動ながら、時雨を主体とすることで、旅における風流な出会いのありがたさが印象づけられる」（『芭蕉全句集』）といふ解釈が正鵠を得てゐる。

○年は人にとらせていつも若夷《わかえびす》　（千宜理記）

○年や人にとられていつも若夷　（詞林金玉集）

正月に売り歩く恵比寿の像を刷ったお札の像はいつも若い福相であるが、あれは毎年、人に年を取らせるばかりで、自分は少しも変らず若いといふことである。前句は若夷の強い意志を汲み取って、積極的にこなたの自分の方に誘導しようとするおもしろみがある。一方、後句は人に年が取られると、主体の立場はなく、かなた側として扱ふ消極的な弱さがある。加賀千代の有名な句に「朝顔に釣瓶とられてもらひ水」（『千代尼句集』）がある。この句について「いかにもその風雅な思ひやりが優しく感ぜられる。…しかし…風雅の何たるかを理智的に説明したやうな浅いところにとどまってゐる」（潁原退蔵『俳句評釋』）といふ説がある。確かにさういふ面はあるが、「とられて」が「とらせて」であればどうであらうか。朝顔に対するやさしい思ひやりはかなたとして捉へた受動的な表現にこそふさはしい。仕方なくその状態のままにしておいたといふ、ごく自然な接し方である。「とらせて」であれば、こなたからの姿勢が強く出過ぎて、思ひやりの押しつけ、悔しさがにじみ出て、よくない。従って、ここは「わざとらしい臭味」とまで考へずに、「れ」は迷惑の受身であり、素直に解釈する方がよい。

○この秋は何で年寄る雲に鳥　（笈日記）
○けふばかり人も年寄れ初時雨　（韻塞）

この「年寄る」に対する「年寄す」といふ言ひ方はないが、この語句の発想と表現は日本人にとって重要と思はれるので、ここに考察する。前句は「旅懐」と題する句で、このころ（元禄七年）作者の健康はすぐれず、身の衰へを感じてゐた。どうしてこんなに年が寄って来たのかと、身心の疲労を覚えて、不安な思ひにとらはれてゐる。ここで、現代語なら「年を取る」と言ひ、現に、前項で「年は人にとらせて」と表現してゐる。この句でことさら「年が寄る」と表してゐることに注意しよう。「取る」はこなたの表現、「寄る」はかなたの表現である。次に、後句は「元禄壬申（五年）…許六亭興行」と題し、折からの初時雨に、「年老いた、しみじみとした心境になって、初時雨のものさびしい情趣を味わってもらいたい」（全集）といふ趣である。これも現代の感覚なら「年取れ」であり、原句なら「人も」といふ主格でなく、「人にも年が寄れ」と与格に解したくなるであらう。

このやうな発想の根源は何か、年齢についての考へ方が変化したのであらうか。「年が寄る」とは、年があちらから、遠い死の世界から、こちらに、自分の方に近づいて来る、わが身に寄せて来るといふ捉へ方である。年はかなたからの作用、力のはたらきであり、年が重なり、積る状態になる。一方、「年を取る」は、こなたからの動きであり、行動である。「年が寄る」は、年齢はこちらから取り重ねていくものでなく、勝手に寄って来る、人知の及ばぬ一つの定めとして近づき、重なっていくと考へたのである。「年を取る」は、人自らが未知なる前に向って生き、時を重ね、年を積んでいく姿勢で、神の計らひを感じてゐない。

ある上人が「腰屈まり、眉白」い「有様」で参内したのを「あな尊《たふと》の気色や」と讃嘆されたのに対して、「資朝卿、これを見て、『年の寄りたるにさふらふ』と申されけり」といふ話がある（徒然草一五二）。ここは年を取ると解するのが一般的だが、さういふ自らの行動的なものでなく、年齢が経ち、重なり、積るといふ自然で生理的な現象を「年が寄ってゐるだけでございます」と、状態的に言ってゐると解釈すべきである。

「波寄る」に対して「年寄る」がある。しかし、「波寄す」に対して、「年寄す」はない。「年寄る」はかなたのもの、ひとごととして捉へるやうに、自然の定められた運命である。もし「年寄す」の語があるなら、それはかなたからこなたへ強く迫って来る、わがことと捉へたことにならう。「年なみ」はもともと年並、年次で毎年、年ごとの意味である。それが、年が寄ることを波が寄ることに連想し、さらに波が押し寄せて来るほどの力を感じ取り、「年波」の漢字を宛てた。「年波はわが袖よりぞ越えて行く残る憂き身の末の松山」（拾玉集巻七）は、「年寄す」の域に達してゐる。この感覚は現代語の「寄る年波」「迫り来る老い」の表現に繋ってゐよう。

さて、「寄る」とは「ある所・ある線に向って、多くのものが次々に移動して来る。その結果として、その所に集積を生じることもあ」り、「年寄る、皺が寄るという句は、波の集積に発想が通じている」（『角川古語大辞典』）。古代語で、年来経《きふ》（行く、変る、ねぶ、長《た》く）、また、年高し（深し）などと、年寄るは同じ語構成によってゐる。この語意識は「死期《しご》はつひでを待たず、死は前よりしも来らず、兼ねて後ろに迫る」（徒然草一五五）といふ死生観に関はってゐよう。「年を取る」といふ表現が表れ出したのは中世の狂言からで、近世に徐々に増え、現代に定着した。年寄るが体言になると年寄りであるが、年を取るに対して、年取りといふ語がないことも、後者が新しい語であることを示してゐる。芭蕉は前項の句では滑稽なおもしろみから「年はとらせて」と言ったが、ここでは古格を守り、わが身に寄る年波を自覚したのである。

次に、後句の「人も年寄れ」は若い人にも年老いた状態になって、翁さびてといふ、作為を排した自然の心境になるやうに勧めてゐる。これは「年を取る」といふ、こなたからの行動ではふさはしくない。かなたからの老いの波を素直に受止めるかのごとき情態になるやうに言ってゐるのである。蕪村の句「木曽路行きていざ年寄らん秋独り」（句集）は「故人に別る」と題し、芭蕉を追慕した句である。「年寄らん」は本来、自動詞である語に「ん」といふ意志の助動詞で自分の認識を示してゐる。年を取らう、重ねようではやや落着きを欠く。「老いの心境に味到し」（全集）、「老境に入って」（新大系）と、かなたから来る老いの状態を主にした解釈にならざるを得ない。芭蕉の句も、年が重なっていき、年が重なり、老人らしい心になれと、基本的に解釈すべきである。ちなみに、古今集の「桜花散りかひくもれ老いらくの来むといふなる道まがふがに」（三四九）、「老いらくの来むと知りせば門《かど》さしてなしとこたへてあはざらましを」（八九五）も「老いらく」、老いといふものがかなたからやって来ると擬人化して捉へてゐる。これと対応するのが「老いを迎ふる者は、日々旅にして」（おくのほそ道、発端）の「老いを迎ふ」である。これは年寄ると同じ発想の仕方であり、日本人の生命観の根幹にあるものであった。ちなみに、森田康之助は「将来の内にひそむ価値が現在を、そして過去を、自らの方に呼び込んでゐるのである。将来が…降りて来るのである。齢をかさねて老年となるといふのではなくして、老齢が一歩一歩と我々に近づいてきてゐる」と、哲学的に考究してゐる（『日本思想の構造』）。この捉へ方は、まさにかなたからこなたへ「年が寄る」といふ観念が日本人の精神の根柢にある思想である。

②俳文

○舟の上に生涯をうかべ、馬の口をとらへて老いを迎ふるものは　（おくのほそ道、発端）

どちらもこなたからの表現で、対句をなしてゐる。前述の通り、年は寄り来たるものであり、それを受取る立場からは迎へることになる。年を取るとはやはり違った捉へ方である。

○片雲の風にさそはれて、漂泊のおもひやまず、海浜にさすらへて　（同）

この「さすらふ」は四段、下二段活用ともに自動詞で、意味もさまよふ、放浪するで、同じとされる。確かにその通りであるが、これでは活用の特性が出て来ない。その前に「漂泊」と言ひ、同じ意味の語を重ねることがあるだらうか。「いかなる心地してさすらへずらむと思ふに」（かげろふ日記、天禄元年）「京のうちにてさすらへむは例のこと」（更級日記、父の任官）などから考へると、単にさまよひ歩くのではなく、苦しく生活する、生きるといふ広い意味で使はれてゐる。「さすらへ」は下二段活用のエ母音の使役性の語感から、「（わが身を）さすらへ」と他動的な意志の力が感じられる。「片雲の風にさそはれて」はかなたのことで、誘はれた状態のままに、さらに、こなたからかなたへの作用として、身を（人生を）さすらへさせるといふ気息を読み取るべきではないか。わが身を海浜にさまよふままに任せ、流浪するままに従って、といった含みで解するのがよい。この点、四段活用が「さまよい歩くの意で動作性」、下二段活用が「さすらっているの意で状態性」を「表すか」といふ（『新選古語辞典』）説は一つの方向を示してゐる。

○そぞろがみの物につきて、こころをくるはせ…松嶋の月、先づ心にかかりて　（同、松島）

○前途三千里の思ひ胸にふさがりて　（同、旅立ち）

「そぞろがみ」「松嶋の月」「前途三千里の思ひ」が、かなたから作者の心に迫って来る。それは坑しがたいほどで、作者はそのまま受止めるしかない。そのどうしやうもない思ひはこなたとして、例へば「心にかけ」「胸にふさぎ」とは表すことができない。ここは意志を越えた自然のはたらきまでを言ってゐる。

○痩骨の肩にかかれる物、まづ苦しむ　（同、草加）

この「苦しむ」の主体は何か。「前後の動詞の主語はいずれも『予』であるから、荷物に自分が苦しむ」（全集）と解するのが通説である。しかし、今まで見て来たやうに、主語をかなた側で表して、変化をつけてゐること、「肩にかかれる物」の重さをかなたからこなたへのものとして全身で受止めるのは冒頭からの発想にあることから、苦しめると他動的な表現と解するのがよい、この後に、「紙子《かみこ》一衣《いちえ》…路頭の煩ひとなれるこそわりなけれ」と、やはりかなたとして、道中の苦労を述懐してゐる。これらは主語が何かといふ問題でなく、旅立ちに当っての作者の不安な心境から、苦労の種になるものを主に捉へて、自分の心身に振りかかる重みと苦しみを表してゐるのである。

○心もとなき日数重なるままに、白河の関にかかりて、旅心定まりぬ。（同、白河の関）

やはりかなたとして描く。自己の計らひは捨て、自然に任せ、運行のままに旅を続けてゐるのであらう。ここが陸奥への入口であり、作者自身、旅人らしい心境に達し、落着いてきたのである。

○これ、庄司が旧館なり。麓に大手の跡など…涙を落とし…一家《いっけ》の石碑を残す。中にも、ふたりの嫁がしるし…袂をぬらしぬ。…茶を乞へば、ここに義経の太刀、弁慶が笈をとどめて什物《じふもつ》とす。

笈も太刀も五月に飾れ紙幟《かみのぼり》　（同、飯塚）

義経に従って戦死した佐藤継信・忠信兄弟の遺蹟を訪れて、作者の感慨は頂点に達した。それはこなたによる表現を次々と重ねていく文体によく表れてゐる。寺の処置を表面に表現せず、目に見えない全体者に位置づけて、主観的、主情的に思ひ入れを十分に込めて、自分の行動を対象に没入する。筆は抑へ気味であるが、深い悲しみを堪へてゐる。そのことは発句で、「五月に飾れ」と命令形を用ゐてゐることからも理解できる。これは命令といふより希望であり、寺（全体者）に問ひ掛けながら、自分自身の内面にも問ひ、自らもそのやうにしようと言ひ聞かせてゐるのである。

（二）「こなた」から「かなた」へ

（1）自然現象との関はり

①発句

○五月雨を集めて早し最上川　（おくのほそ道、最上川）
この句の眼目は「集めて」にある。普通の感覚なら「五月雨の集まり」であらう。これはかなたの表現で、作者と関はることのない、ひとごとの世界である。しかし、「五月雨を集めて」とすることにより、わがこととして生彩を放ってくる。五月雨を集めるのは最上川そのものである。雄大で力強い川のはたらきが梅雨の雨量を一点に集めるかのやうである。「早し」の主体もやはり最上川であり、この句全体がその迫力を満たせてゐる。初案は「五月雨を集めてすずし最上川」（真蹟懐紙）であったが、「すずし」と感じるのは作者であり句の勢ひが寸断される。もとより最上川に雨が降り注いでゐるのであるが、その自然現象をあたかも最上川が引きつけて集めたかのやうに捉へて表現する。客観的な現象、事態を、視点を移して、それを受入れる自然のはたらき、意欲として捉へた。かなたの実現を表すのにこなたの力、意志作用として主体が捉へて表現したところにこの句の独自性がある。

○暑き日を海に入れたり最上川　（同）
「暑き日」は、暑い太陽、暑い一日、また両方を兼ねると諸説あるが、いづれにしても、この句の中心は「入れたり」である。前句と同じく、海に入れるのは最上川である。それほどの大きな川の力を表すのに「入りたり」といふ自動的表現では足らず、「入れたり」といふ他動的表現で表すしかない。単にかなたの世界に止ることなく、こなたからの力の作用がかなたに及んでいくのである。一種の擬人的表現であるが、川をまるで人と同じほどの意志を持つと把んでゐる。これと相似た発想の歌が「あかなくにまだきも月の隠るるか山の端逃げて入れずもあらなむ」（古今集八八四。伊勢物語八二）である。山の端に対して月を入れないでほしいと望んでゐる。これは知的な諸謔が主で、単なる擬人法で済むが、発句の場合はそれ以上に大自然の迫力ある意志力を詠み込んだものである。このやうな力強い最上川を受入れる日本海の広大さまでが伝はってくるほどである。

○五月雨の降り残してや光堂　（同、平泉）

平泉の中尊寺でのこの句の初案は「五月雨や年々《としどし》降りて五百たび」で、次いで「降るも」に改め、さらに本句になった。ここで問題は、「降る」と「降り残す」の捉へ方の違ひといふことになる。「降る」はかなたのことで、客観的にも自然を詠むだけである。一方、「降り残す」は五月雨が意図的にこの光堂だけ降らなかった、といふ自然の人間的な情を看取したのである。それは同時に、五百年の風雨をしのいで今に至る光堂への讃嘆の心がある。初五と下五の、「五月雨」と「光堂」の二つに焦点を置き、中七の「降り残してや」の「や」で断切して感動を漂はす切字の妙を味はふべきである。かなたの光景を詠みながら、その底にあるこなたの意力に思ひ到ってゐる。

○有難や雪をかをらす南谷　（同、出羽三山）

羽黒山神社に至る途中の南谷にはまだ雪が少し残ってゐる。暑い盛り、雪の上を通ってきたやうな心地よい風が吹いて来る。この状景を、雪を薫らせるほどの爽やかな薫風と、こなたとしての強い力を捉へて、より霊妙で清浄な霊気が身に沁みる。その気持が「有難や」に響いて、渾然となってゐる。

○春雨や蓬をのばす草の道　（草之道）

単純に言へば「蓬をのばす」は蓬がのびるであり、「草の道」が蓬をのばすのであらう。しかし、ここで、こなた・かなた論から考究しなければならない。「春雨や」は「や」の切字によって全体を覆ってゐる。しとしとと降り続く春雨によって蓬は高く生長してゐる。その草の道がはるかに続く。蓬を伸ばすのは春雨であり、さらには春が蘇り、その生命の力が伸ばしていくのである。かなただけが伸びるのではその勢ひがない。生命を伸ばす根源の力が、こなたへと作用するのである。さらに言へば、そのやうに春雨の現象を捉へる作者自身の心までが蓬を伸ばさうと心の内に感じてゐる。かなたの力を感じた作者自身もその目で蓬を見てゐるのであり、この句全体に優しい情が漂ふのはそのためでもある。

○まゆはきを俤にして紅粉《べに》の花　（おくのほそ道、尾花沢）

尾花沢から立石寺への道の途中、畑に紅花が咲いてゐる。それは女性の化粧の眉掃きを思ひ浮ばせるやうである。紅花の色、形、言葉から、女性の化粧へと連想が広がっていった。それは作者の感情の動きによるが、さうは言はずに、紅花から見てそのやうにして咲いてゐると捉へた。前句のやさしさとともに、艶っぽいなまめかさを感じさせる。作者自身の主動ではなく、紅花のこなたとしての立場からそのやうに思はせ、感じさせる。といふことは、作者に思はれ、感じられるのであり、ここに抑制した静けさがある。

○うぐひすの笠おとしたる椿かな　（猿蓑）

鶯が梅の花でなく、椿の枝に飛んで来て、枝渡りしてゐる時、たまたま椿の花が地面に落ちた。それをあたかも鶯が自らの意思で落したやうに捉へたところが着眼点で、俳諧的である。一句の題は「椿」であるが、その感興は上五中七にあり、鶯のこなたからの作用として表現するところに、この句が生き生きとして、動きが出てくることになる。従って、椿は既に落ちてゐたのではなく、今、落ちたのである。また、「笠おつる」では平凡な風景に終ってしまふであらう。

○　桟《かけはし》や命をからむつたかづら　（更科紀行）

木曽街道の天下の難所に桟がかかり、そこに蔦葛が絡みついてゐる。蔦が命を絡ませてゐると、かなたのことをこなたとして捉へたところが中心である。蔦が自身の命を桟に絡ませてゐると、作者は蔦の心意を把まうとした。といふことはその根本に、行く人の命を蔦が絡ませてゐる、つまり桟を渡る人の心も蔦と同じやうに危いものであると捉へる気息が漂ふ。これは客観描写ではなく、作者自身の主観的な心情を蔦に托して表したのである。

○七夕や秋をさだむる夜のはじめ　（笈日記）

七夕祭を迎へ、すっかり秋らしくなった。「秋をさだむる」のは誰といふほどでもない全体者、即ち、気候、季節を司どる天であり、自然の存在と運行である。従って、ここを仮に「秋のさだまる」と、かなたとして表すこともできる。それを敢へてこなたから他動的に表現するところに、作者の趣意がある。立秋も過ぎ、七夕の夜になって冷やりとした秋気を感じ取り、いよいよ秋に入ったと心に定めたのである。このことから「秋をさだむる」主体は作者自身でもある。

○月はやし梢は雨を持ちながら　（真蹟懐紙）

明け方の空に月が渡り、木の梢に雨の雫が溜ってゐる。梢が「雨を持」つと捉へたところが主眼である。もとより梢にその意図はない。しかし、雨の降った後の爽やかな朝の空気の中で、梢も生き返ったやうに新鮮、清新に輝く生命の力を感じたのである。単に擬人法と言ふだけでは足りない、こなたからの作用と読み取るべきである。

○五月雨は滝降りうづむみかさかな　（曽良書留）

五月雨が降り続き、水嵩《みかさ》が増して、滝を埋めるほどになってゐることだらうと想像してゐる。滝うづめらるると表せばかなたにおける受動的な表現であるが、それを五月雨が自ら滝を降り埋めると捉へて、力強く表した。作者は自然現象の根柢にある原力に目を注いで、表現に向はうとする。

○年々や桜をこやす花のちり　（蕉翁句集草稿）

桜の花が散り、それが桜の肥やしとして、大きくさせる。「肥やす」は「肥ゆ」の未然形「こや」が情態言として、他動性の接尾辞「す」についたものである。一般的には「こやしとなり」（全集）と解するしかないが、これでは「す」の意義を生かしてゐない。作者の趣意から言へば、「肥ゆ」やうにさせる、桜を太らせ生長させると考へるべきである。ここでも、自然の根本にある生き抜く力をこなた側から捉へようとしてゐる。

○作りなす庭をいさむる時雨かな　（真蹟懐紙）

うまく作った庭に時雨が降って来て、生気を与へ、元気づけてゐる。雨が降りかかり、作りなした庭全体に生き生きとした生命力を与へるといふ捉へ方である。単なる隠喩を越えた、こなたに立ち返った上での独自の発想であり、これが芭蕉の句風の重要な要素を占めてゐることを認識しなければならない。

②俳文

○抑《そもそも》事ふりにたれど松嶋は…東南より海を入れて…浙江の潮をたたふ。嶋々の数を尽して…枝葉汐風に吹きたわめて、屈曲おのづからためたるがごとし。（おくのほそ道、松島）

松島の自然の美を筆を尽して描写してゐる。「海を入れて」「数を尽して」は客観的な自然現象としては海が入り込んでゐる状態、島々が数多く点在してゐる様子である。その描写を上代のやうにそのまま目に見えるままに言ふのではなく、松島が自ら能動的に海を入れ、多くの島を点在させてゐると、自然が対象に作用し、行動してゐると捉へたのである。次の「吹きたわめて」「ためたる」も松の枝葉を吹き曲げ、枝ぶりもうまく曲げ整へてゐると捉へる。それらは実際には吹き曲げられ、曲げ整へられてゐるのに、受動的な弱い表現をせずに、ことさら力強く言はうとした。この筆法は一般的に漢文訓読調を摸したと言はれるが、今まで述べてきた芭蕉の文体の特色から言へば、かなたのことを表すのに、その根源にあるこなたの力の勢ひを感じ取って、意識して他動的に表したと解すべきである。その根本の作用と言へば、この後に出てくる「千早振る神の昔、大山祇《おほやまづみ》のなせるわざ」であり「造化の天工」なのである。この神のはたらきを表面に出さず、全体者たる何かがそのやうにさせてゐるといふ認識で、意図的にこなたによる表現をしたのである。

○月、海に移りて、昼の眺めまた改む。（同）

昼に眺めた風景が夜になって変化したことを言ふ。この主体は何か。素直に文脈を辿れば月であり、月が昼の眺めを改めたと解することができる。これに対して、「改まる」の意味だが引締めて「改む」とした「漢文訓読語法による」と考へる説がある（大系、角川文庫）。しかし、この作品全体の表現方法からすると、これはこなたの根源から発想して、かなたの実現をめざしたもので、今までと同じく、月の光の美しさが夜の眺めを昼と違った情趣に照らし出したと解釈すべきであらう。漢文調を真似るといった外面的、技巧的、また結果的なものではない。それ以前に、なぜこの場面で漢文訓読の語法を用ゐたかを説明しなければならないのである。

なほ、前項のすぐ後に、「ふすもの（島）は波にはらばふ。あるは二重《ふたへ》にかさなり、三重に畳みて、左にわかれ、右につらなる」といふやうに、客体的なかなたの表現が続いてゐるところもあり、内容に応じて変化をつけてゐる。

○経堂は三将の像を残し、光堂は三代の棺を納め、三尊の仏を安置す。七宝散り失せて、珠の扉風に破れ、金《こがね》の柱霜雪《さうせつ》に朽ちて、既に頽廃空虚の叢《くさむら》となるべきを…　（同、平泉）

普通の表現なら自動詞、あるいは受身の表現にするところを他動詞を使ひ、こなたから表してゐる。「残し、納め、安置す」の主体はことさら表す必要のない全体者であり、そのために自動的、受動的な表現も可能になる。これに続く文はかなたによる表現である。まづ、こなたで始り、かなたに変る描写であり、その逆はない。書き始めの時は改まって厳粛な気分になり、意識的に意欲を高めるのであらう。

○山上の堂に登る。岩に巌《いはほ》を重ねて山とし、松栢年旧《ふ》り、土石老いて苔滑らかに、岩上《がんしやう》の院々扉を閉ぢて物の音聞えず。　（同、立石寺）

やはり最初はこなたから叙して、かなたに及ぶ。岩の重なった峻嶮な山であることを言ふにはそのやうにならしめた根本の力から説き起す必要がある。これに続く、松栢の古さ、土や石につく苔の描写は一転してやさしく、客観的になる。作者は表現方法の使ひ分けを十分に考へてゐたのであらう。

○江山水陸の風光、数を尽して、今、象潟に方寸を責む。…山を越え、磯を伝ひ、いさごを踏みて…蜑《あま》の苫屋《とまや》に膝を入れて…　（同、象潟）

象潟の章の初めは前の飯塚（飯坂）と同じく、こなたによる表現を畳み込み、気分を高揚させてゐる。この後、

○桜の老い木、西行法師の記念《かたみ》を残す。…南に鳥海、天を支へ…西はむやむやの関、道を限り、東に堤を築きて

…海、北にかまへて…寂しさに悲しびを加へて、地勢、魂を悩ますに似たり　（同）

寺の方丈から東西南北の眺めを、こなたの自然の作用によりかなたが出現したとばかりに、力強く筆を進めていく。その筆力が余って、象潟の寂しく悲しい土地の有様が「魂を悩ます」と極点に到った。これらの表現は次節で述べる、かなたからこなたへの作用による、こなたの心情を表す表現に関はる。作者のこなたなる主情的な感慨が自然に及び、反射的に今度は自然が情を持つかのごとく作者にはたらきかけて感情を揺さぶるといふ構造である。

○奇石さまざまに、古松植ゑならべて、萱ぶきの小堂、岩の上に造りかけて、殊勝の土地なり。　（同、那谷）

那谷寺で、古い松が並んで植わってゐて、小さいお堂が岩の上にもたれるやうに造られてゐることを、やはりこなたからの他動のはたらきを主にして描いた。そこに、寺側の主体的な努力の跡を見ることができよう。

○抑御膳《おもの》の浦は、勢多、唐崎を左右のごとくし、海を抱きて、三上山に向ふ。…海は…松のひびき波をしらぶ。日枝の山、比良の高根をなゝめに見て、音羽、石山を肩のあたりになむ置けり。長柄《ながら》の花を髪にかざして、鏡山は月をよそふ。　（洒落堂《しやらくだう》記）

滋賀の膳所の浦から多方面に眺め渡した地勢を擬人表現をたくみに使ひ、人間が相対してゐるかのやうに美文調で描いてゐる。このやうに、芭蕉は事改めて風景の美を書き起さうとする時に、気合を入れ、構へて、こなたから見て、そのこなたの妙なる作用を主にして、かなたの風景を総括的に展開していく叙法を使ふことが多い。従来の、漢文訓読調によるとか、他動詞を自動詞的に使ったとかいふ解釈は一面的、表面的、かつ便宜的な考へ方である。

○よもぎ、根笹軒を囲み、屋根もり壁落ちて、狐狸ふしどを得たり。…南薫峰よりおろし、北風《ほくふう》海を浸して涼し。日枝の山、比良の高根より、辛崎の松は霞こめて…　（幻住庵記。猿蓑）

北風、海を浸すといふことを裏から言へば、海が、北風によって浸されるといふことである。こなたよりかなたへの作用を表すことは、かなたがこなたの作用を受けることになる。他動と受動のどちらに視点を置いて、焦点を定めるかといふのが、こなた・かなた論の基本である。自動詞、他動詞論とは違った観点から文法的に解釈しようといふ立場なのである。ここでも事改めて、こなたの他動表現を重ねて力を込めてゐる。

○（邸宅の）地は山の頂きに支へて、亭は東南を向ひて立てり、奇峰乱山かたちをあらそひ…美景たくみを尽す。造化の功の大いなること、また楽しからずや。（秋鴉《しうあ》主人の佳景に対す。曽良書留）

前項と同じ筆法で、松島の描写にも通ってゐる。「支へて」は、唱歌「箱根八里」（鳥居忱）の「万丈の山　千仞の谷　前に聳え後《しりへ》に支ふ」の「支ふ」と相似てゐる。「東南を向ひて」は「東南に向ひて」「東南を向いて」と比べて、主人の趣向を強く示す。また、ここで、「造化の功」と言ってゐることに注意すべきで、松島の条の「造化の天工」と同じ意味である。上来、説明してきたこなたの根源に立ってかなたに及ぶ発想は、「造化の天工、功」の作用と芭蕉が認識してゐたことがこれによって確認できる。

（2）人との関はり（発句）

○蔦植ゑて竹四五本のあらしかな　（野ざらし紀行）

「閑人の茅舎をとひて」と前書があるやうに、蔦を這ひかからせ、四五本の竹が風に揺れてゐる風景に迎へられ、主人の風雅な心を讃へる。ここで、「蔦植ゑて」は主人の動作で、そのこなたの立場に立って表現してゐる。従って、「蔦を植ゑてあって」と考へるべきであり、「蔦が植ゑてあって」とかなたに傾いた解釈（大系）は不十分である。とは云へ、ここの主体は個人を超えて全体者でもよく、「蔦が植わってゐて」と自動詞的な状態を表すと解してもよい。つまり、こなた性はそれほど強くなく、かなたの状態に傾きつつある。

○芋植ゑて門《かど》は葎の若葉かな　（笈日記）

句会が開かれた草庵の、畑には芋を植ゑてあり、門には葎の若葉が繁ってゐる。この「芋植ゑて」も前句と同じく、「芋を植ゑてあって」と解すべく、「芋が」と解する（全集）のは現代的な捉へ方である。ここはやはり庵の主人の風流な心をこなたとして主人の意趣に沿って捉へてゐる。前に触れたやうに「月入れたる槙の戸口、けしきばかり押しあけたり」（源氏物語、明石）の「入れたる」「押しあけたり」のやうな主体の強い意図を読み込まなければならない。ただ、この二句はそれほど強いものでなく、「芋を植ゑてあり」の「てあり」のやうに、さういふ状態をやや客観的に表してゐる。この「て」を文法的に説明すると、「時間的あるいは論理的順序や、結果が状態として下句を修飾する状態修飾の意が強い」（『小学館古語大辞典』）といふことになる。なほ、「ばせを植ゑてまづにくむ荻の二葉かな」（続深川集）は、芭蕉を植ゑ、その近くに風を待つ荻の双葉が出始めた、その生長に風が気になることを詠む。ここの「植ゑて」は「にくむ」とともに、ただ、こなたとして表してゐて、その世界に止ってゐる。標題の句でこなたからかなたへと視点の移動を示してゐることは、下五の「若葉かな」と呼応してゐることにより理解される。

○田一枚植ゑて立ち去る柳かな　（おくのほそ道、殺生石・遊行柳）

この句の主語について諸説がある。簡潔に要約すると、植ゑるのは早乙女か作者か幻想の中でか、立去るのは早乙女か作者か、また、植ゑて立ち去ったのは柳の精霊か柳になりきった作者かなど論議が絶えない。ここは特別にあまり複雑化して難しく考へる必要はなく、前の二句の「植ゑて」と同じやうに解釈していいのではないか。かつて西行は当地に来て「道の辺に清水流るる柳蔭しばしとてこそ立ちどまりつれ」（新古今集二六二）と詠んだ。これに倣って芭蕉も「けふ此柳のかげにこそ立ち寄」った。早乙女が一枚の田を植ゑてあって、つまり植ゑ終ってゐてと、「て」を自動詞的な状態と解する。早乙女のこなたとしての動作は全体者に転じ、田は植わってゐて、かなたの状態になった。そこで、作者も「立ちどまる」「立ち寄る」から次の「立ち去る」への行動に移ったのである。なほ、前二句では中七、下五が周囲の状景を詠み、初五の「植ゑて」の主体との文脈の流れは自然である。一方、この句は初五と中七の主語が転換してゐることで、やや理解しにくくなったのであらう。しかし、芭蕉の句が「て」の「上下で主格が転換する」（全集）ことはよくある（後述）。この句の解釈の主眼は前述の接続助詞「て」の本義を把むことと、こなた、かなたの視点の移動である。

○人に家を買はせて我は年忘れ　（猿蓑）

弟子の新しい家で忘年会を開き、新年を迎へることができることを冗談めかして挨拶句として詠んだ。家を新しく購入したのは弟子であるが、まるで自分が弟子に買はせた、買ってもらったやうな気分で、満足してゐる。こちらが買はせたやうな形になって、実際はあちらが買って、かなたが実現したのである。門下生だからこそかういふ言ひ方ができ、それだけ親しみを感じてゐるのである。

○清滝の水汲ませてやところてん　（泊船集）

中七が「汲みよせて」とするのもある（笈日記）。水を汲んでところてんを冷やしたのは主人であるが、作者はその感謝のあまり、自ら水を汲むやうにさせたと、そのもてなしを喜んでをり、前句と構造は同じである。この種の表現は前述したやうに現代でも「子供を死なせた」と悲しむ親の表現にまで続く、日本人の根本的な発想である。

○春雨や簑吹きかへす川柳　（裸麦）

「簑吹きかへす」のは風か柳か、難解な句である。文構造から言へば柳であるが、風が柳を吹きかへし、その柳によって簑があふられてゐるとするのが穏当な解釈である。風が吹き、柳が簑の人に揺れ動くことによって、簑が裏にかへされるといふ趣向で、やはりこなたの力が及んで、かなたの状態的な描写になってゐる。

○さみだれの空吹き落せ大井川　（有磯海）

大井川が増水し、島田宿で留められた。「吹き落せ」の呼びかけが川へか、風へか説があり、また、大井川に吹き落せとする解釈もある。先述の「暑き日を海に入れたり最上川」を参考にすると、大井川の急激な流れの力で梅雨空を吹き落せと呼びかけたと取れる。一方、前項の句から言へば、風が川の流れをより強くさせる、また、川が風の力を借りてとも考へられる。いづれにしても中心は大井川の激しい流れであり、「豪快な感じの句」（潁原退蔵『俳句評釋』）である。風の強さは当然のことなので、とりわけ大井川の迫力ある力をこなたから捉へて、呼びかけたと解するのが順当であらう。

○夜着《よぎ》ひとつ祈り出だして旅寝かな　（真蹟懐紙）

冬に三河の鳳来寺に参詣する途次、麓の宿坊に泊った時、夜具を出してもらひ、もてなしを受けた。夜具を揃へたのは庵主であるが、その親切さに感謝して、本尊の薬師如来に祈り、その法力で出てきたほどである、と機智をきかせて挨拶句とした。こなたの念の作用がその通り実現したのである。なほ、この前書に「一とせ芭蕉此山にのぼりて日をくれ…」とある。この「日をくれ」は「日が暮れて」（『芭蕉全句集』）と意味が違ってゐて、しかも一般的な言ひ方でない。「煙立つ春の日暮《ひぐらし》」（萬葉集三二二四）の「日暮らし」は日を暮らすといふ状態でといふ意味で、一日中のことである。「日を暮る」は日を暮らすが本義で、このこなたによる表現がかなたに転じて、日が暮れるといふ状態的な意味になったのであらう。つまり、日を暮れさせることは結果として日が暮れることになるわけである。

○たふとがる涙や染めて散る紅葉　（笈日記）

寺の境内の色づいた紅葉が散るさまを、信者の一途な信仰心が涙になって葉を赤く染めたのだらうかと感じ取る。事実は自然現象であっても衆生の信仰の赤き真心が赤く染めたと、信仰の深さを讃へた。「たふとがる」は「たふとむ」でも「たふとかる」（形容詞）でもない。「がる」はそのやうに行為する、態度にさせるといふ意味で、積極性がある。ここに、こなたとしての強い信仰の力がある。単なる比喩表現でなく、人の心がそのやうに現出させる力があると、こなたとしての作用の強さを詠んだのである。なほ、「涙や染めて」を対格に取り、「有難さにこぼす涙を…紅葉があかく染める」と解する説がある（大系、芭蕉句集）。この場合、紅葉にこなたの作用を見ることになるが、「たふとがる涙」を初めに置いて、これを主題にしての感動であるので、前者の解釈が適切であらう。

○花みな枯れて哀れをこぼす草の種　（ひとつ松）

八重葎が枯れ、その種が地にこぼれてゐるさまである。種をこぼすのは草であり、それがまるで哀れそのものをこぼしてゐるやうに感じた。実際は種がこぼれるのであるが、あたかも草自身の意志で種をこぼしたやうだと、余計に哀れさが身に沁みる。草にその力を感じ取り、擬人的に表現し、その健気さ、はかなさを見て取ったのである。植物の自然の相がそれを見る人間に関はって感慨を催させる。それはひとへに「哀れをこぼす」と、こなたの意識として捉へた志向にもとづくのである。

○秋の夜を打崩したる咄かな　（笈日記）

「雨もそぼ降りて静なれば」と前書がある。静寂な秋の夜、その暗い雰囲気を払ひのけるやうに、人々が明るく楽しさうに語り合ってゐる。「秋の夜の打崩さるる」ではかなたの表現で、一座の人々の熱気が感じられない。ここは人々の熱く和やかな心が部屋に満ちて、秋の夜を明るくにぎやかにした。それを「打崩したる」と力強く表現し、こなたによる作用によって、かなたに実現した一座の雰囲気を伝へようとしたのである。

(三)「かなた」から「こなた」へ

(1) 自然現象との関はり（発句）

○山も庭も動き入るるや夏座敷　（ゆきまるげ）

「動き入るるや」の主体は「山、庭」である。初五が「山も庭に」（曽良書留）といふ形もあり、その場合は

「山」が主体となる。山も庭もかなたから夏座敷に迫り、入って来るほどの夏の力強い生命力の溢れた自然の勢ひを感じてゐる。これが、かなたからの作用がこなたにはたらき、こなたの世界に実現するといふ発想なのである。この発句は前述の「秋鴉主人の佳景に対す」にあり、「造化の功」の根源より発する勢ひを強い筆勢で叙してゐる。両者相俟って、大自然に籠り蓄へられた活力を読み取るべきである。ただ、この表現は「堂の前に立てたれば、山もさらに堂の前に動き出でたるやうになむ見えける…〈歌〉山のみな移りてけふにあふことは…」（伊勢物語七七）に拠るといふ説もあり、芭蕉独自のものではない。また、「中七字文法上ねぢれてゐるが…或は『動き入る也』かも知れず」（幸田露伴『続々芭蕉俳句研究』）と考へ、動き入るといふ他動詞でなく、動き入るといふ自動詞と解する説もある。しかし、芭蕉に限らず、こなた、かなたの発想による表現を追究すればこの種の表現は国語らしい語法として定着してゐる。芭蕉は決して破格の文法により表現しようとしたのではない。

○清滝や波に散り込む青松葉　（芭蕉翁追善之日記）

青い松葉が清滝の川波に散り込んでゐる風景であるが、夏に松葉が落ちることはないので、実景でなく、「川の清涼感を盛り込もうとした主観句」で「作者の心象風景」（全集）とされる。生命感の満ちた常緑の松葉の凛々しさ、鋭さの内に込めた力の発露をかなたからこなたへ、それはまた自分自身へ植物の生命力が「散り込む」と感じ取ったのであらうか。この句は原句の「清滝や浪に塵なき夏の月」が「しら菊の目にたてて見る塵もなし」と紛はしいとして、臨終三日前に改作したとされてゐる。そこに何か意味を読み取らうとしたのが、右の私案である。

○四方《しはう》より花吹き入れてにほの波　（白馬）

洒落堂から琵琶湖を望むと、桜が満開で、花びらが湖に吹き入れてゐる。「吹き入りて」ではこなたの表現で、狭く小さい。それを「吹き入れて」と桜自身の精霊がかなたから花びらを散らしめてゐるかのごとく捉へて、そこに生命の強い息吹を感じ取ったのである。広く、大きく、はなやかな美しさが漂ふ。

○咲き乱す桃の中より初桜　（芳里《はり》袋）

「咲き乱す」は普通なら「咲き乱るる」であるが、その桃の中に混って、初桜が咲き出してゐる。「咲き乱す」は何かがそのやうにさせるのである。そのかなたからの作用は桃の中に存在してゐる生命体であらう。その力強さをこのやうに表したのであり、「咲き乱るる」では単にかなたの静態的で平凡な描写で終ってしまふ。泊船集に「『いづれの集か、咲みだすとありぬ』と注記し、上五を『最中の』の形で提出」（全集）とあるのは、「咲き乱す」の表現意図が分りにくくなったからと思はれる。現代語で言ひ表すのは難しく、今を盛りと「咲きほこる」（同）が適当であらう。

○六月《ろくぐわつ》や峯に雲置くあらし山　（句兄弟）

峰の上に雲が置いてゐる、つまり、嵐山の上に雲が位置を占めて立ってゐる風景である。白い入道雲がむくむくと空に伸び、山の上に重くかぶさってゐる力強さがよく出てゐる。それはまさに雲が自らの身をそのやうにさせてゐると、人間と同じやうな有意志を感じ取ったからである。

○名月や門《もん》に指し来る潮頭《しほがしら》　（三日月日記）

草庵に満ち潮が寄せて来て、その波頭が折からの満月の光に輝いてゐる。「指し来る」は波がこちらに寄せて来ることである。かなたからの自然の作用がこなたに及んでくる。その他動性表現から、生き生きした力強い満潮のうねりが躍動してゐる。

○闇の夜や巣をまどはしてなく千鳥　（猿蓑）

先に取り上げた「初霜の置きまどはせる白菊の花」（古今集二七七）「宿まどはして嘆く旅人」（宇津保物語、俊蔭）と同じ発想による表現である。暗い夜に千鳥がしきりに鳴いてゐるのは巣を見失って迷ってゐるのかと想像する。「巣をまどはして」とは巣がどこにあるか分らなくさせて、巣の在処を見失はせて、といふ意味で、かなたからの作用によりこなたにそのやうにさせたといふ捉へ方である。文法的に言へば、「闇の夜」による他動的表現が「千鳥」による自動的表現に転じたのであり、こなた・かなた論で言へば、かなたの作用により、こなたに実現させられたといふことである。「夕されば佐保の河原の河霜に友まどはせる千鳥しば鳴く」（拾遺集巻四）と同じ発想で、友を見失はせた、友をはぐらせてしまったと表して、転じて、友を見失った、友とはぐれてしまったことを意味するといふ表現法なのである。前者はかなたが主、後者はこなたが主と、観点の置き方の相違による。

○荒海や佐渡に横たふ天の河　（おくのほそ道、越後路）

この「横たふ」について諸説あり、「横たはる」と自動詞ととるか、「横たへる」と他動詞ととるかである。前者は「横たふ」は文法的には「横たはる」であるべきと認めながら、1、「横たふ」を自動詞に使った例がこの時代にあり、他動詞の自動詞的な用法である。2、語調を重んじ、「横たふ」と引締めて、力強さを出さうとした。3、漢文訓読の影響で、「状態を表わす語で表現すべきところを作用語によむ」（大系『芭蕉文集』）、といふのが根拠になってゐる。現在、これが通説であるが、後者の他動詞説の代表は次の森重敏説である。「主語に対する客語が、主語自身である場合」、「個別者から全体者へという主語の転換が行なわれており、かつ、それと主語の消去が同時的である」。「天の川がおのれ自身を横たえる。」といふ意味で、「主語の意志的な動作が主語の自発的な作用に転換し、それだけその主述関係による文の意味内容が、話手の主観とは距離のある客観的意味をもつ表現となる」（『日本文法通論』）。

では、ここでこなた・かなた論を森重説を援用しながら説明しよう。荒海のたける遠くに天の川が佐渡が島にかけて大きく横たはってゐる。これは客観的で、かなたの風景である。作者はこの雄大、雄勁な天の川に大いなる意志を感じ取り、その力強い力が自らを佐渡が島に掛けてゐると捉へた。かなたの根本にある自然の活力が発動し、こなた自身の作用として実現した。これは今まで述べてきた、かなたからこなたへのはたらきと変ることのない構造である。「天の川がおのれ自身を横たへ」、その結果、「横たはってゐる」のである。この際、誰が横たへたかといふ個々の具体的な「個別者」の主語は問題ではなく、この世界を覆ふ「全体者」たる、かなたにある自然の動きが横たへてゐることになる。それは場面全体を司どってゐるために、「客観的」、一般的な表現に昇華され、それによりみづから横たはってゐることになるのである。

○ほととぎす声や横たふ水の上　（藤の実）

ほととぎすの鳴き声が、去って行った後も、水の上に「横たふ」やうである。この「横たふ」も前句と同じく論議があり、「水の上に、ひろがり、たゆたって、声が横たわっているようだ」（全集）とするのが通説である。しかし、この句もやはり先と同じく、かなたからこなたへの作用と見るべきである。ほととぎすが飛び去った後も水の上に声を横たへてゐるほどに、その声は迫力が籠り、激しい。せわしなく鳴いてゐる声ならば、「ひろがり、たゆたって」ゐる感じはないであらう。なほ、この句とは別に「一声《ひとこゑ》の江《え》に横たふやほととぎす」といふ別案もあるが、この句の方が「一声」の力強さがかなたからの方向に適ひ、よりふさはしいと思はれる。

（2）人との関はり

①発句

○笠もなき我をしぐるるかこは何と　（あつめ句）
○人々をしぐれよやどは寒くとも　（蕉翁全伝）
○草枕犬もしぐるるか夜の声　（野ざらし紀行）

第一句は「みちのほとりにてしぐれにあひて」と前書があるやうに、笠も持ってゐない自分に急に時雨が降ってきた。第二句は句会の途中に時雨が降って来て寒くなったが、集まってきた人々のために風趣を高めてほしいと願ふ。この二句で、本来は「に」を使ふところに「を」で表してゐる。「を」は直接的に対象を指す助詞で、その強さのため、もともと下二段活用の自動詞である「しぐる」が下二段活用の本来の使役性から「しぐらす」ともいふべく、他動詞的に用ゐられてゐる。このことは前述の「海浜にさすらへて」でも見られたものである。空からの時雨が人に及び、そのかなたからの作用が「我、人々」に迫ってくる。その強さを余裕を持って受止め、むしろそれを楽しんでゐるかのやうに思へる。この「を」について、「もとより『を』のしわざではなくて、『時雨る』といふ動詞の特別の用法によるもの」（山田孝雄『俳諧文法概論』）といふ考へ方があるが、ここでは「を」と「時雨る」とが結合する意味構造から論じてゐる。第三句の「犬も」は「犬にも」ではなく、「犬をも」と考へ、自分だけでなく犬をもしぐらせてゐると解するのが正しい。

○雲をりをり人をやすむる月見かな　（春の日）

雲が時々、月を隠し、月見客に見るのを止めさせ、一息つかさせてゐるといふ趣向である。月が雲に隠れる状景を、雲が人を休めることになると捉へたところが俳諧的である。現実は雲にそのやうな目的はないが、雲を擬人的に扱ひ、まるでかなたの雲の力がこなたの人に思ひやりの心で対してゐるやうだと、雲のはたらきをおもしろく感じ取らうとしてゐる。

②**俳文**

○酒田の余波《なごり》、日を重ねて、北陸道の雲に望む。遥々《えうえう》のおもひ胸をいたましめて…歩行《あゆみ》を改めて…暑湿の労に神《しん》をなやまし…　（おくのほそ道、越後路）

この「遥々のおもひ胸をいたましめて」はかなたから重たく思ひが胸に至って苦しめるのである。かなたからのものをこなたとして胸に厳しく受止めてゐる。次の、「神をなやまし」は、自分の意志で心を苦しめるのではない。何かが作用して悩ませるのである。ここでは「を」を重ねて、身に迫る力を畳み込んで書いてゐる。このころ作者は「病ひおこりて事をしるさず」と書き、省筆もしてゐる。この文脈に合ふやうに、かなたからこなたへの強さを表現しようとしたのである。

○旅懐心をいたましむ。秋の空いくかに成りぬともおぼえず、　（「あかあかと」前書、蕉翁句集）

「旅懐心をいたましむ」は前項と同じ構造で、一体に芭蕉にこの種の表現が多いことに改めて気づく。暑い秋の一日で、日付もわからないほどである。短文ながら苦しい旅であることを示してゐる。

（四）「こなた」「かなた」の発想の転換（発句）

前節で「こなた」「かなた」の総合的表現としたが、発句の短詩形でその表現はあまり見られず、ここではこなた・かなたによる発想が一句の中で転換し、また一体化するといふ表現について考察する。

○一日《ひとひ》〳〵麦あからみて啼く雲雀《ひばり》　（嵯峨日記）

○麦の穂や泪に染めて啼く雲雀　（蕉翁句集草稿）

第二句が初案で、麦の穂が熟れてきて青から赤に色が変ってきたが、雲雀が涙で染めるかのやうに啼いてゐる。泪に染めるのは雲雀であり、そのこなたからの強い意志と捉へた主観的な志向である。それに対して、第一句は麦が赤らむ状態でと、雲雀と麦を切離して、主語を転換させてゐる。かなたの風景を客観的に描き、「一日〳〵」が響き合って時が過ぎ、さうして季が変りゆくのを雲雀が悲しんでゐることを暗示する。

○木枯に岩吹きとがる杉間かな　（笈日記）

奥三河の鳳来寺に参詣した時の作である。「岩吹きとがる」が独特の捉へ方で、まさにこの時に限った一回的な表現である。「とがる」とは、とぐことによってとがった状態になる、とぐことは対象から見ればとがされ、とがることになる。前述したやうに、行為の結果によって、ある状態になることを一語に含めていふ、いはゆる中相（中動態、中間態）である。岩はかなたからの木枯が吹くことを受けて、つまり吹かされ、吹かれ、その結果、とがらされた、つまりとがった結果になる、その相を一語によって表したのである。初五を仮に「木枯が」とすれば「岩吹きとがす」にならう。しかし、これでは単線的なこなたの表現で、分りやすいがおもしろみがなく、しかも、「木枯」が中心になる。ここの主体は「岩」であり、そのために「木枯に」よってと受動的な意味合ひを出し、「吹きとがる」と、能動と受動、他動と自動の中間的な表現になったのであらう。従来、この語法について、「『岩吹きとがる』に妙味がある。文法的には『吹かれとがる』であるべきで、『吹きとがる』は自他混同の難があるが、この場合勿論許容されねばならない」（潁原退蔵『芭蕉俳句新講』）と考へられてゐた。「自他混同」は批評する時によく言はれる言葉であるが、作者の発想に即して自他融合、自他の総合表現と捉へ直して解釈すべきである。

○病雁《やむかり》の夜さむに落ちて旅寝かな　（猿蓑）

前書に「堅田にて」とあり、「堅田の落雁」をきかせ、作者は病中であった。「病雁」をびょうがんと音読する説もある。この句は通説では、中七で切れるとして、雁が急に地に降りてきた。自分もその雁と同じやうに旅寝をしてゐると、主語が転換して、作者は雁に自分の姿を感じ取ってゐるとする。確かにそのやうに解すると、芭蕉のわびしい気分にふさはしく、味はひ深い。しかし、一方、雁が旅寝をしてゐると主語を変へずに解する説もある。

そこで、この句をこなた・かなた論で考へると、次の通りになる。「病雁の夜さむに落ちて」は作者の想像であり、かなたの世界である。「病雁」であらうと思ひめぐらし、そのまま地に臥してゐるであらうさまを「旅寝かな」と客観的に捉へた。「かな」は「かも」が内向的であるのに対し、外向的とされ（『日本文法大辞典』）、また「淡々として傍観者的」で、「治定、大断定」するものである（山本健吉『俳句私見』）。ここでは、かなたにある「病雁」への感動、詠嘆である。そして、この句全体が自分自身に振りかかり、投影され、身に沁みて感じ入ってゐるのである。中七で共感したのではなく下五まで至り、幻視した雁全体の姿がこなたなる自分自身に一体化し、かなたからこなたへ転換したのである。ここに至って、「旅寝」するのは「病雁」から作者へ転換ではなく、移行して重なった。作者が「病雁」になったのである。

〇芋洗ふ女西行ならば歌よまん

（野ざらし紀行）

伊勢路を旅した芭蕉は神路山の南方にあって西行隠栖の跡といはれる西行谷を訪ねる。前書に「西行谷の麓に流れあり。女どもの芋あらふを見るに」とあり、この句を詠んだ。ここは前後の文脈がなく、主語の取り方によって解釈に次の通り三説がある。1、芋洗ふ女に、イ、西行であるなら（大系句集）、ロ、私が西行ならば（同文集）2、芋洗ふ女よ、私が西行ならば（全集）。1説は「芋洗ふ女」を動作が対象に及ぶ与格と考へる。しかし、前書に「女どもの、芋洗ふを見るに」と言っておいて、初五でその対象を「芋洗ふ女」にと再び繰返す必要があらうか。このイ説は西行だったらその西行が詠むだらうと、かなたに置いてひとごとのやうに扱ふ。一方、ロ説は私が西行だったらその私がと、こなたから捉へてゐるが、私が詠まうではやはり意志としては弱い。2説は「芋洗ふ女」よと、呼格に置いてゐるが、同じ語句を重ねて呼びかけるほどのものではなく、それにしては「（我）詠まん」が弱い。「ん」は意志を表すのだらうか。

さて、発句の構造について森重敏は次の通り述べる（『日本文法の諸問題』）。「『古池や』と全体的な情景を詠嘆し、その情景のなかにおいてその情景を主語とする本質的な述語『かはづとびこむ水の音』を情景に内属的なものとして見出しつつ捉えるのが発句の基本である」。そして、この「や」は「は」と同じく係助詞としてのはたらきをすると言ふ。これをもとにして考察すると、発句が初句で切れる場合、それは主体たる主語、主格の位置に定められる。この句では、「芋洗ふ女は」として、主題として提示される。あるいは「芋洗ふ女や」と切字にしてもよく、この句の主人公を女とするのである。だからこそ、主題の人物として改めて示した意味がある。次に、この初五が「西行ならば歌よまむ」といふ述部全体に係っていく。従って、「歌よまむ」の主語は「芋洗ふ女」である。「芋洗ふ女」は、相手が「西行ならば」、きっと歌を詠むであらう、しかし、私のやうな相手なら不足であり、残念ながら詠むことはないだらうと解釈したらどうか。「詠まむ」の「む」は意志でなく、推量である。

この句はややおどけながら、西行を尊ぶ気持が込められてゐる。全体としてかなたのものとして捉へながら、自分自身に振返って、こなたにも向けられてゐる。この解釈は西行が江口の君と歌を贈答した説話と決して矛盾しない。この場合はあくまで故事の通り、女と西行との発句のやりとりを想定して言ってゐるのであり、自分が（作者が）といふこなた性はもとよりなく、中心は西行である。なほ、この試解と同じ読み方があり、「もし私（芭蕉）が西行だったら、芋洗う女は私へむけて歌を詠んだろうに」とする（嵐山光三郎『芭蕉の誘惑』）。「私へむけて」が、かなたからこなたへの作用をよくきかせてゐる。これに続いて「其日《そのひ》のかへさ、ある茶屋に立寄りけるに、てふと云ける女、『あが名に発句せよ』と云て」、芭蕉は句を「書付け侍る」。これも江口の君の故事にならったもので、今度は西行でなく芭蕉が句を与へることになった。両者相俟って、西行を意識した旅であり、「芋洗ふ女」と「てふと云ける女」の二人とのやり取りに対応させて解釈すべきである。

○若葉して御目の雫ぬぐはばや　（笈の小文）

奈良の唐招提寺の開山堂に安置されてゐる鑑真和上の盲目の尊像を拝した時の作である。この句に二つの説があり、初五の「若葉して」をどう解釈するかによって決る。それは、「して」を格助詞とし、「若葉で、若葉をもって」、一方、「し」を動詞とし、「あたりは若葉して、若葉したたり」とするかの違ひによる。前者が通説で、その論拠は、「して」を手段、方法に使ふ用例が芭蕉に「松の炭して書き付けはべり」（おくのほそ道、雲巌寺）とあること（ただし、引用であることに注意）、後者なら主語が若葉から作者へと転換して不自然なことの二点である。

ではここで、後者であることの論拠を簡潔に述べ、併せて、こなた・かなた論によって説明を加へていく。

1、別案に初五が「青葉して」とある（笈日記）。「青葉して」なら青葉になって、青葉に満ちて、青葉したたりと自然に意味が取れる。青葉の中での感懐を詠まうとしたことになり、ここに普遍性がある。

2、若葉で顔の涙を拭ふことが現実に可能かどうか。直接的で俗的、即物的で、文学的な表現として成り立つかどうか。それ以前に、若葉を一枚ちぎることにどれだけの意味があるのか。

3、若葉でもってであれば、一句の流れが一直線で平板、単調である。そこに文学的な感動があるかどうか。また、この意であれば「もて」を使ふのが一般的である。

4、境内全体が若葉したたり、まばゆいばかりである。その感動のまま尊像に対面した。堂の中も尊像も今歩いてきた若葉の新鮮な生命の気に満ち、そこに新緑のしたたりを感じ取って尊像を拝したのである。

5、これを構造的に言へば、初句の「若葉して」が主題として全体的に提示され、その内実の述部が「御目の雫ぬぐはばや」である。「若葉して」はいはば「若葉してや」「若葉すや」と同じく、切字と同じはたらきをしてゐる。この句を朗読する時、「若葉して」で小休止を置き、次に中七下五を一息に読むのが自然である。俳諧における「て」には独特の用法がある。

6、これを二句一章論（大須賀乙字）で解釈することもできる。初五は現実の風景であるが、「一種の象徴」として用ゐられ、中七下五の心の中の思ひと対立、止揚されて、「統一的情趣」に総合、統合されるのである。

7、芭蕉以後に「若葉して」を動詞の意に用ゐる例が次の通り見られることは、当代にそのやうに解してゐたこと、芭蕉がその季題を新しく創造して、受継がれていったと考へられる。

若葉して水白く麦黄ばみたり　与謝蕪村
若葉して仏のお顔かくれけり　夏目成美
若葉して男日照りの在所かな　小林一茶

若葉して家ありしとも見えぬかな　正岡子規
若葉して手のひらほどの山の寺　夏目漱石
若葉して籠り勝なる書斎かな　同

8、「若葉して」の、小説と俳句の用例はこのほか次の通り見られる。また、「青葉して」も使はれる。
晩年に至るまでも衰へずに絶えず若葉して止まなかったやうな、その長い春にこもる翁の長所（島崎藤村『夜明け前』）

朴若葉して一山を隠し余る　幡谷東吾
青葉して浅間ヶ嶽のくもりかな　村上鬼城
青葉して針箱の中貝釦《ぼたん》　中山純子
青葉して高きより降る木菟《づく》の糞　栗田純夫
青葉して窯元二つ柿右衛門　瀬戸田白魚子

9、「して」が「によって」と助詞で使はれる句を見出すことができなかった。そもそも「若葉（青葉）によって」といふ手段、方法を表す発想や表現法があるのか。葉をちぎって何か行動を表すことに文学的な意味があるのか。「若葉（青葉）して」と動詞で表すことによって、瑞々しい命が発露する情景を醸し出すことができるのである。

10、以上を踏まへて、こなた・かなた論で考察する。若葉をもってと解するとこなたによる発想で、わがごとだけで終る。これでは一本調子で散文的、句としての広がり、深まりがなく、興趣に欠ける。「若葉したたり」と解することによって、まづ、かなたのひとごとの世界が全体的な情景として示される。次に、そのかなたが作者の心の中に入り、映ずることによって、こなたとして捉へられる。若葉のしたたりが尊像の目に涙の

「雫」のやうに溜ってゐる。それは現実を超えた幻想、幻視の世界、心の内なる世界であり、わがごとの行動となっていく。このやうにかなたがこなたに入り込むことにより、両者が一体化したのである。

最後に、芭蕉の句風としばしば対照される蕪村の発句は本節の主題ではないが、試みに芭蕉の句を念頭に置いて作ったとされるものをいくつか並べ比べて、こなた・かなたの世界を考察し、その相違について簡潔に述べる。

○さみだれを集めて早し最上川　芭蕉
○荒海や佐渡に横たふ天の川　同
　さみだれや大河を前に家二軒　蕪村
○春雨や蓬をのばす草の道　芭蕉
　春雨や小磯の小貝ぬるるほど　蕪村
○若葉して御目の雫ぬぐはばや　芭蕉
　若葉して水白く麦黄ばみたり　蕪村
　不二ひとつうづみ残して若葉かな　同
　絶頂の城たのもしき若葉かな　同
○白露もこぼさぬ萩のうねりかな　芭蕉
　白露や茨《いばら》の刺《はり》にひとつづつ　蕪村
○ゆく春を近江の人と惜しみける　芭蕉
　ゆく春や逡巡として遅ざくら　蕪村
○よく見れば薺《なづな》花咲く垣根かな　芭蕉

妹が垣根さみせん草の花咲きぬ　　蕪村

僅かな例句であるが、これらを通観して次のことが言へる。芭蕉は内面的で、主観的に人生や自然を深く掘り下げ、また両者の関はりを探らうとする。一方、蕪村は外面的で自然を客観的に観察し、内面にまで入らない。写実的で絵画的に詠まうとする。これをこなた・かなた論で言へば、芭蕉はこなたから、あるいは、かなたからの作用の方向、また両者の関はり合ひによる総合的な捉へ方をする。一方、蕪村はほとんどがかなたの世界を表し、かなたとこなたとの関係については注意を払はない。このことから芭蕉の句をこなた・かなたの観点から読み直すことに意義があるのである。

短詩形で、音数の制約もある発句をこなた・かなたの観点で解釈するのは先の歌や文章と比べて、かなりの困難がある。五七五の句で言葉を極限まで削り、言葉足らず、連想が飛躍し、文脈もつかみにくく、解釈がいろいろにできるのもあった。しかし、全体として、芭蕉の句をこのやうに分析して読解することにより、作者の趣意、心意、意図がよりはっきりと理解でき、鑑賞することができる。こなた・かなたの重点の置き方、相関関係は日本人の伝統的な言語表現の基盤を成してゐるのである。

〈動詞索引〉

あ行

〈語句索引〉

〈発句索引〉

あ行

〈俳文語句索引〉

（旅心）定まる　218
（波を）調ぶ　225
（什物と・山と・左右のごとく）す　218 224 225
（方寸を）責む　224

た行

（潮を）湛ふ　223
（屈曲）矯む　223
（物に）付く　217
（数を・巧みを）尽す　223 224 226
（小堂を）造りかく　225
（磯を）伝ふ　224

（扉を）閉づ　224
（笈を）留む　218

な行

（地勢・暑湿）悩ます　225 235
（袂を）濡らす　218
（石碑を・像を・かたみを）残す　218 224 225

は行

（北風）浸す　225
（枝葉）吹き撓む　223

（胸に）塞る　217
（いさごを）踏む　224

ま行

（ななめに）見る　225
（老いを）迎ふ　216
（亭は）向ふ　226

や行

（月を）よそふ　225

わ行

（光堂は）納む　224

附篇

一　国語は日本語か

〔要旨〕平成八年に国語科を「日本語」と改称し、言語技術の教育を中心に押し進めるといふ改革案が民間の国語教育者の会から起った。これと前後して、大学文学部の国語学、国文学を日本語学、日本文学と改める動きが出てきて、徐々に広がりつつある。この風潮は戦後七十年にして国民の国家意識、国民意識が薄れ、国際時代、情報時代に乗って、定着していきさうな勢ひである。そこで、言語の根本に立返って、国語の本質を考察し、言語の教育としての国語教育を推進し、国語の伝統を守る重要性を論じる。以下、その要旨を示す。

(1)国の基盤が揺らぐ時代であるからこそ、歴史、伝統を尊重して自国の独自性、民族性を保たねばならない。(2)言語は表現や伝達・報告だけでなく、理解し思考・認識する重要なはたらきがある。国語科はその点で人間形成に資する。(3)言語の技術面を教へるだけで言葉の教育は全うできない。言葉に関する知識を学び、文章を理解し、表現する能力、また、それに伴ふ思考力を育成することが求められる。さらに、言語意識、言語感覚を養ひ、国語を尊重する態度を育てることである。(4)会話や話し言葉の重視が言はれるが、それ以上に、文章を読み、書く力を高めなければならない。言葉の外面だけを見るのではなく、内的な能力に目を向けるべきである。(5)外来語がますます増え続け、最近は接続語や助辞、また、概念を表す語など、思考の根本となる質にまで入り込んでゐる。日本人の母国語意識は弱化し、わが国の主体性や独立性が衰へてきた。文化を守り、創造していくことは国の成り立つ根幹であり、それは国語の力の涵養によってこそ可能である。(6)以上に加へて、わが国を呼ぶ時にどのやうな言葉を使ふか、その具体的な事例を分類してまとめ、さらに日本人の自己と他者との区別の仕方を国語の面から分析、考察した。日本人の特質や個性は国語の特色と密接に関はり合ってゐる。

（一）

日本言語技術教育学会（会長は学習院大学法学部教授で国際法専攻）といふ団体が平成八年三月に国語科を日本語と改め、言語の技術を中心とする「『国語科』教育の抜本的改革（案）」を発表した。私はその内容が時代に迎合し、長年の国語教育と国語文化の歴史伝統を断ち切ることを憂へ、直ちに反対意見を草し、同会だけでなく文部省・中央教育審議会・国語教育関係者に発送した。しかし、同会は四月に右の案を一部修正し、中教審に「次期学習指導要領改訂へ向けての緊急提言」として提出した。七月の第一次答申では国際化・情報化・科学技術の発展など新しい時代に応じた教育を目指してゐるが、国語教育については右の提言の影響は一往見られない。また、各方面からその浅薄で皮相な点に批判が上ってゐる。それでも、世の流行に乗った新しい動きは価値観や規準が揺れる現在、目を引きつけるだらう。将来に備へて、ここに改めて私見を公表し、同会の誤りを指摘して、あるべき国語教育について提言する。

日本語への改称で済むのか

国語と日本語は同じやうであって、その意味、内容、使ひ方の区別ははっきりしてゐる。国語は自国語、母国語であり、日本語は外国語と比較、対照する意識で使はれる。国語は日本人の言葉に対する意識・感覚、また国民性の表れである。これを狭い島国根性とか非国際的と排してはならない。そこに日本人としての自覚と主体性が存する。我々は外国人の立場と同じやうに言葉を使ってゐるのではなく、それは不可能である。国語学習と外国語学習には越えることのない経験と感情があり、そこに母語たる基底があり得る。しばしば、国語は外国語に翻訳できないと批判されるが、むしろそれは日本語らしさ、日本人たる自己同一性を示してゐる。

国語は近世の国学の伝統を受継ぎ、明治に近代国家として生きる自覚と努力から生れた語である。国際化時代になればこそまづ国の独自性と民族性を持たねばならない。外国に弱く、外来語を簡単に取入れる日本人は国語を捨て、日本語に依るとなれば、同会の言ふ「根無し草的な日本人」になってしまふだらう。「外国人にも間違いなく理解してもらえる『論理的な言語』を使えること」を唱へる前に、日本人としての言葉のあり方を問ひ、もっと根本的に個としての、言語による人間形成を求めなければならない。

同会は自ら言ふ「国際化、情報化といううねり」に惑はされ、言葉を人間から遊離した手段、道具としか考へてゐない。ここに第一の基本的な錯誤がある。

言葉は伝達と表現だけか

同会の最初の案では「コミュニケーションのための言語技術を習得することを主たる目標」としてゐたが、私の指摘により、「論理的な思考力」の「育成」も取入れた。しかし、「話すこと・書くこと・態度に表すことなどの技術の指導がきわめて重要」としてゐることから、本質的には何も変ってゐない。

言葉は単にコミュニケーション（伝達）のみの機能を持つだけではない。確かにその面もあるが、言葉によって考へ、感じるといふ思考、認識の機能があり、これが基本的なものである。これが分ってゐないので「効果的なコミュニケーション能力」の「育成」とか「従来の『受信型』から『発信型』に転換させる必要がある」とか、軽薄なことを言ふ。伝達とは日常生活上だけでなく、心の中での思想、感情をも含む。「発信」の前に、自ら「受信」して知識を高め、能力を養ひ、理解しなければならない。「話すこと、書くこと」だけを言って、「聞くこと、読むこと」には何ら触れてゐない。話す・書く前に、聞く・読むがなければならないのである。

同会は言語技術を強く標榜するあまり、基礎的な言語知識の習得や言語能力の養成、言葉に対する態度の涵養が見失はれる結果になった（なほ、能力と態度は私の批判によりやはり追加されたが、付け焼刃に過ぎない）。国語教育では言語訓練と言語活動が大切であるのに、技術を身につけさせることに捕はれ過ぎてゐる。言葉の機能を伝達といふ面でしか考へてゐないことが第二の根本的な誤りである。

言語の技術が中心か

同会は「日本語」の教育内容を「表現技術・理解技術」と「言語事項」とし、その中心を「言語の技術」に置く。驚くべきことに技術教育しかない。外国語教育を含めて、言葉の教育は技術の教育だけだらうか。言葉や文章を理解し、表現する時に我々は技術のみを使ってゐるのだらうか。言葉による理解・表現と内容に対する理解・表現は一体である。言葉によって思考し、創造し、同時に、理解・表現を通して、言語感覚、言語意識を養ってゐる。言語技術が外面にあるのではなく、言語行為によって、内在する技術が高められ、磨かれていくのである。

同会は思考や認識より伝達を、また、理解より表現を重んじてゐる。しかし、言語の本質から言へば、表現の前提としてまづ理解がある。自己の内面に問ひ掛け、理解してこそ表現ができるのである。伝達の言語、表現の技術を重視してゐる限り、いくら「統合的に指導する」と修正しても、無味乾燥な技術教育に堕してしまふだらう。例へば、その言葉で表された表現意図や意味付けなどには考へも及ばない。そこには、言語主体の内面を通さず、ただ利己的な個の表出しかない。

さらに深刻なことに、言葉による文化、歴史的な視点を全く欠いてゐる。時代を追ふ「日本語」で古典の学習はどうなるのか。古典や古語、文語に繋らない日本語は干からびたものでしかない。

身近な素材が教材か

同会は従来の国語科には「感化主義的・心情主義的色彩」があり、「文学教材の偏重」とするが、これは国語教師の見識や力量、教員養成の教育課程の問題であり、国語科の名称のためではない。根本的には言葉そのものに対する無関心、自国語を軽視する態度に関はる。また「新聞記事、広告コピー、テレビやラジオのニュースなどの身近な素材を教材として積極的に取り入れる」ことを言ふが、これは言葉の一面に過ぎない。大切なことは、技術、伝達のための日本語教育ではなく、言葉の教育としての国語教育、国語教育としての言葉の教育といふことである。

（二）

教育課程審議会の中間まとめが平成九年十一月に発表された。教科の構成は現行通りで、国語科を改称し、言語技術を中心とする「日本語」や算数と合体する「記号科」を設けようといふ一部の要望や実践は採られなかった。国語教育の本質と役割から言って、当然のことである。しかし、表現能力を充実させるため、スピーチや討論、報告をまとめることなどを重視することが打ち出された。これはディベートの導入にも繋り、話し言葉の指導が大きく取り入れられよう。「日本語」に改め、「効果的なコミュニケーション能力」を育成し、「話すこと、書くこと」などの技術を習得させる運動をしてゐる日本言語技術教育学会にとっては名より実を取ったと言へよう。しかし、私はこの軽薄で無思想な風潮が、明治以来の「国語」確立への努力と国民の国語意識を蔑ろにし、今後の教育に取返しのつかない過誤をもたらすことを憂ふ。

会話・話し言葉の重視でよいか

従来の国語の授業が文学に偏りがちで、その詳細な読解は軽減すると中間まとめにある。言ふまでもなく、文学教育は国語教育の一分野に過ぎず、その本質は言語の教育である。国語は小説や詩歌に限らず、評論・随筆ほか多くの種類の文章を読み、その指導はよほど改善され、系統づけられてゐる。大事なことは言葉による読解を通して、認識力や思考力を養ひ、同時に表現力に生かすことである。現行の国語科の領域に理解と表現があり、今回のスピーチや討論を増やすことは表現の中の一部分である。読解や理解に交代して、会話や表現があるのではない。表現するにはその前提に理解して表現すべきものを持たねばならない。

前にも述べたやうに、理解することは自己の内面で表現し、また、表現することは同じく自己の内面で理解してゐるのである。基礎的な理解を疎かにして、表現力を高めようとしても無駄である。現在の子供に表現力や「発信」力が欠けてゐるとするならば、それはその指導が足らないといふより、理解力や「受信」力が不十分であるからである。内に向はず、外に向って、言語形成、即ち人間形成ができるはずがない。国語科のこの傾向は英語科においても窺へる。文型・文法・単語は「精選」し、「聞く・話す教育を重視し、言語の現実的な使用を念頭に置いた実践的コミュニケーション能力を育てる」と明言されてゐる。ここに国語科と共通した発想と思想があり、これからの教育の方向が示される。

戦後いち早く時枝誠記（東大教授、国語学）が述べたやうに、教育は現実の社会生活と同じことを経験することではない。これと切離し、国語教育なら習得すべき国語の能力に応じた指導を、総合的にではなく個々に分析的に行ふべきものである（「国語教育に於ける誤られた総合主義と科学主義」『国語教育の方法』）。基本的な訓練と練習を避ける学生の国語力、英語力の低下は目に見えてゐる。この新しい方針が「国語遊戯」や基礎学力の不足にならねば幸ひである。

大学の文学部の変質

東京大学文学部では平成六年度より国語学、国文学を日本語日本文学、国史学を日本史学に改めた（但し、前者の研究室や学会名は従前通り）。これに応じるやうに近年、大学の学部の改組・転換・新設に際し、学部学科の名称を変更するところが目立ってきた。これには文部省の指導があるらしく、東大のほか、日本語日本文化、言語文化、言語コミュニケーションなどの学科が相次ぎ、硬く専門的な印象の国語国文学科が避けられ、当りがよく、曖昧で包括的な感じの名称に変りつつある。これは英文をはじめ外国文学系統の志願者の減少、文学より実用語学の重視、情報機器導入の傾向と重なってゐる。語学教育が従前の訳読中心ではもはや成り立たず、会話や選択制に移行してゐることと併せて、学問の基礎的な態度が年々変質してゐる。

今や国際化・情報化・学際化・総合化の時代と言はれる。これは文学部や国語国文学科、また国語教育に限る問題ではない。この滔々とした流行と空気のもとに大学以下、小学校までが軌を一にして影響を受け、根幹が揺らいでゐる。もとより母語意識が薄い日本人は外国語・外来語を有難がり、国語を捨て始めてゐる。日本語、日本文学、日本史学への傾斜はその一つの反映である。「国」の意識の衰退と溶解はこの面にも表れてゐる。

京都大学の立場

京都大学文学部では大学院大学に重点を移すため、平成七年度より伝統的な哲・史・文の三学科（四年度に文化行動学科）を廃止し、人文学科の一学科とし、従来の国語学国文学は文献文化学系の国語学・国文学となった（「・」に注意。国史学は日本史学）。国語学国文学研究室は「このような時代であるから、なおのこと『国語学』『国文学』でなければならないとして、これまでの名称を主張し」、その学風を守った。しかし、「万事につけて機械文明の発達に対応した現代性を求める、時代の大きな動向の中で、日本の、大学の、文学部が、古典的な学問の理想を維持することは、次第にむつかしくなりつつあるようで」ある（『京都大学国文学会会報』四十二）。

三十年前の大学紛争のころ、京大文学部では実学ではなく虚学を重んずる学問・研究の姿勢が確認された。平成九年十一月の、京大創立百周年記念シンポジウムで、学問を文系・理系と分けるより、実学系・虚学系と分ける方がよい、学際馬鹿もいいが、大学は専門馬鹿を囲へるところで、ここから新しい学問を創ることができるといふ発言もあった。いたづらに時代に迎合するのではなく、かういった京大の基本理念こそ根柢において重要である。

やはり国語である

母国語の読み・書きの基礎的な能力を養ふことはいつの時代になっても教育の基盤に在る。聞き方・話し方も大事だが、根本は読み書きにある。国語は日本人にとってほかの言語と同列に並び得ない母語である。国語により認識・思考し伝達して、言語なるものを考へる。日本語と名づけて傍観的、客観的に突き放すのではなく、主体的主観的立場としての言葉である。古典を含む国語は日本人の思想であり文化であって、それを日本語教育ならぬ国語教育によって伝へていくのである。

（三）

読み（理解）軽視の誤り

平成十年十一月に公表された新学習指導要領で小中学校の国語科の目標に重大な変化がある。現行では「国語を正確に理解し適切に表現する能力を育てる」とあるのが、「国語を適切に表現し正確に理解する能力を育て」と変へられた。これは同質のものの順序の転換ではない。表現が第一、理解がその次といふ価値観の逆転である。

実は、昭和五十二年の改定から国語科の領域が「A表現、B理解」とされてゐた。私は言語の本質から言って、理解を先にすべきであると文部省に意見したが、これは表現力を高めることに注意してほしいためであるといふ回答があった。領域では表現が先であるが、目標では理解が先にあるので、一つの方便的な措置と思ってゐた。しかるに、今回は目標とともに、領域までが「A話すこと・聞くこと、B書くこと、C読むこと」と変へられ、それぞれが「調和的に」と時間数も明示され、理解（読むこと）の位置付けが大きく後退した。それだけでなく、右の目標に続いて「伝え合う力を高める」が新たに入り、伝達の能力をも全面に出すことになった。

これは言葉の成り立ちを揺がす由々しき問題である。言語表現は自己の内面でまづ理解してから為される。話す前に内面の聴手に語り、内面の語手が思考して自問自答する。書きながら内面ではまづ読んでゐる。相手の話を聞いてから話し、理解した内容を表現する。理解が先行し、義務であることによって言語はある。「読み書き」「読書・作文」と昔から順序づけて言はれてきたのはその意味であった。

しかも「内容の取り扱い」として、「Aはスピーチ、話し合う、Bは手紙、記録・報告を書く、Cは読み聞かせ、図書資料を探して読む」ことなどが活動例として挙げられてゐる。これにより今回の改定の主旨は明らかである。表現、ことに伝達を重視し、生徒に日常生活の中から自己を表出する体験をさせるといふことである。読み書きの基礎学力を欠き、内面で理解し思考する訓練もせず、教室や図書室を這ひ回るだけで、国語力はつくであらうか。分析的、系統的に学ぶことにより実践の場で総合力となって表れる。これでは、昭和二十年代の経験主義教育の二の舞で、「国語遊戯」(時枝誠記)に終ってしまはう。

言語技術の流行

どうしてこんなことになったのか。この風潮に関与したのが日本言語技術教育学会と名告る団体の運動である。同会は既述の通り、「国語」を「日本語」に改称し、「コミュニケーション能力の育成」を中心に「表現技術・理解技術」を「教育内容の中心に位置づける」こと、教材は「身近な素材」を取入れるやう当局に要望した。教科名の「国語」は守られたが、その内実は同会の主張にほぼ沿ってゐる。言語により思考し認識することこそが重要であるのに、同会は言語の表面的、実用的な伝達を第一義とし、そこに言語技術の介在を探らうとする。教材の読解に際してはどういふ言語技術を使ふかと、それをまるで外在する道具のやうに扱ふ。仮に技術があるとすると、本来、理解技術は読み手の思考と認識の中にあるのではないか。また、表現技術は表現者に内在し、言語態度や言語意識と一体になってあるのではないか。表現する人格や感情は外面的な技術とは無縁のものである。

ところで、国語の教科名は残ったが、それまでに議論があったらしいことが「文学史とは何か」(『文学』平成十年秋号)で判明した。この座談会があったのは教育課程審議会のまとめの公表の一ヶ月後であるが、それによると、

「国語」が消えて「言語」になるかもしれないといふ。「いろいろ少数派の人々のアイデンティティー・ポリティックスみたいなものが主張され」、「日本語」としたいが、「言語教育だけに終わってしまうという」ことで、教科名に「言語」案が出たらしい。ここでいふ「言語教育」とは「言語技術教育」の謂であり、内容の伴はない技術や手段に傾く危機に良識が働いたと言ってよいであらう。

言葉それ自体に即さずに理解や表現はあり得ない。我々は言葉の技術によってではなく、言葉そのもので考へ、表してゐる。技術ではなく、言葉によって人間形成がなされる。思考力を試す文章題の読解能力が低下する傾向は既に指摘されてゐる。これは考へる能力の低下であり、即ち言語能力の劣化にほかならない。この事態を今回の表現・伝達重視、理解軽視の改革で取り戻すことができるだらうか。言語技術を叫ぶほど読みが浅く、教材は遠のき、中味の薄い非人間的なものになってしまふ。言語の技術を言ふあまり生きる技術とまで言はないやうに願ふ。

〈追記〉このコミュニケーションを重視する教育が徐々に浸透、定着してゐることは最近の京都の公立高校の国語入試問題によく表れてゐる。中学生どうしの話し合ひや会話の場面を取上げ、それをもとに設問がある。従来の文章読解の問題も出題されてゐるが、国語の授業風景も変ってきてゐるであらう。

自国語の呼び方

「国語」といふ言葉は江戸後期に少し使はれてきたが、それは「和語も漢語も含め、日本で使っていることば」といふ意味であった。それが明治二十年ごろから近代国家としての意識の高まりに応じて、国家や国民と同じ意識から国語が使はれた。そして明治三十三年に小学校の教科名として国語科が設けられ、定着し広まっていった（古田東朔『日本言語文化論』）。

その「国語」が百年にして動揺してきた。もともと外来語に寛容で、むしろ敬服し、外国に行っても母国語意識の弱い日本人である。国際化・情報化の流れとともに国家意識・国民意識、総じて共同体意識が低下し、文化を守り、創っていく主体性が失はれてきた。国語は邦語、和語であり、内語、母語である。それは、一般的客観的な日本語でも、日語でも、「この国」の言葉でもない。国旗や国歌は日本人にとって「日本国旗」や「日本国歌」ではなく、「国旗」「国歌」である。最も基本的で身近な常用のものはわざわざ修飾語を冠しないといふのが我が国語意識であった。「私たちは、ある国に住むのではない。ある国語に住むのだ。祖国とは、国語だ」とフランスのシオランの言を引用する山本夏彦の言が頂門の一針として響いてくる。

（四）

国際化・情報化に流される国語学会

わが国における国語研究の代表的な学会である国語学会が創立五十年にして重大な変容を見せてきた。学会誌『国語学』によると、平成八年の「展望（総記）」で「日本社会全体が急速に国際化の方向に進んでおり、国語学会も例外ではありえない」と、学問が思想も無く時代風潮に流される方向を是認した。そして、外国人の研究者や留学生の会員が増加して、彼らにとって日本語は「国語」ではなく、外国に在住して日本語を研究してゐる日本人にとっても「『国語』は違和感のある呼称であろう」と、無国籍な国際性を露呈した。また、同誌は外国語との比較研究の増加や情報機器の普及により横書きの論文が増え、「多くの外国人研究者には縦組みは抵抗があろう」と、横組みへの変更を見通した。この提案に見られる考へ方は、ただひたすらに現代の国際化時代と外国人学者のために速やかに対応するといふことであり、日本人としてどのやうに主体的に言葉を究め、文化を創るかといふ基本的な姿勢を欠いてゐる。

これを受けて同十年には、日本語を母語とする研究者かどうかの問題について、「外国人研究者は、それを母語とする者をインフォーマント（注、言語資料提供者）として利用するか…同程度に熟達すればよいに過ぎない」と、学会にしては軽卒で無責任なことを言ふ。その上、「過去の日本語は日本人にとっても」「内省が可能ではない」ので、「外国語に準ずるものと見なすべきである」と、まるで古典が苦手な高校生のやうな言ひ分である。

〈追記〉深刻なことに、高校生の七割以上が古文・漢文が嫌ひで、その第一の理由が日常の生活に役立たないと答へてゐる（『国語と国文学』平成二十七年十一月）。

古代語から現代語までの一筋の国語のあり方、文法や語構成に見る根本的な意識、現代語に生きる古語など変遷はあっても不易もある。これでは国語史も古典文学も、さらに文化史的な研究が究められず、その意義も失せてしまふ。「もともと『国語』は国家の存在を前提とする国語である」と言ふやうに、どうも「国語」に誤った先入観と邪念を持ち、その根柢に「国」を避け、呪ふ感覚があるやうである。そして「日本語研究のために『国語学』という呼び方を保存することにどういう意味があるか、すこぶる疑問である」とする。この「保存」に注意しよう。国語を今に生きてゐる言葉、ほかならぬ自分自身の言葉、長い歴史と伝統を負ふ言葉として受止めず、過去の遺物のやうに扱ってゐる。これは言語を道具とする考へ方と変りない。

国語学会の変質は止るところがない。『国語学』は「不便」のため「第二〇一集（二〇〇〇年六月）から横書き主体の体裁」になり（西暦表記に注意）、表紙は右開きから左開きへ、学会の報告も横書きとなった。学会名と誌名の変更はもはや時間の問題であらう。これらは名や形式だけでなく、当然、実や内容・実質の変化をもたらす。学問研究の姿勢や中身、また言語の意識もやがて拡散、液状化していかう。明治の西欧化、戦後のアメリカ化に続いて、第三の開国といはれる現在、やはり外国からの影響により自国語を棄て、日本人としての主体性と自己決定性を失っていく一つの崩壊過程を示してゐる。

〈追記〉国語学会は同十五年五月に会員の投票による多数決で日本語学会と正式に改称した。

母語たる国語研究の立場

この問題を考へるに当り重要なことは言葉に対する接し方、捉へ方、つまりその言葉に対する関はり方である。端的に言へば、母語であるか否か、母語意識を持ってゐるか否かといふことである。

これについて濱田敦（京都大学名誉教授）は「文化科学としての言語の学の立場」（『国語国文』二六ノ一）で明快に論じた。要約すると、(1)文化科学は言語の学を含めて人間の行動を人間自身が対象として研究する。(2)その方法として人間の立場、研究者自身の感覚が重要な手段となる。(3)その結果は主観的、思弁的となるが、これは宿命的な性格である。(4)言語の学で客観性を高めるためその対象に応じて同質の言語感覚を持たねばならない。(5)言語の研究はその言語を母語とする研究者の間にしか成り立たない。(6)日本語研究の場合、母語とする日本人と外国人では別個の性格や結果が期待される学問となる。(7)研究者の素質、観点、方法が最も重要なことである。

このやうな人文系学問の根本たる人間の立場と自らの言語への内省が昨今の情報化、国際化、総合化の風潮で揺ぎ始め、母国語を自分から突き放し、外国語と同列に研究するのが客観的、科学的であるといふ無自覚、無見識に至った。この態度の誤りは逆に日本人が母語でない外国語を研究する場合を考へれば分ることである。外国語を研究しながら常に母語である日本語と比較対照して扱ってゐるのではないか。それならば、外国人が日本語を研究する場合にも同じことが言へる。しかるに現代は何事も外国や外国人を基準にして、その立場から自国のことを改めようとしてゐる。

国語学と日本語学との違ひについて、阪倉篤義（京都大学名誉教授）も同じ趣旨を述べてゐる。日本語は「われわれ日本人にとって、唯一の、自らの言語なのであり、本当にわかる言語なのである。…日本語研究こそ、われわれにとって言語研究の出発点となり、またその中核となるべきものである」として、「日本語学という名称を避けて、これを『国語学』と称することの妥当性」があるとする（『国語学概説』）。

国語の文化を守る

我々は国語を通さずして言語の普遍的な性格や本質を究めることができない。いくら日本語学と唱へても結局は母語である限り国語学といふ特殊な性質から逃れることができない。そこには母語としての意識と感覚、母語とのつながりがあるはずである。それが言語文化として結実され、わが国の文化の根柢を成していくのである。

国語と日本語は同じやうに見えて、実は異質のものである。国語の力によって文化の衰退、母語意識と言語感覚の薄弱化、国民性の溶解が防がれ、新たな文化創造へ向っていける。会話や討論が重視される反面、読解が軽くなり、基礎訓練が不足する新教育課程の国語科においても「国語」が堅持され、教科書も唯一の縦書きである。国語は学校教育における最後の文化の守りと言へよう。

(五)

「J」の流行

昭和六十二年に国鉄が分割・民営化されJRが発足し、平成五年にプロサッカーのJリーグが結成されて以来、日本を意味する「J」が非常な勢ひで増えてきた。JA（農協）JT（日本たばこ産業）JH（日本道路公団）から、JTB（日本交通公社）J・DINER（旧日本食堂）など「J」にあやかって改称、設立する会社団体が目立つ。従来のJIS、JICA、JALなどは国際関係との関はり中で、国名の日本を立て自覚する略称であった。また、NHK、NTT、ANAは英語によらず、国語の国名に基づき、また、日本シリーズはアメリカ野球を意識した名づけであった。しかるに、昨今の「J」はこのどちらでもなく、国内だけの、日本人相手の命名で、自分の国を外国語である英語で捉へたものである。

この風潮に乗ってか、最近、J・POP、J・MOVIE、はてはJ文学など発想の全く異なる動きが出てきた。これらは、歌謡曲でも和製ポップスでもなく、日本映画でも邦画でもなく、また、日本文学でも国文学でもない、新しい現象とされてゐる。気軽な感覚、曖昧で漠然とした雰囲気に浮び漂ふ遊びのやうなもので、実体が把みにくい。従前の日本的なものから脱却し、むしろ無視し、無化することを狙ふ。日本であり、自国であることからの拡散、溶解である。これが一時的なものか、さらに液状化するかは分らない。

オリンピックの選手のユニフォームにはJAPAN、またJPNと英語名で表されてゐる。柔道やバレーボールのやうになぜNIPPONとならないのか。司馬遼太郎は早く『坂の上の雲』で、わが国のことを言ふのに何度も「この国」を使ひ、晩年の随筆『この国のかたち』が読まれるにつれ、この言葉が広がってきた。自国を「この国」と言ふのは客観的といふより、他人事のやうに冷酷に見なして対することになる。

かういふ傾向を通して見ると、現代の国民が国家をどのやうに捉へてゐるか、その奥にある意識や感覚が透けて見えてくる。明治三十年代、内村鑑三が「美はしき名二つ」と題して「私は二つのJを愛する。第三のものはない。一つはイエス、もう一つは日本である」と述べ、大正時代にも「私の愛国心に就て」で「二個のJ」を繰返してゐる。この「J」と現今の「J」と何と懸け離れてゐることか。国を避け、忘れ、母国意識も国語意識も失った「J」の国はいづれ消滅するのではないか。

会話重視の英語と公用語化論

この流れと軌を一にするやうに、平成十年告示、十四年施行の学習指導要領で小学校に英語学習を取入れることになった。英語の歌、単語のクイズ遊びや会話中心であるが、国語の時間数を減らしてまで、どれだけの必要性と効用があるのか。また、中学校では外国語（英語）が選択から必修になり、高校（十五年施行）では国語の共通必修が消え、実用的な国語表現Iか国語総合かの選択必修となった。

このやうな変調を憂へて、さすがの国語審議会も同十二年五月の委員会で、「母語の能力の枠組みが完成する十歳前後までは、日本語の学習を基本とすべきである」と報告の原案をまとめ、早期の英語学習の害を訴へ、「言葉の能力の根幹は母語の習得によって培はれる」と、国語の基礎能力を十分に身につけるやうに初めて見解を述べた。

しかし、実用英語への志向はさらに拡大し、十二年一月に首相の私的諮問機関の「21世紀日本の構想」懇談会で、英語を事実上、第二公用語（実用語）にすべきであると決めた。これには大きな反響があり、今は批判意見が優勢であるが、かういふ構想が議論もなく打ち出される事態になってゐることが問題である。ここに見られる観念は、例の国際化・情報化時代における実用的な会話重視の発想である。言語の機能を伝達といふ表面的技術的な面でしか捉へず、言語による認識・思考といふ本質を全く考へてゐない。この方向性は国語科を日本語科に改め、文章の理解より言語技術による「発信型」の伝達に重点を置かうとする運動と同じ発想である。言語への侵食は深刻である。

外来語の変質

国語を捨てる日本人の傾斜は外来語に対する意識の変化にも見て取れる。これは従来の外来語辞典が間に合はないほどで、単に日本にない事物だけでなく、一般の動詞や形容詞だけでなく、接続詞や副詞、また概念など思考の根本となる語、さらに英語の前置詞にまで及んできた。これらの語は外来語といふより外国語の新語といってよく、国語と同じ位置に入ってきたのではないか。官庁用語、公共の建物の愛称、高齢者福祉での使ひ過ぎなど感覚的で、意味不明で不親切なものが増えてきた。

この現状は「カタカナ語」といふ言ひ方の広まりにも表れてゐる。片仮名表記は外来語に限らないが、それを敢へて称し、「カタカナ語辞典」も世に出てゐる。外来、外国の意味でなく、国語の一部として、同等、同列に受取るといふ態度である。幕末明治期の翻訳の努力と学力、国語の理解力が弱まってきた表れでもある。これが嵩じて、

「新しい時代の日本語表記」として外国語を原綴りで記す、あるいは横書きの「漢字仮名外国語交り文」を肯定的に予測する意見まで出る始末である。

母国語意識の回復を

本論を執筆し始めた当初は国語科改称案と実用的な国語教育を批判することが主眼であったが、徐々に教育の範囲を超え、言語一般、言語の基底にまで及んできた。現今の急激な変化、いはゆるグローバリゼーション（世界化、地球一体化）の流れが将来の国語文化、また日本人のあり方にどのやうな影響を与へるか楽観を許さない。文化を守り、育てることは言葉によって成され得る。国語力の低下、国語意識や感覚の衰弱は、日本文化の衰退であることを肝に銘じ、母国語意識の回復と育成に努めなければならない。

（附）我が国の呼び方――国語と日本語の別を考へる前提として

(1) 日本庭園・日本茶・学生用語

昭和四十五年、大阪で開かれた万国博覧会会場内に作られた庭園が「日本庭園」と称せられたのを奇異に覚えた。単に「庭園」と言へば樹木や花に石、池を配した我が国のふりのものである。それを特に「日本」を冠するのは当会場にフランス式やシナ式の庭園も作られたためだらうか。もし一つであればことさらめいて「日本」と呼ぶ必要がないといふのが日本人の普通の言語感覚である。現在、その跡地が記念公園になり、ただ一つの「日本庭園」が庭園らしくなってゐる。これは万国といふ中での人工庭園だったが、これをきっかけにしてか「日本庭園」なる珍妙な言ひ方が増えてきたのが一般の注意の引かない、重大な事実である。

また、平成八年、京都大学のある研究所のシンポジウムで休憩時間の前に「日本茶」が用意されてゐるといふ案内があった。丁寧なやうで不可解な表現である。コーヒーや紅茶はなく緑茶だけだったが、ここは「お茶」と言ふべきであらう。これはこのごろウーロン茶なるものが異常にもてはやされるので、その混同を避けるためか。しかし、紅茶やウーロン茶は常にその名で呼ばれるべきものであり、煎茶、抹茶いづれであっても「お茶」と言へばお茶なのである。これは瑣細なことではない。このやうな日常のありふれた言葉の使ひ方、つまり物に対する捉へ方に日本人としての、自他の区別の根幹、主体性が存してゐるのである。

昭和四十年ごろ、京都大学の国語学国文学研究室で古くからゐる教授と同じ姓の教官が教養部に着任し、文学部の講義も担当した。講義概要や時間表を示す時、古い先生は常に姓のままだが、新参の先生は姓に名前の一字が付せられてゐた。国文でその姓の先生と言へば研究室の中心たるその先生だけである。帝国大学ふうの頑固さがあるかもしれないが、平等や公平の新しい観念とは無縁の、さはやかな厳しさを学生は感じ取ったものである。

大学内の言語生活を振返ると、この種の材料に事欠かない。いつごろからか、どこの大学の学生も学内にある食堂を「学食」と言ふやうになった。これは「学生食堂」の省略であるが、単に「食堂」でよいのに、なぜ「学食」と言はねばならないのか。学園祭の「学祭」、学生相談所の「学相」などの類推、あるいは学生たる意識によるものなのか。特に意味のない過剰な表現である。京都大学文学部では最近、人文学科の一学科になるとともに学部全体の図書館が新しくできたが、以前は哲・史・文の三学科がそれぞれ図書室（閲覧室と書庫）を持ってゐた。私の学生時代、国文生が常に利用する図書室を「文閲」と略して言はれることが多かったが、私は「閲覧室」と言ひ続け、時々行く「哲（史）学科閲覧室」、たまに略して「哲（史）閲」とは区別してゐた。これは私の先生の時代にはもっと徹底してゐて、池上禎造によると（「公称と通称」『京大史記』）、誰もが前者は「閲覧室」、後者は正式名称で言ひ、卒業論文は修士論文自体のない時に単に「論文」と言ってゐたといふ。まして後に「卒論」、ついで

「修論」と略すことは思ひも寄らなかったであらう。「最も身近な常用のものは修飾語なしで、その他は略さず」といふのが基本的な表し方であった。池上は講義や論文の中でしばしば日本のことを「こちら」、外国、特に古代中国のことを「あちら」と言ってゐたが、同じ発想によると思はれる。

この自者を中心として表す姿勢は他者に対する場合にも明確に言葉の主体性として表す。やはり学生時代、運動競技で東大との対戦試合は「東大戦」と呼んでゐた（現在もこの通り）。これはわが京大を主体とする試合であることから自然な言ひ方であり、ことさら自分の大学名を称する必要はない。また、京都産業大学では龍谷大学との試合は「産龍戦」と言ひ、本学を第一に据ゑて表現する（逆に龍谷大学側から言へば「龍産戦」である）。このやうに、言語主体としての立場と自他の区別を自覚して言語表現するのが基本的なあり方である。

以上に述べてきたことは結局、自分のものとそれ以外のもの、内のものと外のもの、国学者の用語を使へば、こなたとかなたとの区別の仕方である。対象をどう把握して、主観的に、また客観的に表すかといふ、型の問題である。自己に関はりが深く、区別の必要のないもの、自明のものをわざわざ一般化し対象化して接しない、つまり言表しないといふのが、日本人の本来の言葉のあり方である。物を一つ一つ個別に具体的に命名するのではなく、特に身近なものは自分のものとして総合化、抽象化しても表し、使ひ分けるといふ言語意識が生きてゐるのである。

(2) 日本・やまと・みくに・国・邦

我が国のことを言ふのに「日本」を冠する例はそれほど多くない。例へば「日本刀、日本髪、日本間、日本画、日本音楽、日本舞踊、日本泳法」など、それに対する外国、特に西洋の事物を意識してのことで、それと区別する必要が生じて、日本独自のものといふ意味合ひを打ち出したものである。古くは古代中国に対した正式の歴史書、日本書紀の例もある。「日本製、日本車、日本米」など新しい造語もされてゐる。これらは後述の「国、和」が語構成の上から語呂が悪くて付けにくく、また、戦後は特に「国」の意識を避け、「日本」と一般化するといふ気分もあるかもしれない。

では、古くはどのやうに表してゐたか。それは「やまと」である。これを「大和」と漢字を宛てるのは、周知の通り外国における我が国の呼称である「倭」をそれに通じる「和」に変へ、美称の「大」をつけたものである。この「やまと」に付く語は「歌、心、琴、言の葉、言葉、島根、魂、撫子、錦、舞、絵」などがある。「日本」といふ国号があっても、日本の心の内面を表す固有の言葉には「やまと」といふ雅語がふさはしい。「日本」とことさら言はなくても、和語により自国のことを身近な親しみのあるものとして意識してゐたことが分る。現代は漢語が多いこともあり、「民族」以外、新しい語は出て来ない。

次に、「みくに」(御国)がある。「言葉、文《ふみ》、風《ふり》、学び」などに付き、近世の国学でよく使はれ、例へば本居宣長の『御国詞活用抄《みくにことば》』、林圀雄の『皇国《みくに》の言霊』などの書もある。また、「みくに」は単独に「みくにの守り」「みくにに尽す」のやうに、「お国のために」と同じく、祖国といふ捉へ方で特に戦時中に使はれた。正式名称たる「日本」は生活の上ではさて措いて、「みくに」は自らと一体のものといふ姿勢であったのである。

和語でない漢語になると、近代以降、数多く用ゐられる。まづ、「国《こく》」は「国史、国学、国語、国文、国字、国書、国典、国訳、国母」など、特に「日本の」と断らなくても、「我が国の」といふ自明の独自性が籠められてゐる。この中で、「国語」は近世では前述の「みくにことば」と言はれてゐたが、明治二十年代に、関根正直の『国語学』、上田万年《かづとし》の「国語と国家と」(『国語のため』)などにより、近代の国家意識の高まりとともに、国家、国民の言葉といふ意味として「国語」が成立した。そして、三十三年に小学校の教科名に「国語」科が設けられ、国民の国語意識として定着した。右に挙げた「国」の付く語は現在少し動揺を来たし、気分的に避ける傾きも見受けられるが、長年にわたって生きてきた。「国」がある限り、日本人にとって自然で本源的な存在であり、精神的な価値、意義をも含む。これを「日本」と置き換へても同等の意味にはならない。この「国」はまた我が国に限らず一般的に外国そのものにも通用する。「国旗、国家、国立、国営、国防、国民、国産」や「国内、国外、全国」などは、その国自体のものをその国の立場から言ってゐる。「国旗」「国宝」と日本人が言へば日本のものであることは明白で、それを「日本国旗」「日本国宝」と言ふのは外国人の立場からの物言ひである。

次に「邦」は「邦語、邦字、邦文、邦訳、邦楽、邦画、邦人、邦貨」などがあるが、その範囲は限られ、やや古風な語感がある。「邦」は国といふ意味だが、特に外国に対する意識でもって、国に留らず、我が国のといふ意味に固定されるやうになった。

(3) 和・日・皇・本・内・日本

「和」は前述の通り古い由緒のある言葉で、語構成上、接頭語のやうに多様に使はれる。

和国、和魂。和学、和字、和文、和名、和訓、和訳。和書、和本、和綴ぢ、和紙。和装、和裁、和服、和食、和草子。和算、和暦、和楽、和船。和牛、和犬。和風、和式、和製、和俗、和習、和臭。和漢、漢和、和漢洋、和洋。英和、和英、独和、和仏。

これらを通して、平安時代の書名に用ゐられた「和名（類聚抄）、和漢（朗詠集）」を除くと、江戸時代の国学を経て明治に及んでゐる。新しい語は漢と洋との対語といふ意識により作られた。「国」や「邦」の国家意識がやや薄く弱くなったためか、いろいろな語彙の分野にわたってゐる。現在は以前のやうな造語力は少し衰へてゐるが、例へば「和雑誌」「伊和、西和（辞典）」のやうに今後の可能性もある。

次に、「日《にち》」は古典的な我が国の別称として「日域」（『沙石集』）、「日東」（『和英語林集成』）があり、「日葡（辞書）」も古くなった。「日貨」のほか「日清、日露、日英、日支、日米」などは外国、ことに両国との関係を表す。

「対日」関係は「親日、知日」から「排日、反日、嫌日、日帝」にまで及ぶ。後者は相手国の立場から日本を悪く意識して言はれる。「訪日、来日、滞日、駐日」は今も「日」の位置に府県名の一文字を入れて用ゐることがあるやうに、そこに来ることを示す。このやうに「日」は対外関係の中で使はれるものであることに注意しよう。「皇」は「皇国」を「（すめら）みくに」と訓んだやうに、天皇国日本といふ意識が強い。「皇朝、皇学、皇典、皇紀、皇漢薬」と限定されてゐるが、ほかならぬ我が国のことであり、その伝統はしかるべきところで今なほ命脈が引き継がれてゐる。

「本《ほん》」はもともと自分自身のものといふ意味で、本校、本紙、本官などと使はれるが、「本朝」の「朝」は朝廷のことで、「国朝」とともに皇国と同じ意識があらう。また、「本邦」は「本国」が一般的なのに比べて、「本」の意義から中心たる我が国といふ語感もある。また、「内」は「内地」「内国」が外地、外国と対義語をなす。前者の内地米、内地留学、後者の内国郵便、内国為替は言はなくても、我が国の内におけるといふ意味である。また、「内海」は海に囲まれた特性を持つ日本のことである。

以上を概観して要約すると、「国」が最も自国意識が強く主体的自立的である。「和」はこれに次ぐが漢洋との関係で用ゐられ、また穏やかな印象を与へる。「日」「内」は対外関係が明確で感情が入らない。「邦」は限られ、「皇」「本」は歴史的な価値がある、といふことにならう。

ところで、右の七種は漢字一字であるが、二字の語に付く時は前述の「日本」になることが多い。「日本思想」「日本文化」は外国との比較、あるいは対等を意識するが、思想や文化の語を一字に省略できず、また、その概念が外来によるため、「国」や「和」が冠しにくい。京都大学文学部で、昭和十二年に設けられた「日本精神史」講座、平成七年度の改組で哲学・宗教学の大講座に初めて置かれた分野「日本哲学史」も「日本」を付するほかなかった。

昨今の大学改革の普及で、文部省の指導にもよるらしく、従来の国語学、国文学、国史学の「国」を嫌って、「日本」に変へるところが増えてゐる。東京大学文学部では六年度より、日本語日本文学、日本史学と改められた（但し、前者は教務掛の説明では、公式にはさうだが、実質的慣用的には国語学・国文学であり、研究室や学会名も従前通りである。ただ、いつまで続くかが問題である）。これに対して、京都大学では国史学が日本史学に改められたけれども、国語学国文学は「このような時代であるから、なおのこと『国語学』『国文学』でなければならないとして、これまでの名称を主張し」（『京都大学国文学会会報』）、伝統的な学風を守った。教養部が総合人間学部と変っても、全国で唯一独自の「言学」の講義を続けてゐることと併せて、京大国文の学問研究の基本的な姿勢が如実に示されてゐる。

ちなみに、国立国語研究所編『国語年鑑』一九九六年版（昭和六十三年版を最後に年号は完全に消滅）に収録の文献採録雑誌一覧で、外国人向けの日本語教育関係を除いた雑誌名を調べると、国語、国文学を名告るものは八割弱で、日本語、日本文学の誌名はまだ一般的でない。ただ、その中で、ある二つの私立大学が「日文」を称してゐる。日銀、日舞と同じ省略で、中文、英文などと対等視、客観化のつもりだらう。しかし、「日語学習与《と》研究」といふ北京の雑誌が想起され、植民地的な不自然さを感じる。「日文」「日語」とも外国人の立場による表現であり、まして日本人が勝手に略して公的に使ふべきものではない。母国語を研究する根本精神の衰弱を示す。

(4)　自国を把握し表現する立場

自分の国を「日本」と呼び、冠するのは、第一には祖国である日本を強く意識し、日本といふ国家観念、国民感情を籠める場合である。しかし一方、我が国を外国と比較し、対等、同列に扱ふ時にも使はれる。この場合、日本人といふ感情を排し、科学的、機械的に客観化、対象化して観察し、評論しようとする。しかし、人文科学系、とりわけ言語、文学や歴史の研究では人間の立場、人間の感覚、意識こそ最も重要なのである。いはば「人間の学としての」把握の方法と態度が大切である。これまで述べてきた中で「日」や「日本」の危ふい使ひ方は、自国の立場を喪失した似非国際化の風潮による、いはゆる「市民」や「地球市民」などといふ浮薄な言葉、即ち思想と軌を一にしてゐる。

司馬遼太郎の『この国のかたち』が読まれていくにつれて、我が国のことを「この国」といふ言ひ方が徐々に目立ってきた。話し手の身近な事物を指す「この」を自分の属してゐるものにつけると、冷たく突き放ち、他人事として接する対象になることがある。小中高の歴史教科書で、事実に基づかずに我が国を意図的に指弾し告発する惨状が明らかにされてゐるが、ここで「日本は」「日本軍は」と我が事なのに自分と無関係に第三者的に批判する口吻がある。この言ひ表し方で、即ち心の遣ひ方でよい教科書になるはずがない。

我々は自分のこと、相手のことを呼ぶ時に自他の相対的な関はりの中で位置関係を把んで表現する。敬語は身分の上下といふより、相手を敬して、また近づけるか遠ざけるかといふ親疎の関係に基づく言語である。このやうな自他の把握の仕方が自分の属する家族、仲間、組織、ひいては国の呼び方にもつながっていく。自国との関はりを場合や程度、また感情や心情に応じて使ひ分けるところに日本人の国語意識があり、文化意志があった。それは日本語ならぬ国語によってこそ育成され、発展していくものなのである。

二　国語縦書き論

〔要旨〕国語は古来、縦書きが伝統的な書式として定着してゐるが、昨今は横書きの文章が増えてきた。そこで、現代の学生が縦・横の書き方についてどのやうに意識してゐるか、三年間に四度にわたって縦・横の文章を書かせ、読ませ、そこから気付いたことを自由に記述する実験を行った。その結果、学生は意外にも縦書きの良さと確かさを実感し、国語における重要性を認識してゐた。その要旨は次の通りである。

縦書き―重みがあり集中する、読みやすく自然流、深く緊張感あり、内面的な文化力・有機的な締りあり。

横書き―軽く散漫、読みにくく違和感、浅く弛緩する、表面的な情報性・無機的な崩れあり。

次に、縦書きを言語面、文法的な原理から分析して、国語の語順によって文末が重く、文末に陳述のはたらきがあること、それが縦書きに基づいてゐることを論証した。続いて、縦書きによる理解と表現の根柢にどのやうな意識と感覚がはたらくかを読み書き以外の具体的な事例によって明らかにした。以下、その要目を記す。

漫画の齣と台詞、読む時の身体の動きと感覚、視野の集中と視線の動き、スマホの縦スクロール漫画。

絵巻物の展開、屏風絵の右隻と左隻、肖像の顔の向き、版画の人物の動き、縦長の絵画、車・船・飛行機の向き方、展示物の陳列。

芸能の上座・下座、大相撲の東西、方位時刻法、縦系図。

仏教の儀式の進退、宗祖の絵伝の展開、沖縄の方向観念。

たて・よこの語源・原義、右・左を使ふ慣用句。

このやうに、縦書きは右から左へと進み、上から下に降り立つことが基本をなし、このことは書き方・読み方だけでなく、身体の動きと感覚にまで深くつながってゐるのである。

（一）縦書きの意識・本質——学生に対する実験から

(1) 縦書きの重み・集中と横書きの軽さ・散漫

実験の趣旨と方法

書家で京都精華大学教授の石川九楊が美術学部の学生二十七名に課した縦書きと横書きについての実験の結果を報告してゐる（『縦書き』のすすめ」『文藝春秋』平成十四・七特別版「美しい日本語」、「なぜ『縦書き』にこだわるか」同十五・三）。それによると、横書きに慣れた学生が予想に反して両者の違ひに気付き、明快にそれぞれの特質を指摘し、縦書きは書きやすく、内容がまとまるが、横書きは文が長くなり、話が広がり、散漫になると述べてゐる。そして、石川は横書きを続けると、思考が浅くなり、歴史・文化の共同性を失ふと警告してゐる。

戦後、横書きがはびこり、国語文化の伝統の弱化・喪失を憂へてゐた私はこの報告に驚き、にはかに信じ難く、京都産業大学の授業で同じ実験を試みて、その結果を確めようと思ひ立った。そこで、平成十五年一月下旬、私の担当する外国語学部の「日本語学」の最終授業で、表記論の一つとして扱ふことを予定してゐた「縦書きと横書き」をこれに当てた。この科目は西・東洋語の四学科四専修の二・三回生が受講し、当日は九十三名（男十九名、女七十四名）が出席した。

本時の題目として「縦書きと横書き——一つの実験を通して実感的に考へる」を掲げ、おほむね石川の方法に倣ひ、次の通りに行った。①先入観や誘導を避けるため説明は簡略にし、本学特製の罫線入り横書きのB５判レポート用紙を二枚配る。②まづ、「私の人生について」といふ題で、縦書きで書かせる。書き方や内容については説明せず、自由とする。時間は二十五分。途中でも書き止める。③次に、もう一枚の用紙に横書きで同じ題につき書かせる。その際、前のものは机上に伏せ、同じやうになっても違ってもよいとする。④続いて、B6判の用紙を配り、「縦書きと横書きとはどう違ったか」について自由に書かせる。時間は二十分。終って全三枚を提出。

結果のまとめや講評は時間がなく、いづれ何らかの方法で発表すると伝へた。予備知識や私の考へは今回何も言ってゐないが、四月の最初の授業で、ノートは縦書きで記すことをその理由とともに強く言ひ、ほとんどの学生が実行してゐる。また、外国語学部生なので、日頃それぞれの言語を中心に学び、一般学生よりは言葉について興味や学力を備へてゐる。以下、その結果を項目に分け、要約して示す。引用の鍵括弧はほとんど略すが、ほぼ原文通りである。

書きやすさ

書きやすいと明記したのは六十一名で、縦書きが二十七名、横書きが三十名、どちらでもないが四名であった。大方の予想に反して横書き世代にも拘らず、縦と横がほぼ半々で、拮抗してゐる。その理由は小学校以来作文を縦に書いてきて、一方、普段ほとんど横に書いてゐて、ともに慣れてゐるといふ。一般に言はれる、縦書きの欠点として書いてゐて手が隠れ、汚れる、また、横書きの利点として前に書いた行が見えるといふ意見はほんの数名で、それほど意識されてゐない。このことは宮崎市定の「既に書いた部分が影になる」ことと「これから書こうとする余白が影になる」ことの優劣はないといふ指摘（『東西交渉史論』）の正しさを裏付けてゐる。

書く感覚・意識と態度

縦書きは重く、硬く、堅苦しい。窮屈で、まじめさや難しいイメージがある。横書きは気軽で気楽、くだけた感じがする。そのため、縦では変に畏まり、きちっと、きれいに書かうと意気込む。その点、横は気持や印象が薄い。縦は気持が改まり、引き締り、ぴしっとして集中できる。しかし、横は自由に書いて行け、思ってゐることを何も考へず、すらすら書ける。また、縦は国語の勉強や作文のイメージがあり、国語の文章らしく感じるが、横はレポートや感想文、手紙を書いてゐる気分になる。縦は日本の言葉を書いてゐるといふ、しっとりした感じで、落着き、新鮮で懐しい。横は近代的で、現代風の感じがする。

学生の実感は縦横の本質を確実に突いてゐて、総じて、縦は重みと引き締り、横は軽さと緩みと言へる。さらに、縦は自分の心の中の気持が言葉として出てきて表現しやすく、一旦スピードが出るとすらすら書け、また、書いたことが覚えやすい。横は文字の流れが止り、続かず、一行が長く感じる。これらは体感に根ざした論となってゐて、縦の流れに即した漢字・仮名の運筆に適ひ、横は一文字づつで、上下の運びが切れるのである。

なほ、早く書けることについては両者ともに言はれてゐる。

文字の書き方

縦書きは文字が下に流れるやうで、見た目がよく、大きさも均等になる。また、文字がまとまり、調和し、きれいに並び、文字と文字につながりがある感じがする。一方、横は文字が大きく、縦長になり、文字の間隔が広がり、空いてしまふ。横に流れがあるとは誰も言はなかったことに注意しよう。

また、縦は行の上下が揃ふが、横は文字の上下さへ不揃ひで、一字がばらばらになる。分ち書きになりさうで、句点の次を空け過ぎたり、段落の一字下げも揃はない。縦は漢数字を書かうとする気遣ひもするが、横は算用数字で、記号や符号を使ひがち、丸文字やかはいい文字にもなってしまふ。

要するに、縦は流れがあり、きちっとした文字の書式ができるが、横は書き方が定まらず、混乱してくるのである。学生の正確な受止め方に感心する。次は、特に正鵠を得た優秀な意見である。縦は「上の文字とのバランスを気にして、真中に線を引き、そこを軸にして書いていると言った感じ」だが、横は「文字の下を枠の下の線に合せて書いている」。石川の説く天から地へ降りる筆法に合った説明で、正しい基準、上下の流れに沿った縦書きの基本を捉へてゐる。

なほ、きれいに丁寧に書けるといふ意見は両者にあり、これは先の、書きやすさと早く書けることに共通する慣れによる感覚に基づくものであらう。

文章の形式

縦書きは形式ばった感じだが、フォーマルで文章が締り、きちっとまとまる。それに対して、横書きは文が長くなり、だらだらしてくる。縦は初めから段落を意識し、全体の構成や調和を考へる。横は段落分けがしにくく、あまり意識せず、段落が少な過ぎたり、逆に多過ぎたり、組み立てが曖昧になる。縦は前述の宮崎市定の論と同じく「残りの空白の量を気にしこれを見ながら書き、筆が進む」といふ。ただ、横も残りの余白が把握できるといふ意見もあり、その差は目立たないかもしれない。

それより重要な論点を整理すると、縦は文章としての形式が整ひ、構成の目配りをするが、横はその意識を欠き、何となく締りなく漫然と書き続けることである。これは先述の、書く感覚や態度、文字の書き方と根柢において共通した精神作業であり、思考の働きである。書くことは考へることであり、書きながら実は考へてゐる。そして、それが文字や文章の型として表れて、定まる。縦書きか横書きかは表面的な形式ではなく、内実のある思惟そのものなのである。

文体と内容

縦書きは、である体になるが、横書きは、です・ます体になりがちである。縦の文体は一定するが、横は途中で崩れる感じで、常体と敬体を混用することがある。このやうに縦と横で文体が変ることをかなりの者が言ってゐる。といふことは内容にまで影響することになる。自己を意識して内面に向ふ思考・文章体と、聞き手を意識して外面に向ふ口語・会話体の違ひであり、文体は認識し、思考する型である。

さらに、縦は内容が深く考へられ、しっかりした中身で、自分の気持をまとまった形で伝へられるが、横はまとまりがなく、雑になる。縦は量のある長い文章が書け、論述的になる。しかし、横は内容は読みやすいが、書く分量が少なくなる。箇条書きにはよいが、長い文章が書きにくい。また、軽い、明るい文章になり、話が具体的になる。縦は趣があり、外来語を思はず避ける気がする。横は言葉の重みがなくなり、くだけてきて、ユニークな文が思ひ浮かぶ。

学生の、若くしなやかな感覚は縦横の相違を見事に捉へてゐる。縦書きの堅実、重厚に対して、横書きの散漫、軽薄と要約することができよう。これは重大なことで日本人の思考や感情の深い面まで関はってゐるのである。

文章例の分析

「私の人生について」と題する文章の実例を紹介する余裕はないが、全編を通して読んで私が感じたことは、縦書きは理論的で、大上段から筋道立てて考へてゐるのに対して、横書きは経験的、具体的な題材が多く、身辺雑記的で、まとめようとしてゐないといふことであった。これは今まで項目に分類して挙げてきた要素が文章といふ作品に反映されてゐるのである。つまり、縦・横の書き方が実質的な内容にまで関係してくるのである。

今後の課題

以上の通り、私の実験は石川と全く同じ結果が出た。横書きの横行が根本的に日本人の生き方や考へ方・感じ方、つまり文化・伝統を乱し、弱め、破壊させることに気付き、縦書きに回帰しなければ将来、大変な事態にならう。

なほ、今後の課題は、対象の学生は異なるが、今回、縦を先に、横を後に書かせた方法を逆の順にして比較することと、同じ文章を縦と横に書き直して、それぞれを読んだ印象や理解がどう違ったかを調べて、その異同をより明らかにすることである。

(2) 縦書きの読みやすさ・自然流と横書きの読みにくさ・違和感

実験の趣旨と方法

平成十五年一月に私の授業で、最初に縦書き、次に横書きで同じ題目について文章を書いた後、縦書きと横書きとがどう違ったかを書かせる実験をした。この結果は(1)の通りで、学生は縦書きは重く堅実で集中した文章、横書きは軽く散漫で、粗雑な文章になったと答へた。文章を書くことは考へることであって、横書きが今以上に増えると、思考の弱化、文化・伝統の衰退を招く懸念がある。

今回はこれに続き、縦書きと横書きの文章を読むことにどういふ違ひが生じるかについて調べた。同十六年一月下旬、私の担当する文化学部の「日本言語文化論」の最終授業の残りの時間で、まづ縦書きと横書きの文章例を各一枚、黙読させた。内容はＢ４判紙に七例の異なった評論、随筆、手紙、演歌を挙げた（この程度や質はほぼ同一だが、完全とはいへない）。次に、Ｂ６判のレポート用紙に縦と横の文章を読んでどう違ったかについて自由に書かせた。当日の出席は三・四回生の九十九名（男子三十一名、女子六十八名）で、時間は全部で三十分間。前もっての解説は先入観を与へないため何も言はずに、また、成績には関係ないと付け加へた。文化学部は国際文化学科の一学科で、外国語学習に力を入れ、言語や文化に対する学力や関心は他学部より高い。また、私の授業ではノートは縦書きにするやうに言ってをり、ほぼ全員が実行してゐる。従って、私の考へがどういふものか知ってゐるので、できるだけ予断を与へないやうに留意した。以下、その結果を項目別に要約して示す。引用の鍵括弧はほとんど略すが、特に注目するものは使ふ。

印象と感覚

縦書きは重々しく、改まってゐて、まじめで、気持が引き締る。かっちりして、威厳があり、難しさうに感じる。

一方、横書きは気軽で軽快、柔かく、くだけてゐる。あっさり淡々として、幼稚で、易しく感じる。縦は中身が濃く、印象も良く、心に響く。すっきりして、流れるやうな感じがする。横は親しみがあり、ゆったりして、温かみがあるが、「極端に言うと、アルファベットを縦に書いた時のように流れがない」。その点、縦は「文字がすらすらと流れていて、これは書いてみればよくわかる」。ここで、文字を読むことと書くことを同じ質として捉へてゐる。

縦は古風で、落着いて、しっとりとして上品、また、公的で正式、格式ある感じがする。しかし、横は感情を表しやすく、話し言葉的で、生活に密着し、現代ふうで、私的な感じがある。縦は日本を感じ、伝統的であるが、横はさうではなく物足りず、西洋ふうでさへある。

読みやすさと理解度

横書きに慣れた学生がどちらが読みやすく、理解しやすいと答へるか、大方の予想は横であらう。しかし、結果は全く逆で、縦が五十九名、横が十六名、差なしが十一名、無記述が十三名であった。実に六割の者が縦と答へた。

第一印象では縦は難しく、読みにくさうであるが、読んでいくと意外に読みやすく、理解しやすいと答へる者がかなりあった。初め横と答へたのに、改めて読み直して縦と付け足す者もあった。それに対して、横に違和感を覚える者が多く、抵抗があり、目が疲れる者もかなりあった。このことは既に横書きの高校日本史の教科書界に『最新日本史』が縦書きで初めて登場し（昭和六十二年度）、読みやすいと好評を得たことを裏付ける。日本語の横書きは言葉や文化の自然に反すると言へるのである。

読む態度と意識

前項に関連して、読む態度や姿勢、意識や感覚がどのやうに異なるか、その詳細を学生は明快に答へた。縦書きはすっと内容が頭に入って、目で追ふのが滑らかで、速い。また「言葉の前後関係がはっきりし、文字通り頭へ縦に入ってくるような感じを受けた」。一方、横書きは流れが取りにくく、内容がなぜか頭に入りにくい。前後関係がはっきりせず、流れていく感じがしない。縦は文章全体を見渡して、斜め読みができるが、横は文章を目で追ってすべて読まなければならない。また、縦は読みたいといふ好奇心が湧き、理解しようといふ気が起りやすく、集中力が増す。横は気楽に読めるが、心の持ちやうが構へてをらず、真剣に読む気がしない。縦はしっかり気持が引締るのに、横は力があまり入らないまま読み、中身はそれほど把んでゐない気がする。なぜかふわふわ浮いてゐるやうな感じになる。

では、目の動きはどうか。縦は目の運動量がより多く、その分、頭が冴える。動きをつけながら、リズムよく読み進めていける。目がスムースに移動し、楽である。ところが、横は「目線を横へ動かすことから動きがあまりなく、並列という感じ」で、地に足がつかず、どうしても途惑ってしまふ。不自然な目の動きで、時々目がつっかへ、頭の中がぐちゃぐちゃになって、痛くなった。また、乗物酔ひのやうな状態になり、読む気が失せてしまふ。

縦と横の読みの優劣はこれで決定的となった。横についてもっと鋭い指摘を紹介する。「視線が左右へ行ったり来たりするたびに、ぶちぶちと文章が切れているような感じがする」。「内容が並列になっていて、頭へ広がって入ってくるような感覚を覚えた。ぼやっとしか頭に残らない」。このやうな読み方で理解はどうなるのか。横は「目がうろうろして、集中しにくく、なかなか読み進めることができない」。「読んでいるつもりなのに、目だけ右に動いているのではないかと思うぐらい内容が理解しにくい」。

読む姿勢が目や身体の運動と関はってゐることをここで確認しなければならない。横書きの文章を読む時は「目が下に動こうとするのを無理やり横に動かしている感じがして疲れる」。「右横に目線を進めなければいけないのに、無意識に下に向かおうとしてしまう気がする」。横書き世代の若者でさへ自然に目が下へ動いていく。これは日本人の身体感覚と連動してゐよう。次の本質をついた感想を見よ。縦書きの文章は「体の重心と同じ目線の動きで読める」。「上から下へと重力的な感覚で読み下がることが可能になる」。昔からの俗説で、目が二つ横に並んでゐるから横書きがいいと言はれてきて、これを挙げた者も数名ゐた。しかし、以上によってこの説は全く根拠がなく、誤りであることが明らかになった。

内容のまとまり

書く態度や意識、また文体が内容の質、思想に結びつくことは(1)で触れた。縦書きは心が籠り、魂が入って、統一感がある。一方、横書きは深さや真剣さがなく、何かの説明書の感じがある。特に演歌では縦は力強く、感情をよく表し、重たく感傷的、美しい雰囲気が伝はる。横はどこか軽く、実感が湧かず、思ひだけを羅列して、ただの平凡な文章のやうに感じる。前回の書き方の実験において、縦の重み・集中と横の軽さ・散漫が、今回の読み方の実験にそのまま当てはまる。書くことと読むことが共通する思考の基盤にあることを物語る。

文字と行間

縦書きは文字の間隔が狭く、びしっと詰ってゐる感じがするが、横書きは字間と行間の幅が同じくらゐで、文字がばらばらな印象を受ける。また、視界全体に文字が飛び込んできて、文字がやたらと広がる感じがする。縦は漢字が多くても読みづらくなく、「漢字の一字一句が映えているというか、存在感がある」。一方、横は漢字がそれほど目立たず、多ければ読みにくく、平仮名の多い文章ならよい。

段落の区切りは縦が見やすく、前後の文章の流れがたどりやすい。一方、横は改行、段落が多い気がして、余白が目立つ。前回で、縦は書く形式をきちっと守らうとする意識が強いが、横は書式が一定せず乱れることを指摘してゐた。これが今回の読み方にそのまま反映してゐる。次の独創的な見解に注目しよう。「一般的に本は横にページをめくるので、文章は縦書きの方が縦と横のコントラストの点からそうなっているのかも。（これは）目の視点の観点からか」。

適した文章

縦書きは正式で、重みのある文章、堅実で、長い文章にふさはしく、横書きは軽く、短い文章、メモ書きならよい。手紙では、縦は目上に出す改まったもの、横は親しい友人の場合である。小説、物語、韻文、新聞、また和菓子の表示は縦であり、「文庫本が横だったらとてもいやな感じ」がする。横は、短いエッセイ、絵本、外国語訳、世界史の教科書でよい。演歌は縦、ポップス調の現代の歌は横で、後者はテレビの字幕の影響が大きい。

まとめ

これで縦書きと横書きの文章の読み方の相違と特質、国語としての今後の在り方が、学生の意見を整理することによって明確になった。「国語の将来」を案じることはない。最後にまとめになり得る新鮮な若者の感想の一部を紹介する。

「日本語といえばやはり縦書きであり…その面白さや独自の印象を忘れてはならない」。「行書体は文字から文字へ流れるように筆を運んでいく。日本語の文字の書き方と縦書きとは切っても切れない関係にある。縦書きの方が横書きよりわかりやすく感じられるのはとても自然なことだと思う」。「縦書きの文章は…生き生きとリズム感が出ている…これこそ意識できぬ物の感じ方なのかと思った。日本人の心の奥底にしみついた文章の読み方だと感じた。…慣れたものに対する安心感、心地良さを感じた」。

(3) 縦書きの深み・緊張と横書きの浅さ・弛緩

平成十五年一月、私の担当する授業で縦書きと横書きに関する実験をした。その方法は①「私の人生について」と題してまず縦で書く。②次に、同じ題で横で書く。各二十五分。③最後に「縦書きと横書きとはどう違ったか」について書く。二十分。この結果は先に(1)で述べた。そこで、翌十六年一月に右の①と②を逆にしてどうなるかを調べた。文化学部国際文化学科の「日本語の諸問題」の最終授業で、出席者は一～四回生、四十四名（男八名、女三十六名）。この結果は縦書きと横書きの順序を変へても全く同じで、(1)の題目通りとなった。以下、引用の鍵括弧はほとんど略して、要点のみをほぼ原文通り整理し、重要な意見は引用文で示す。

書きやすさ

縦書きが十名、横書きが十二名、どちらでもないが四名、無記述が十八名であった。縦と横がほぼ同数であるのは前回通りで、どちらも国語の授業、また日常生活での慣れによる。横書きの機会が多い学生にとって縦の支持がこれだけあることが重要である。縦では手が汚れるといふのは僅か二名、これを補ふやうに「後の空白が見えるのでスペースが配分できる」といふ者もゐる。また、書くのは縦の方が速い。

書く態度

縦書きは改まった感じで、構へて、かしこまり、言葉遣ひに気をつける。一方、横書きは気楽に、のびのびと、自由に、何も気にせず書ける。縦は圧迫感、緊張感があり、読点を気にし、形式を考へ、きちんと書かなくてはいけないといふ思ひが出てきて、作文のやうな感じになる。横はつい関西弁や話し言葉で書いてしまひ、何となくレポートを書いてゐるやうな気分になる。手紙なら縦は目上の人、横なら友人で、横はどうしても手紙みたいになってしまふ。また、縦は直したり、考へたりする時間が多く、書いても書いても埋らない感じがして、文章が長くなる。しかし、横は様々なことを少しづつ書け、短文が多く、消したり付け加へたりできさうである。縦ですらすら文章が出てくるのは流れるやうに書けることと関連して、運筆の面からいふのであらう。横の方がすらすら書けるが、何かだらだらした文章になり、少し雑になってしまふといふ反省もある。

文字の書き方

縦書きは流れるやうに、続けた感じに書ける者が多いが、横書きは誰もなかった。縦は行間が狭く、文字が小さい気がして、縦長になる。横は一字一字が大きい。また、縦は上から下まで字ばかりの印象で、上下の線で字の大夫や意見が多かった。

きさを揃へやすく、行間の中央に書く。横は下線に沿って書くが、文字の列がゆがむことがあり、語ごとに字間をとり、すき間ができる。縦は漢字を少し大きめに、平仮名を少し小さめにといふ書き方ができ、見やすく達筆になった気がする。また、カタカナ語は縦で使ひにくいが、横では自然に使へる。全体的に縦の方が文字の書き方の工夫や意見が多かった。

段落

縦書きの方が段落分けの意識が強く、また、分けやすい。横書きは長々と文を続けてしまひ、段落を考へることを忘れてゐた者が多い。文章例で調べると、段落のないのが縦横とも二十五、段落四つは縦が六で、横は全くなかった。つまり、縦は文章の構成を考へて書くが、横はその意識がなくなるのである。

内容

縦書きは堅くなり、限られた中身を深く書くが、横書きは文の印象が柔かく、感想文みたいになる。縦は何かをまとめて書く時によいが、横は比較的簡単な言葉を使ってしまふ。縦は自分の気持がはっきり表れ、「気が引きしまって書いたかなと思う。けれどそれは書いていた内容によっているかもしれない」。つまり、書く態度と内容が相関してくるのである。内容が主観的、客観的になることは縦横ともに見られた。縦は国語の授業を感じ、改めて日本文化を感じるが、横は「西洋文化であり、文にまで西洋文化が入っていることに気がついた」。

文章例の分析

縦書きは内容の考察や思考が入り、深く、内面的、理論的である。横書きは叙述が浅く、易しく、生活や経験に基づき、例話が比較的多い。縦はすっきりとまとまり、整ってゐるが、横はやや乱れてゐる。また、縦は上下の線や文字が揃へやすく、全体に調和がある。が、横は左右が揃はず、ばらばらな印象で、分ち書きや字間の空きが目立つ。改行の一字下げは縦は普通だが、横は書きにくく、二字ほど空ける者もゐて、全体のバランスは悪い。このやうな書き方が文章の中身に影響を与へてくるのである。

縦と横の違ひ

的確に指摘した優れた意見を紹介する。「横書きで書いていた時には、自分の意見、考えの中にどっぷりと浸って、がむしゃらに、といえば大げさだが、主観的に書いていた気がする。だが、縦書きの場合には:より自分の考えというものに対して冷静さをもっていられたように感じる。内容についても、横書きで書いたものの方が、より自分自身に引きつけて、体験などに基づいているのではないだろうか。逆に言えば、縦書きで書いた時には、視野をより広げて考えていたように思う」。

まとめ

以上によって、縦と横の書き方、考へ方の内容や質の相違が明らかになった。テレビや情報機器の普及により今後ますます横書きが増大するだらう。この時に、我々は縦で書き、読み、縦書きで考へることによって、思考を深めていかなければならない。そして、古来の文化、伝統を守り、伝へ、新しく創造しなければならない。この文化の力は横書きではなく、縦書きによって成され得るのである。

(4) 縦書きの内面的な文化力と横書きの表面的な情報性

以上、縦書きと横書きについて三回、実験してきたが、その実験の結果はすべて同一で、縦書きと横書きの質的な相違、学生の的確な意識と感覚が分った。あと残る方法は、縦と横の全く同じ文章を読んで、どう違ったかについて調べることである。そこで平成十七年一月の最終授業で終りの二十分を使って、次の通り実施した。小説・随筆・評論・短歌俳句の鑑賞文・手紙の六種類の同じ文章を縦と横で別々に作成し、それを読んで受止め方の違ひについて自由に書かせる。三科目の授業で、対象の学生は外国語学部二・三・四回生「日本語学」四十名、文化学部三・四回生「日本言語文化論」四十五名、同二回生「基礎演習」十六名の、合計百一名である。以下、その結果を項目ごとに分類し、要約して示す。引用の鍵括弧は略すが、時に使ふことがある。

読みやすさと目の動き

読みやすさについて明言した者が三十九名で、その内、縦書きが二十九名、横書きが十名、また、読みにくいのが縦はなく、横が五名であった。この五名を縦の読みやすさに繰入れると、七十七％が縦が読みやすいと答へた。また、違和感があるのは縦でなく、横が十六名、横に違和感なしが一名であった。この結果は先の実験でも同じで、国語が縦で読み書きすることをふさはしいと横世代の若者でも認識してゐることが確かに証明された。

次に、縦の目の動きを記した者が七名で、目が上から下へと動きやすく、ごく自然で、視線を下に落すだけで楽に読める。「縦を読む際、一行読み終わって次の行にいくときに、頭が縦振りに動く。一方、横を読む際には首が左右に振れる。うなづくように読む縦の文章の方が、ゆっくり心に留めて読める気がする」。

横は左から右への動きが不自然で「一行読んだら、また次の一行を読み進めて、一々視野を戻さないといけない」。従って、目が文章を追ひづらく、「次の行にいくとき、もう一度前文を読み直さねばならない気がする」。しかも「読み進めていくうちに、次の文章がすぐ目に入ってきて、区切りがつかなくなる傾向がある」。読んでゐても、何度も戻ってしまひ、読み疲れて、あまり読む気が起らない。「ただ読んでいるだけで、理解はできていない感じ」である。

一方、縦は目で行を追ひやすく、「一行の最後の一字から次の行の最初の一字へ目を移す時に、それにかかる時間が短くて済むような気がする」。従って、読み直しが少なく、しっくりと速く読める。縦は次にくる内容が目に付きにくいのに、横は文字数が多く感じられ、多い量の文が目に入ってしまふ。横は読むことそのものに入っていきにくく、どこを読むのにも詰まる。しかし、縦は読んでみたいといふ気にさせ、読みに入りやすい。「横を読んだ後、縦を読んだら、ほっとするというか、落ち着いて読める」。縦は何気なく、ぱっと目につき、「同じ文章であるのにやはり縦の方から読み始めていた。無意識の間に日本語の文章は縦であるものという考えが働いていた」。この心情の流れの分析は貴重である。ここに、縦の歴史的な伝統の重み、国語の本来の真姿が示されてゐる。縦は一行に限定的に集中して読み進める。一方、横は視野が広く、文字も左右に広がって見え過ぎる。ここに縦と横の、書くことと読むことの決定的な相違がある。このことを学生は経験的に体得して指摘してゐる。

読む態度と意識

縦書きは文章の世界に入っていきやすく、断然、心に染みこんでくる。「一語一語に重みが与えられていて、集中して一気に読み通せる」。一方、横書きは読まうと意気込まなくても気軽に読め、読み手の気持がゆるむ。頭に入りにくく、あまり残らず、ただ単に読むといふだけで、イメージが湧いて来ない。縦は「今、物語を読んでいるのだという状態になりやすく、内容をイメージしやすい」ので、感情を込めて読むといふ心構へになる。縦は一つの作品として捉へて、読書してゐる感じだが、横は説明書や洋書を読んでゐる感じになる。同じ文章であるのに、横は簡単な文章を読んでゐる気がして、論理的に読みにくく、情報を得たらすぐ抜けていきさうである。一方、縦は「一文一文を整理しながら読むので、読み終わった後、統合しやすい」。ここに、「統合」といふ中心語によって、縦の読み方の理解と思考の深みが見事に示されてゐる。

内容の読みとまとまり

この読む態度が内容の把み方に関はってくる。縦書きは「単語一つ一つが目に飛び込んでくるような感じ」で「ふとして単語で立ち止まり、意味を考え込む」。従って、言葉の意味が重く感じられ、「会話でも気持ちの深みがあり、その姿が鮮明である」。一方、横書きは「何かの事柄を説明している感じ」で、「しばらく読んでいると、物足りなく感じて」きて、「ただ淡々と文章が続いていくように思われる部分がある」。同じ文章を縦と横それぞれに組んだものを読んでいる。それだけでこのやうにはっきりした相違が出てくることは不思議だといふ指摘がかなりあった。ここに、縦・横の文章の形式が内容に密接に結び付くといふ事実が本質的に示されてゐる。

縦は文章や内容が、活きてゐるやうな気がして、続けて読んでいけて、全体としてまとまってゐる。一方、横は文章に生気を感じ取れなく、断片的で、まとまりがどこか欠いてゐる。縦は感情を感じ取れるのに、横は感じ取りにくく、内容と「隔たりがあって、客観的に読んでしまう」。読む姿勢と内容の読解もやはり一致してゐる。縦は「文章の内容が自分の頭の中で想像できて、理解しやすく読みやすい」ことから、「話が次へ次へと流れに沿って進むような感じ」になる。しかし、横はさうはならず、停滞してしまふ。

韻文の読み

短歌俳句は、縦書きは「見た瞬間、これとわかる」が、横書きは「文字数を数えなければそれと理解てきない」。さらに、横は「読んでもすぐに認識できず、読み直してはじめてそれが俳句であったのかと気づいた」。縦の「下の部分の余白が何ともいえない味わいがある」とは鋭い指摘である。韻文の余白、沈黙の意味と美意識について学生は直感的に認識してゐる。縦は雰囲気が出るのに、横は詩と感じられず、「日本語訳されたものという印象をもってしまう」。記紀・萬葉以来の、韻文の縦の深みが現代に至るまで息衝いてゐる。

文字と段落

縦書きは漢字が強調され、漢字を取入れた調和の良さがある。これに対して、横書きは平仮名が強調されてゐるやうに感じられる。横は「漢字や難しい単語が多くあると理解しにくくなる」が、縦はそのやうなことを思ひもしない。縦は「ぱっと見た感じがすっきりして、空白が美しく見せている」。一方、横が「みっちり隙間なく書かれているように見える」とは余白に美がないのだらう。

縦は「段落分けがわかりやすく、文章にメリハリがあるように感じる。しかし、横はだらだらと長く書いている気になる」。これは縦が文字が整然と詰まってゐる感じなのに、横が文字の間が空いてゐる感じになることと共通しよう。横だと段落意識や形式を整へる意識が薄れることについては、以前の実験で明らかになってゐた。縦ならこれがまとまり、「段落を設ける意味もほどよい『間』に感じられる」。縦の読みやすさと快く流れるリズムは文字や段落形式にも関はってゐるのである。このほか、縦と横の印象の違ひ、それぞれに適した文章や分野については次の(5)で紹介する。

思考の言語と縦書き

以上、三年間、四回の実験を通して、国語は縦書きによって文章の形を整へ、思考、感情の実質を得ることを確証した。この書き方の実験を初めて行った石川九楊は横書きを続けると、思考が浅薄になり、歴史・文化が破壊されると警告した。私はこれを受けて、書くことだけでなく、横書きの文章を読み続け、慣れてしまふと、理解力、思考力が衰へ、歴史・文化の伝統を継承し、創造する力を失ふことになると憂ふ。

言語を報知・伝達と弁証・思考の二つの機能（森重敏）と考へると、縦書きは言語主体（話手・書手）が自己の内面に深まって思考する言語、横書きは表面的に情報を伝達する言語とすることができる。縦は読み、書くことによって、主体的に重く受止め、創造へと向っていく。しかし、横は言語主体に浅く、散慢に過ぎて行くだけで、蓄積されず拡散されていく。縦と横の言語の文章の、即ち、文章の形式、文体の質的な程度の差は言語の機能の質の相違と一致してゐる。なぜなら、我々は読み、書くことにより考へ、同時に、考へながら読んだり書いたりしてゐるからである。このやうな文化の力は軽くて浅い横書きではなく、国語の本質に適った、重くて深い縦書きによって、養ひ、培はれていくのである。

(5) 縦書きの有機的な締りと横書きの無機的な崩れ

(4)の実験結果のまとめで書き切れなかった内容を、学生の意見を取上げながら補足して述べる。

文章の感覚

縦書きは昔ふうで、古く、歴史があるが、横書きは現代ふうで、新しい感じがする。縦は格式と重みがあるが、横は軽々しい。また、縦は堅く、畏まって、きちんとしてゐるが、横は柔く、明るい色の感じがする。この意見は内容の印象に関はり、縦は難しく、引締って感じるが、横は平易、簡単さうで、また、中身が広がっていく。

この文章の感覚は書き手、読み手の態度や意識にも影響を与へる。縦はまじめで、誠実、威厳があるが、横はきちんとせず、自由でどこか崩れたやうな感じがする。縦はしっかりした印象で、大人的だが、横は年若く、子供的である。総じて縦は深さと奥行きがあって、濃い。一方、横は和やかで、優しく、何か薄っぺらさがある。縦はすっきりしてゐて、長い文章でもだらだらした感じがしないが、横は長々と続きさうで、締らない。以上の指摘は表現は異なるが、毎回の調査で答へてゐた。

受ける印象

縦書きは身近で、生き生きとして、印象が強く、しっくり伝はる。横書きは軽い気持で入っていけるが、どこか取っ付きにくさがある。縦は迫ってくるやうに目に入り、温かさ、馴染み、親しさを自然に感じる。しかし、横は殺風景で、どこか、冷たい。他方、親しみやすく、自分に向って語りかけてゐる感じも受ける。

文体の印象

縦書きが情緒的であるのに対して、横書きは抒情性が薄れ、感覚的である。横は趣があまり感じられず、余韻も、味気もなく、事務的である。縦は抒情もあり、また、論理的である。文章に流れがあり、一つ一つの感情や情緒が読み取りやすい。ここで、縦を情緒と論理の両面から評価してゐることに注意しよう。一方、横は機械的、情報的で、無機質な感じがある。何か科学的で、数学の問題でも読んでゐるやうな気がする。横書き世代の若者が横の方に慣れてゐるはずなのに、このやうに文体の質的な違ひを確実に捉へてゐることに驚く。縦と横の本質は世代を超えて生得的なものであらう。

日本と西洋

縦書きは日本といふ国にゐる実感が湧き、日本的な和のイメージを抱く。それに対して、横書きは西洋的で、まるで横文字を読んでゐる感じがする。西洋文字を横文字と言ってきたわけをはしなくも連想してゐる。縦は国語的で、日本の独自性があり、日本語として秀れてゐる。しかし、横は西洋的で、英語の長文や翻訳物を読んでゐる感じがする。

最初に述べたやうに、以上の意見は同じ文章を縦組み、横組みに印刷したものを読んで、どのやうに違ったかについて自由に書いてもらったものである。学生自身、「同じ文章であるのに別物と思っていた」、「雰囲気や印象が違ってくるとは不思議である」とまで言ふ。縦と横の文章の型が外形だけに止らず、書き、読む意識や態度、内容や理解の程度と対応してゐることに注意しなければならない。

適した文章の分野

縦書きは文章一般にふさはしいが、横書きは個人的な日記、予定表、メモ、また、テレビの字幕などに適す。縦は文学作品を強く感じるが、横は少しくだけた文章や短い文、かはいらしい詩や絵本に向いてゐる。手紙では、縦は改まった内容や目上に出す時、横は親しい友人など気楽に書く時はいい。一方、縦でも相手に対して親しみを込めてゐる感じがするといふ答へもあった。横を「個人の言葉」と私的なものに捉へてゐるのは興味深い。

本質を突いた意見

縦書きと横書きの本質的、根本的な相違、国語は縦でなければならないといふ特質については四回の実験で言ひ尽された。ここで、的確な学生の説明を掲げる。

「横書きだと書き終える端が見えず、だらだら書きがちであるが、縦だとスペースがきっちり視認できるため、横書きよりは計画的に書けるような気分になる。この感覚は読む時にも少なからず影響を受けているように感じた。…横書きはどこか日本語的でない印象を持つ。これはもともと日本が右上から右下へ順に書いていた日本文化が今も残っているように感じた」。

「横書きで読むより、縦書きで読んだ方が読みながらその内容に共感できたように思う。横書きの文章を読んでいる時は、全体的にだらだらした印象を感じて、どこか自分と切り離して捉えてしまう感じがした」。

残るは実践

このやうに学生は理論的、感覚的に分ってゐても、大学の受講を含めて日常生活にふと横で書いてしまふ。これは新聞で一部の囲み記事や広告などでの意図的な使用、公文書や情報機器による文書の作成など、横書きの止めどもない蔓延と軌を一にする。この風潮に抗して、学生がいかに縦書きを実践するかといふことが今後の課題である。

（二）縦書きの文法的原理——国語の論理と構造

学生に対する実験の結果

縦書きと横書きの文章を書き、読んだ時にどう違ったかについて平成十四年度から三年間、四回にわたり私の受講生に対して実験した。その結果は、対象学生と年度が異なっても、縦と横の受止め方は一貫してゐて、横書きや情報機器、また外国語教育に慣れた現代の若者が意外に縦書きの読みやすさ、書きやすさと意義を認識してゐた。

これは流行や大勢に関はらずに言葉や表現の深い根源に国語として重要なものがあるからではないか。古代から国語を縦に読み書きしてきた事実はただ伝統や慣れといふだけではなく、国語の本質たる真実を表してゐるのではないか。漢字やかなが運筆上、縦書きがふさはしいことは既に言はれてゐる。ここでは我々が言葉を理解し、表現しようとする行為と意識を重点に置いて、国語の内部における論理と構造、広く文法に関して、縦書きが国語に適ふ根拠を考へる。

文末が重い語順

国語は終りまで聞かなければ分らないと言はれる。主語に続いて、どうしたのか、また肯定か否定かといふ結論が中間に目的語や修飾語が入るためなかなか明されない。一方、英語は主語・述語、肯定・否定を先に表し、後に付加的なものを補ふ。泉井久之助の言ふ通り、国語は「中途に一つの断裂」があり、「一種の精神的な緊張」が強ひられ、その「解放はひとえに文の最後になってから」である（『言語の研究』）。国語は初めが軽く、順に重くなり、終りに重要なことが述べられる。この語順は上から下へ重みをつける表現の力の作用であり、これが縦書きの書式に反映する。英語は主述を中核として、前置詞や関係代名詞、また連用修飾の後置など補足が後に続く。書式として横に延びて、拡散されていく。従って、横書きには重量がなく、初めは重いが、順に軽く、薄くなる。

国語は文の構造だけでなく、語の成り立ちでも同じことが言へる。阪倉篤義は動詞の複合語で、例へば「逃げ去る、読み飽く」は、「上従下主」、つまり上の語が下の語を修飾し、後項に意味の中心があって、これは語順と同じであるとする（『語構成の研究』）。この下の重さは横書きでは表せない。

また、格助詞「の」について、「京の春」は「春」に、「春の京」は「京」に力点がある。複合語と同じく、「の」で繋る下の語が意味の中心である。この軽重、主従は縦の系列によって認識できる。時枝文法で指定の助動詞とする「急の話」「花の都」の「の」も、「である」といふ指定の意で下の語を説明するが、横書きではその重さが感じられず、軽重が把みにくくなる。「ゆく秋の大和の国の薬師寺の塔の上なる一ひらの雲」（佐佐木信綱）の歌は「の」を重ねることにより、天空から地上へ、また、広く大きい全体の情景から小さな一点へ視点を移し、集中しようとする。いろいろな語に接する「の」は語と語との関係を構成する力が強く、そのはたらきは縦書きによって実質化されてゐるのである。

文末における陳述

言語主体（話手）の表現過程や表現意識を重んじ、国語に即した独自の文法体系を樹立した時枝誠記は語を客体的概念的な詞と主体的観念的な辞とに二分し、辞（助動詞、助詞など）が詞を包み、統一するとした。「桜の花が咲く。」は、「の」が「桜」を、「が」が「桜の花」をと、順に入子型のやうに包み込み、文末に主体の判断や感情の態度を表し（陳述）、文が成立する。文末の辞によって文全体を風呂敷のやうに統合し、包括する。「花が咲くだらう。」は「花が咲く」ことを「だらう」によって包み、話し手の推量判断を表す。「花が咲く。」の場合は「咲く」といふ終止形に語として表されない零記号の陳述がはたらき、「花が咲く」といふ判断を表す。一方、英語は主語・述語が文の骨格であり、ｉｓの繋辞によって繋がれる天秤型の構造である。このやうに、国語は上から下への流れによって、下に重みが加はり、文末の辞によって全体をまとめ、主体の言語態度を表して、文を締め括る。この構造が実にそのまま縦書きに形として表されてゐるのである。

この言語過程説に基づく文法理論（時枝文法）を批判的に摂取して、構文的職能を中心に文法を体系づけた渡辺実は「花が咲く。」はまづ「花が咲く」といふ叙述を統一し、完了させる綜合作用（統叙）がはたらき、次に「花が咲く。」と断定する主体の精神の作用（陳述）があると説いた（『国語構文論』）。文は文頭で話し手の完結への志向があり、線条的に叙述の世界を述べ、述語による統叙を経て、文末で文を有機的な統一体にならしめる陳述がはたらく。つまり、叙述、統叙の下に、土台として陳述が根柢を支へるやうに、立体的な構造となってゐる。この構文論的な説明はそのまま国語縦書き論の適切さを証明する。横書きでは陳述の土台は崩れ、叙述の重みを支へるものがなくなる。横書きの英語は立体とはならず、左から右へ延びる平面的な動きであり、主述を先に明らかにして、これがもととなり、順に付随的な語を追加していく。国語にとっては本来的に不自然な表し方である。

文末決定性

国語は文末に言語主体の判断、立場、気持を表し、文として統括し、収束する。それは用言の基本形（終止形）、助動詞、助詞によってなされる。この文構造、表現構造は上から下へ、小さな流れが次第に大きな流れに合し、終りに本流となって統一される実質が縦書きとして保証されてきた。この文末は述語、述部であり、ここが重要なのである。国語では主語を表さないことが多い。これは主語の省略ではなく、述語が主語を含んでゐると考へられる。その点、英語は主語がなければ文が成り立たず、主語は述語と対置される。国語は主語を示しても、その結果は先送りされ、緊張は終りまで持続され、文末で解決する。文末決定性といはれる所以である。平安時代の女房文学の文章は延々と文が続き、主語が途中で変ることもある。この長文は主語が包まれた述語を重ねてゐるのである。これが不自然でないのは、その間に統叙を繰り返し、小さな区切りをつけながら、さらに中止形（連用形）や接続助詞で続けていくからである。古く句読点が発達しなかったのも文の終りが把みやすいことによる。逆に英語は、付加的なものの終りは句点で明示しなければならない。

場所の論理と述語性

高山《こうやま》岩男は『西田哲学』で「場所の論理」を次のやうに解説する。主語（特殊）が述語（一般）に於てあることに包摂判断の根本義があり、知ることが成立する。特殊的主語は知られるものであり、物や客観である。一般的述語は知る場所であり、心や主観である。主語は述語の場所に於てあるものであり、述語は主語の於てある（存在する）場所、主語を包む場所、絶対の無の場所である。この主語と述語は時枝文法の詞と辞に類推し解釈できる。

中村雄二郎は「場所—無の論理」をこの詞辞論と関はらせて『西田幾多郎』で次のやうに説明する。西田哲学では意識の範疇は述語性にあり、我々は主語的統一でなく、述語的統一にあり、一つの点でなく、一つの円を成す。

そこは物でなく、場所である。これを詞と辞に結びつけると、述語は主語を包み、自己限定し、自己において自己を映す場所である。主語面は述語面に包まれてはたらき、述語面に落ち込んでいく。我の統一は述語的な統一によってなされ、述語的世界が生み出される。

この述語的世界は渡辺説の叙述から統叙へ、そして陳述で統一、完結する文の成立に即応する。この論理構造が縦書きに反映してゐる。国語を横書きにすれば主語的世界を述語的世界が包み込めず、あらぬ方向に散漫に放射され、深められず、場所が確立しない。従って「有を生み出す豊かな世界」を形成することができない。

文末（陳述）に及ぶ係結び

係助詞が文末で特別な活用形をとるといふことには深い意味がある。それは係助詞の疑問や強意の主観的な感情が文末にまで及んで、それに呼応して連体形（体言）、已然形（言ひ放し）で終へるといふことである。主体の心に溜められた力、気息が強く持続され、文末の陳述にまで係り、結んでいく。この係結びの構造は縦書きの上から下への押さへの作用に相応する。縦の流れによって下の基盤がその気合を受け止められる。係助詞「は」も同じはたらきで、主語ではなく、主題を提示し、何について述べるかを明かし、次に解釈、解説する。これは縦の一本の筋によってなされ得る。冒頭文「吾輩は猫である」の「は」は一文を越え、次に続く数文まで強く支配していく。さらに、「決して」「もし」などの陳述副詞は下に一定の語が決って表され、「珍しく遅刻した」「幸ひに合格した」の批評注釈の誘導機能（渡辺実）も話手の前触れの態度が文末にまで呼応し、影響するはたらきがある。

文末の重要性

このやうに、国語は文末に決定性があり統括され、これが縦書きに適ってゐるのである。縦書きは古来、国語の特性と本質、日本人の表現法に基づいた書き方であった。このことを、英語の表現と比べて、さらに考察する。

係助詞による係結びの表現は古代で盛んであったが、中世には論理関係を明確にする表現に変り、衰へた。格助詞は変化が少なく、間投助詞はもとより多くない。終助詞は数が多く、文末に言語主体の立場や気持を込めて、文を完結する。これは近代日本語が「文末が重くなって上が軽くなりゆく」ことと軌を一にして、文末の重厚な基盤は強い（池上禎造『国語の歴史』近世）。これは英語と比較すればよりよく理解できる。安西徹雄の『英語の発想』によれば、英語は「動作主＋他動詞＋目的語」の構文が基本的で最もよく使はれるが、国語では主語が特に明示されないことも多く、物事全体が自然にさうなったと捉へて表す。このことは、外山滋比古が英語は名詞中心構文、国語は動詞中心構文と指摘し（『日本語の論理』）、池上嘉彦が英語は個体に焦点を当てる「もの指向」、国語は出来事を全体として捉へる「こと指向」と説明する（『「する」と「なる」の言語学』）ことと対応する。国語は動詞ごとに一つの動作や状態を述べ終るのである。これは柳文章も「動詞の現われたところで、だいじな意味を語る部分も分り、思考の流れにひと区切りつく」と、中止法による表現を含めて、動詞の特性を論じてゐる（『比較日本語論』）。動詞は文末で終結し、また、文の途中で中止することによって、陳述を重ねる。この文法的な特質を表記として定め、支へるのが縦書きであり、縦の流れによって、上から下への重みをもって受け止め、確述される。

韻文は上の句から下の句へ

短歌で五七五を上の句、七七を下の句といふのは縦であるからこそ成り立つものである。基本的に上の句は作者の問ひや主題の設定、下の句はその答へや解釈である。下の句、とりわけ結句で集約、収束され、引き締める。横にされた短歌はむやみに分解、放散されるだけで、統一性がなくなる。これに関して、池田弥三郎は釈超空（折口信夫）の歌を横組みにしたら、句読点、一字あけ、棒線などは「決してそのまま、横にならない…不思議な、働きの違い」と述べる。横にした歌は歌にならないのである。

これは俳句でも同じことである。「や、かな、けり」などの切れ字はそこで切断され、同時に下に続いていく。非連続であって連続し、大須賀乙字のいはゆる二句一章の世界が現成する。芭蕉の「古池や」の句はここで切れながら「蛙飛び込む水の音」に及んで、対立しつつ包摂しようとして調和する。これは縦によってこそなされ得る。

歌の修辞法で、枕詞（冠辞）は命名からして縦を前提にして、神や土地を讃へる呪言が固定し、声調を整へ、下への重みとなって情調を包む。序詞は以下の中心的な語句を導き出すためで、横では対等になって言ひ起す力も失せる。掛詞は唱歌「蛍の光」で、「いつしか年もすぎ」「すぎのとを」と、下への重力があってこそ二重の意味が連想される。これらの修辞は横ではその流れが停滞し、分散し、イメージが広がることもないであらう。

（三）縦書きによる理解と表現

漫画の齣と台詞

漫画は子供が読むのを含めて、今なほ縦書きを守ってゐる。まづ、右開き、右始りで、齣は右から左へ、そして上から下へ進み、小さい齣の分割も同じで、順番の数字を記入する必要がない。吹出しの台詞も縦である。「ーが…。」「…。」「うーむ」などの言ひさしや間、また、疑問符・感嘆符などは縦であってこそ意味があって、有効である。沈黙や空白は何も無いのではなく、意味ある感情が確かに存在し、独自に表現されてゐる。それを視覚的に縦の形式で確定する。ただ、例外は、擬音語、擬態語、呼び声、呼びかけなど、横や斜めに書く場合もある。これは大きく、太く、デザインふうに書き表すことが多く、横にして変化をつけ、目立たせる。これは文や文字とは異質の、音声や効果音である。

身体の動きと感覚

漢字や平仮名の筆順や続け方は縦書きに基づいたもので、連綿と下へ流れる。横書きでは一字づつ小刻みに上から下へ、再び上へと、右にぽつぽつ切れては進んでいく。縦は書きながら上から下への重量を受け止め、自然にうなづいて、腑に落ちるやうに納得する。これこそ古来、日本人が体に刻み込んできた身体感覚である。作詞家の阿久悠は「横書きでは首を振ってしまうと真顔（？）」といふが、これは冗談ではない。遠近両用の眼鏡の取扱ひ説明書には「本や新聞などは、自然に視線を下げ…横書きの本などを読むときは、視線はそのままで、頭を左右に動かして」見るやうに注意する。縦の視線は自然であるが、横はやはり不自然である。洋画の字幕は昔は右方に縦書き、よほど速い転換でも斜め読みしても意味は十分に取れ、画面とともに見ることができたが、今の下方の横書きでは画面と文字を同時に速く理解することがやや難しいといはれる。横書きの飛ばし読みができないのは、叙述の流れが断切され、それを受け入れる身体の感覚がついていけないからである。

国語は縦書きでなければならないと早く指摘してゐたのは英文学者の外山滋比古である。アルファベッドやローマ数字は縦線を並べることを基本にしてゐるのに対して、漢字や漢数字は横の線が基本である。前者は横に読むと眼の進行方向に対して垂直に交はる縦線が多いので、眼に抵抗感があって、はっきりして読みやすい。一方、後者は横に並べると、眼の方に横線が並行して、識別しがたく読みにくい。日本人に近視が多くなった原因の一つに横書きが増えたことがあるのではないかと心配する。

書くことは考へることであり、考へながら書いてゐる。小説家の黒井千次は「横に書くと、どうしても何かを積み上げることが出来ない。言葉と言葉の間に隙間が生じ、文章と文章とが上下の行間でうまく噛み合わない。思考の歩みと手で書くリズムとがうまく同調しない」と分析する（毎日新聞、平成八・二・二二）。横に書くとどこか身体に無理を強ひてゐて、文字は形が崩れ、左右も揃はず、段落意識も乱れることは既に私の調査で明らかである。

横書きの姿勢について甲木寿人は次の通り警告する。「自分の上体を右側彎にひねって向かう姿勢の人がほとんどで…この姿勢では縦書きができない姿勢であることに気づかない…くせになり…今の学生たちは将来一〇〇パーセント腰病者になる危険性がある」と。横書きによる身体の弛みと崩れは精神や感情にも影響を与へるだらう。森信三は縦書きは「情緒の流れ」があるが、横書きは「生命の流れが寸断されがち」と述べる（『不尽片言』）。形を整へることは内実を備へることであり、縦の筋を通すことにより、日本人の背骨と気力は真直ぐに立つのである。

一つの流れとまとまり

我々が読み、書く時、一字づつ文字の排列を辿つてゐるのではない。一つの語、句、文として意味のある一かたまりのまとまりとして把んで、読み書きし、語脈、文脈の中で位置づけてゐる。そこに連続性と完結性があり、文、文章として成り立つ。行替へ、段落、会話なども全体として形を整へようとする。このやうな理解と表現のはたらきは縦の型によつて枠づけられ、明瞭になる。ただ、メモ書きや広告などで横書きが見られるのはこのまとまりを分断し、断裂させ、ここに意図的に不自然さを出し、逆に注意させるからである。重力のかかる縦に対して、横は軽く広がり、断続するだけで連続せず、遂に全体のまとまりを欠いてしまふ。

横は視野が広く、見え過ぎる

目が横に並んでゐるから横書きが読みやすいといふ俗説が今なほまことしやかに説かれることがある。もとより上下より左右の方が視野が広いことは誰でも分る。だからといつて、左右の範囲が広がつて読みやすいのだらうか。国立国語研究所の「横組みの字形に関する研究」をはじめ、いろいろな調査で常に縦の方が横より速く読まれるといふ結果が出てゐる。横の読みにくさについては三浦つとむが『日本語はどういう言語か』で的確に論じてゐる。横書きでは視野が広くなり、見え過ぎて、内容が把みにくくなる。見えることと読めることとは別のことであり、横は視野が広がるだけで、それを俗に読むのが速くなると誤解してゐたのであつた。縦書きは、頭を固定して、視野を狭く定めて、いはば一行に集中して上下の方向を取ればよい。首を左右に振り、文字の列が散漫になる横は頭に入らないといふ学生の意見も多かつた。縦の読みやすさが理論的、体験的に理解できる。

もう一つの俗説は縦書きは書いた部分が手に隠れて、手が汚れるといふ論法である。現代の学生はこのことをほとんど意識してゐない。宮崎市定が『東西交渉史論』で説くやうに、影になるのが書いた部分か、これから書く部分かは優劣の差がなく、そこにそれぞれの伝統の重みがある。これを逆に言ふと、縦書きはこれから書く部分が見え、横書きは既に書いた部分が見える。これが思考の深まりや発展にどういふ影響を与へるか、展開と伸展の点から考へるべきである。国語の縦書きは単に慣れによるものではない。「言語は伝統そのものである」（宮崎市定）といへるが、それはまた国語の原理や特質、日本人の理解や表現にふさはしい実質が存してゐたのである。

（四）縦書きの意識と感覚——右から左へ進み、上から下に降り立つ文化

（1）

時の流れは右から左へ

試みに一本の斜線を引くとすれば、右上から左下へ、左上から右下へのどちらに引くだらうか。意識せず自然な動きなら前者が多いだらう。これは右利きの者が多いことにも関連しようが、もっと根本的な要因があるのではないだらうか。

歴史年表は縦書きが一般的で、右から左へと進んでゆく。江戸時代初期まで暦は一枚紙で巻物のやうに巻かれてゐて、巻暦といった。「光陰の矢尻きりきり巻暦」「そろそろと軸にちかよる巻暦」と川柳で詠まれたやうに、一年は右から左へと進行して尽きてゆくと受止められてゐた。学校や会社の月間予定表、時間割も本来は右始りであった。時の推移、進行を線で表すなら、右から左への一直線であり、また、四季が循環すると捉へるなら、東の方向に春を置き、時計廻り（右廻り）に夏から秋へ、北の方向に冬を置く、円の形がイメージされよう。

ところが、時の観念、感覚が徐々に怪しくなり、予定表を縦で左から始めたり、時間割で月曜日を、左に置いて右へ進めたり、また、上に置いて下へ進めて横書きにしたりする例さへ出てきた。これらはカレンダーや左開きの手帳の影響もあるだらう。また、昭和五十五年ごろから、経済の分野で、「右肩上り、右肩下り」は成長率などをグラフで数値を表すことから、時は左から右に進むと捉へられ出した。「V字回復」や「U字カーブ」も年代順の変化を示す。今のところ、統計の数字のグラフ化に限られてゐるが、家系図の尊属・卑属や長幼の順を左から始めたり、また、横書きの例も見られ出した。しかし、日本人の基本的な意識としては右から左に時が流れ、それが国語の縦書きと密接に繋ってゐると思はれる。

左向きの文化

国産の自動車が広告に出ると左に向いてゐる。自転車や船もやはり右から左へと進む。日本人にとってこの形が進みゆく感じを与へ、自然に目に入り、心地よい。飛行機は離陸する時は左下から右上も見られるが、空を飛んでゐる一直線は右から左への方向である。人物の肖像画も横向きであるなら左向きが多く、右向きはなぜか落着かず、時に特別な感じがする。新聞によく出るお詫びの会見は右向きが多い。何か訳ありげで、事故や悲しい事件の時もさうではないか。一方、外車の広告は右向きがふつうで、それなりに特別な存在感を与へるのは日本人の感覚を逆手に取ってゐるのであらう。

このやうに、時も物も右から左へと進みゆくといふ感覚の拠ってくる根源は何か。それは古来の絵巻物の描き方に基づいてゐるといはれる。以下、榊原悟『日本絵画のあそび』によって述べる。「四季花鳥図屏風」は画面に向って右隻を春夏、左隻を秋冬の景色に当てる。これは前述の歴史年表と同じく、時間は右から左へと推移してゆくといふ考へ方である。これが絵巻に適用され、右から左へと巻物が開かれ、展開する。絵巻は「本来瞬間的（静止的）状況の描写に過ぎなかった画図に時間性を封じ込めることを可能にさせた画面形式」である。この「時間性を表現する際の原則は右から左」であり、「これに右から左へと連綿の筆を重ねる縦書き文字をも含めれば、おそらく我々の先祖たちの眼（視線）の動きが、右から左を基本にしていたことは疑いない」のである。さらに、この著者は「本来、日本語の書き方はこの縦書きこそが正しい書式だということを、くれぐれも忘れないでほしい」と願つてゐる。

ここで注意することは、時間も文字の書き方も目や手の動きに対応してゐることである。つまり、身体の動きや感覚に合致した自然で本源的な動きなのである。右から左へと進む時間感覚、文字感覚は日本人の生得的で本質的な身体感覚、リズム感覚に基づく。

絵巻物の見方として、この書によって更に付け加へると、ある場面から左方向へ向ふ者は進みゆく、去りゆく者であり、この動きは「これを追う鑑賞者の視線に順じている」。一方、画面の右方へ向ふ者はその場面にやって来た、出現した印象を与へることになる。阿弥陀来迎図では、左上から右下に降りて来る阿弥陀は浄土からこの世にお迎へにやって来たのであり、これは「鑑賞者の右から左への視線と厳しく交錯する」ことになり、来迎の印象をより効果的に強める。なほ例を挙げると、武士の戦ひは右に位置する者が戦ひを進め、左の者は受けてゐる。右に正統性、正義性があると考へられる。京都の伝統的な雛飾りは向って右に内裏様を置く。向って右を上位とする観念は落語でも見られる。上手は観客より向って右、下手は左で、登場する人物の身分も異なる。漫才はつっこみ役は上手、ぼけ役は下手である。右から書き始める縦書きはこのやうな長い歴史伝統を担ってをり、日本文化の深い基底を成してゐたのである。

百人一首・紙幣・双六など

前述した肖像画の顔の向き方が小倉百人一首でどのやうになってゐるか、三十年ほど前に購入した将軍堂製により調べると、後ろ向きの三枚と正面の一枚を除いて、左向きが四十一枚、右向きが三十三枚、体を左に向け右に振返りが十九枚、この逆が三枚であった。予想したほど左向きは多くなかったが、振返りを加へると、左向きが六十枚、右向きが三十六枚で、有意差を保って左向きが多いといへる。

次に、紙幣の肖像を調べると、一例を除いて右にあり、昔の大黒天、聖徳太子、二宮尊徳から現行に至るまで左向きである。ただ、五拾円（高橋是清）百円（板垣退助）はやや左向きで正面に近い。左に置く例外は大正四年の拾円（和気清麻呂）で、右側に護王神社の本殿があり、それに右向きの和気公を左に配する。明治三十二年のは右に和気公があり、左の拝殿を向く。裏面は猪が左に向けて横飛びする。昭和に入って元に戻ったのは何か理由があったのだらう。

双六の振出しは右から始り、左に進み、上方へ、そして右上に進み、真中で上りとなる。この時計回り（右回り）は四国八十八ケ所の巡礼の道筋と一致し、阿波国から始り讃岐国で満願する。集印帳や習字の手本帳、経本などの折本は当然、右から折り、縦書きで順次左に開く。巻紙は半切紙の右紙が左紙の上になるやうに貼り継いでいく。伝統的な家屋では引き戸、襖、障子、窓などまづ手前のものを右から左に引いて開ける。これがもし逆であれば体感的に不安定である。着物は向って右側が前に来る着方で、この逆の左前は不吉とされてゐる。最初に右を意識し、行動するのは物事は右から始るといふ感覚がもとになってゐる。従って、文字の書き方を右から始める縦書きはごく自然な書式であったのである。

絵馬・見返り美人など

船の安全を祈願して絵画を神社、仏閣に奉納する習俗は上代からあり、この舳先《へさき》は左向きで描く。これがもし逆の右向きであれば、船は難航して進まない。また、中世には、武士が戦場に出る時、勝利を祈願して生きた馬の代りに馬の絵を描いて納めた。この馬は左向きである。そして、戦ひから還り神社に報謝する時は右向きの馬を描いて奉納した。左馬はやはりこれから進んでゆくことを意味する（ちなみに、山形県天童市の将棋駒の左馬は馬の字を逆さに書いたもので、絵馬とは関係ないが、福を招く商売繁盛の守り物として重んじられてゐる）。

京都の禅林寺（永観堂）の本堂に見返り阿弥陀像がある。永観律師が須弥壇を廻って念仏してゐると、阿弥陀様が台座から降りてきて、共に廻られた。ためらふ永観を振返って「永観、遅し」と声を掛けたといふ伝へがある。前を歩む阿弥陀は体を左に向き、顔を右に向け、来迎図のやうに慈悲深さが表れてゐる。また、菱川師宣《もろのぶ》の見返り美人も同じ構図で、「ふり返りへの恐れが、美の観念を生み、やがて美しいとだけ思わせるようになった」のである（中西進『古代日本人・心の宇宙』）。一方、物怪や幽霊は右向き、または右への振返りで「呪詛そのもの」として受け止められた。

正格に立つ

「横書きの見慣れし丸文字この春は縦書きとなり結婚を告ぐ」（松坂かね子作。大岡信『新新折々のうた4』）。横書きに慣れた若い人でも結婚の挨拶状ではきちっと身を正して縦書きを用ゐる。就職活動が始ると、学生は縦長の封筒と便箋を求め、希望する会社に手紙を書き出す。普段、横に書き慣れてゐても、いざとなると改って縦書きで身を処す。横書きの多い学校や会社でも式典の案内や寄付の依頼、礼状など公式の場合は縦に変へる。卒業証書も縦書きが正式といふ観念は残ってゐる。これは上来、述べてきた右から始める縦書きが正式、正格であるといふ意識、態度がなほ今に生きてゐる証左であらう。

ここで、「たて」の語源、原義を探ると「たて」は動詞「たつ」（立・建）の母音交代による語で、「直立性の方向量をもつ義」（森重敏『続上代特殊仮名音義』）で、真直ぐに立つことを表し、同時に、ゆくといふ「直進性と同質」である。従つて、我々は縦に立ち、そのまま進んでゆく。その表れの一面が時間であり、書式なのである。一方、「よこ」は「よく」（避）と同源で、「向こうからの方向量に対して、正面に受けずに避《よ》くる方向、場所」を示す。このやうに、言葉としての「たて」は日本人の時間観念、身体感覚、書記感覚に一貫して確固としてあり、生き方、考へ方、即ち文化の根源を成してゐる。縦書きはただ単に書き方に止らず、日本人としての主体性、自立性そのものである。縦書きがぐらつくと、拠って立つ国語の、といふより日本人の基盤が揺れるのである。

(2)

安藤広重の版画

日本人の目(視点)の動きは右から左へ進む方向が最も自然で、根源的であり、それが文字の書き方においても、上から下へ書いたものを、続いて右から左へと行を進める縦書きの書式が情理に適った、伝統的なものであることを先に述べた。その後、熊倉千之『日本人の表現力と論理』にこのことを詳しく説明してゐることを知った。そこで本書に基づき、さらに調べたことを付け加へて、縦書きの根本的な文化意思を明らかにしよう。

安藤広重の版画「東海道五十三次」(天保五年成立)は「右手前から左奥への描き方が多い」といふ。そこで、江戸と京都を加へた五十五枚の作品で、人物の進みゆく方向がどのやうになってゐるかを調べた。その結果は、右から左へと移動するのが二十三枚で四十一・八%、左から右が十四枚で二十五・五%、両方向または人物が登場しないのが十八枚で三十二・七%であった。確かに右からが多く、滑らかに動いてゐる。次に、池田英泉、安藤広重合作の「木曽街道(中山道)六十九次」(天保六—八年成立)を調べた。起点の日本橋と異版の中津川を加へて大津まで七十一枚ある。その結果は右からが三十枚で四十二・三%、左からが十六枚で二十二・五%、両方向そのほかが二十五枚で三十五・二%であった。両者はまるで初めから構図の割合を考へてゐたかのやうに一致してゐる。このことから、右から左へといふ目の動きは人や時間が進み、移ってゆく流れであり、日本人の身体活動に根幹的に馴染んでゐることが分る。

展示の陳列・芸能

そのほか、同書の挙げる例を述べる。展覧会などで、作品は「壁面に向かって左方向に観て行く」のが自然な流れであるといふ。確かに博物館や美術館などで特に意識しなくても、入口を入って右から左に進み、順路もさう指示されてゐる。また、歌舞伎の舞台は向って右の「上手に奥座敷、舞台中央の居間や土間、下手の木戸や花道」といふやうに装置されてゐる。これは「上手から下手に向かってハレからケの世界に展開するようにしつらえて」あるからである。落語でも同じやうに、左の「下手から誰かが入ってくれば、それは主人公にとって、何か非日常的なドラマが起こる」きっかけとなる。このことは現代の演劇でも言へることであり、とりわけ喜劇などでは左から珍人物が登場して大騒動になることが多い。

人形浄瑠璃は「上手からの語り手の声こそが、物語を統一し意味づけ」、能楽では「能の舞台における上座、すなわちワキ座はワキにおける曲の統一性」を示すといはれる。また、小津安二郎の映画で、人物は右から左へと動き、遠景は左方向に向って開き、汽車や船は左に進むといふ。この手法が「自然に調和した動きの表現」であり、穏やかに淡々と進んでゆくのである。その逆はやはり「何か非日常的なことが起こるというように構成されている」といふ。

大相撲・方位時刻法

さらに考察すると、大相撲では東の力士が西の力士よりも同位であっても上位になる。これは、北を背にして南面する天皇から見て、左が東になり、古来の左上位の思想に基づく。番付や星取表は縦書きが正則であり、東が右、西が左になる。ところが新聞では横組みにして、東を左に置くといふ異例の書き方をしてゐる。縦と横の混乱は国技にまで侵食してゐる。

古代の方位・方角・時刻法は、北を子、南を午に配し、子から卯、午から酉と、時計回り、即ち縦書きの流れに沿って進んでゆく。時刻の観念は方位の観念に即して、上から下、右から左へと経過してゆくのである。

葛飾北斎の富嶽

葛飾北斎の版画「富嶽三十六景」（天保三年成立）で、富士山が左右のどちらに配されてゐるかを調べた。全四十六枚のうち、右側が二十四枚で五十二・二％、左側が十八枚で三十九・一％、真中または描かれてゐないのが四枚で八・七％であった。また、絵本「富嶽百景」（天保五、六年成立）では、全百二枚のうち、右側が五十枚で四十九％、左側が三十五枚で三十四・三％、真中そのほかが十七枚で十六・七％であった。両者ともほぼ同じ傾向を示してゐる。このことは何を意味するか。中心的な富士山がまづ右にあることによって自然に左方向に遠景が開かれ、広がってゆく。富士山が左に置かれると、中心は右側の風景になるやうに感じ、右から左に向ひ、その富士山からもう一度、右の遠景に逆戻りする印象になる。

「三十六景」の「凱風快晴」、いはゆる「赤富士」は右側に富士を描き、左方向へなだらかな稜線が裾まで長く延びてゆく。背景は鰯雲が一面に広がる。この右から左に広く開かれゆく自然な安定感と心地よさこそ縦書きの原理そのものなのである。また、「百景」の「大尾一筆の不二」は一気に一筆画で富士を描いたもので、右と同じ構図で、雲はなく単純化されてゐる。同じやうに、左側へ一直線に山容が延びきってゐて、明るく広やかな情感が漂ふ。

ところが、「神奈川沖浪裏」は左側に飛沫を上げて打上げる大浪を配し、小舟が翻弄され、遠い富士は真中よりやや右寄りで小さくなってゐる。この自然の雄大な荒々しい力は左側にあるからこそ異常さを発揮し、真に迫ってくる。このことは「百景」の「海上の不二」と比較するとより明らかになる。これは右側から飛び上がる波しぶきが左側の富士に襲ひかからうとしてゐる。小舟はないが、「浪裏」を裏焼きしたやうな構図である。しかし、この大波は右から左への方向であり、順調で滑らか過ぎて力強さに欠けてゐる。

左方向からの迫力

左から右への方向が非日常的で意外性をもたらすことは既述したが、この分りやすい例は「北野天神縁起絵巻」（承久本）である。菅原道真の祟りとされる落雷は左側で炸裂し、右側には襲はれ、逃げ惑ふ人々がゐる。絵巻物は右から左に開いて展開してゆくが、逆の方向から非常時の力が動いてくる。

師の講義風景の絵もこれと同じく、師は左に坐し、右に弟子が聴いてゐる。日本史の教科書を調べるだけで、例へば次の図を拾ふことができる。「法然上人絵伝」、「一遍上人絵伝」、聖堂学問所の講義風景、心学の講話「孝経童子訓」、渡辺崋山「一掃百態」の寺子屋の風景、明治初年の小学校の授業風景（錦絵）など、師は左から右に向って、目には見えない教育の力を発揮してゐる。これは偶然の結果ではなく、日本人の生得的な意識によらう。

日本文化の基底

尾形光琳の「紅白梅図屛風」（宝永七年ごろ成立）は右隻の右端に紅梅、左隻の左端に白梅を配す。紅梅は、幹を中心にして、枝が伸びてゐる。一方、白梅は幹が根元にだけ見え、枝が右へ垂れ下り、また上に伸びる。やはり、右隻は本体の幹から始り、左に移って、左隻は枝ぶりが左から右へと逆戻る方向である。ここに紅白梅の調和と躍動が見て取れる。また、真中の流れは先を細く、手前を太く大きく描き、しかも右から左へと流れてゐる。この流水の動きこそ平静な落着きとともに自然の生命の根源を感じさせるのである。

縦書きはただ単に書記の方法だけではなかった。長年にわたって培はれた時間・空間感覚、また美意識と関はって、日本文化の基底を成してゐたのである。

(3)

上から下に降り立つ

縦で文字を書く時、紙面の上方の一点を定めて、上から下へ書く。縦の直線を任意に書かうとする時、自然に上方から下方に引くやうに、これはいはば天空から大地へ垂直に下降してゐるのである。上部の重量、重力が下部に下り、地に降り立つとともに、そこが基盤となって支へる。地に至って、書き手の腹に坐り、安定する。縦に貫いてこそ軸が安定する。このことは「たて」の語源、語義が如実に示してゐる。「たて」は前述の通り、動詞「たつ」(立)の母音交代による語で、「直立性の方向量をもつ義」がある。まっすぐに立つとともに、行くといふ「直進性と同質」である(森重敏)。つまり、縦書きは上から下へ流れて垂直に直進、直立し、次の行に上昇して進んでいく。「たてぬき」(経緯、萬葉集)「たてよこ」(縦横)といふやうに、縦を先に捉へて、次に横を認識する。この縦の重みが下に及んで受け止められて立つ意識が国語の文末の陳述、述語性、語順といふ文法に即してゐる。

また、文字では漢字、平仮名がともに上から下へ流れ、続けて書くことによって行書体・草書体ができた。文字の中心線を決めて、それに沿ってまっすぐ降りていくと、整った続け字になる。優美、流麗で柔かい書法は縦書きによって保たれる。

この縦書きの観念は日本人の思考や認識の基底を成してゐるのではないか。中根千枝の言ふ「縦社会の人間関係」は上下、前後の関係によって成り立つ。上や前(先)は親、年長者、上司、先輩に限らない。天、お天道様はもとより世間、長い物を含めてもよい。縦の系列の中に自己をどのやうに位置づけるかを判断して、身を処す。

この縦のつながりは縦の方向をも示す。平安京は北から南への縦の線によって都が造られた。北の船岡山を定点として、その南に大内裏を定め、中心の朱雀門から朱雀大路が一筋に南下して羅城門に至る。君子は北を背にして南面し、その左(東)が左京、右(西)が右京である。このやうに長年の縦型文化の一つとして縦書きが続けられてきたのである。

離れて広がる横書き

一方、横書きは左から右へ広がり、立つところがなく延びて拡大していく。受け止めるところがないので、止めどもなく散漫にばらける。「よこ」は「よく」（避）と同源で、「向こうからの方向量に対して、正面に受けずに避《よ》くる方向」を示す（森重敏）。「横」のつく熟語として「横切る、横車、横様、横好き、横滑り、横取り、横流し、横並び、横目」など多くあり、縦の熟語がないのと対照的である。これらの「横」は向ってくるものを正面からまっすぐに受けないで、それを避け、妨げ、脇に置かうとする。個々ばらばらで統一がなく、同等、平等にしようとする。横の人間関係は同等、同格で、時にまとまりに欠けることがある。文字の書き方は漢字も仮名も一字ごとに切断され、ぽつぽつと断続せざるを得ない。続け字ができず、中心線も決まらず、下線部を揃へても文字は乱れて崩れ、姿勢まで傾いてしまふ（この現象について石川九楊『縦に書け！　横書きが日本を壊している』に詳しい）。

縦書きの根幹は立って進むことであるが、横書きはこれがない。「横書きのワープロ打字面では必ずといってよいほど遺漏がある。また文の建築性が展望しにくい」（中井久夫「日本語文を書くための古いノートから」『図書』平成二一・五）といふのも横に土台がないからである。縦書きは発展へと進行し、構成、展開に道が開けてゐる。「縦書きは左側の余白、つまり未来を見ながら書く。ところが横書きでは、未来に当たる下側はペンを持つ手で隠されて見えません」「横書きの普及によって、日本人は未来を考えなくなった」と懸念されてゐる（森岡恒舟「日本人に悪筆が増えている」産経新聞、平成二〇・一二・四）。縦書きは時間性、空間性ともに重要な要素を担ってゐるのである。

縦長の絵画の重みと調和

上から下への縦の流れは古くからの絵画に縦長が多いことによって理解される。法隆寺玉虫厨子の須弥座絵の「捨身飼虎図」は三段構成で上から下へ物語が展開する。正倉院の「鳥毛立女屏風」は女性が樹木の下に立つところに意味があり、神秘的で高貴な雰囲気が漂ふ。高山寺の「明恵上人樹上坐禅像」は森閑とした松林の中で上人が太い木の枝に坐禅する。上人の姿は縦長の半分より下で、周りの自然と一体となった静けさがある。如拙の「瓢鮎図」は上部は山と空に讃が細かく書かれ、下部の人物と調和する。雪舟の「秋景山水図」「秋冬山水図」は上部がそれぞれ半分、三分の一が空で、この画面上部の空間が山水に重く広く覆ひ、均衡ある諧調がある。蕪村の「新緑杜鵑図」は半分を境に、上の山と空のもとに、下の樹木と鳥が息衝いてゐる。渡辺崋山の「鷹見泉石像」は上部三分の一の余白が無ではなく、下に人物があるからこそ有として意味がある。

狩野芳崖の「悲母観音図」は縦長の価値を明確に表す。上は金色の空に雲が輝き、下は左に険しい岩山、右に暗い闇がある。上方に光の射す観音菩薩が下を向き、下方に光の球に包まれた赤ん坊が上を向く。上から下への慈悲、下から上への信頼が対応して、慈愛に満ちた世界を描いてゐる。

縦長が多い鐵斎

水墨画や文人画には縦長が多く、これは床の間の掛軸と結びつく。この代表例が富岡鐵斎の絵である。『近代の美術四』と『カンヴァス日本の名画三』の鐵斎画でその割合を調べると、前者で縦長七十七%、横長十八%、後者で縦長六十%、横長十六%で、それ以外は正方形である。横長は屏風、襖、扇子に多い。鐵斎は上部の天空に細字で讃や伝をよく書く。この構図では自然に縦長になるだらうが、より本質的に文字だけでなく、絵画においても縦に描くことが日本人の空間を捉へる意識や感覚に適ってゐるのであらう。

なほ、絵巻物は前に述べたやうに横書きではない。形は横長ではあるが、時系列を表すのに右から左へ進む展開を考へたのであり、扁額と同じく本質的に縦書きである。立て文は横長の紙を使っても、包み紙で縦長に包んだものので、正式の書状の形式である。ちなみに、縦長の日本の絵画に対して、西洋の絵画は横長が多いのではないかと思はれる。これが西洋語の横書きと関連するのか、その上、横社会の人間関係に結びつくのかはここでは触れない。

日本文化たる縦書き

このやうに、縦書きは右から左へ進む前提として、上から下に降りて、そこで止って立ち、次に上に戻りつつ、右から左へ進むといふ根本的な身体の動き、精神の志向や発想があった。文化は生き方、生きる型であって、縦書きはまさに日本文化を体現してゐるといへるのである。

両陛下の御署名

平成二十一年七月七日、天皇皇后両陛下がカナダのオタワを訪問され、国会議事堂で記帳されたサインの写真が京都新聞の翌年の八月十九日付に掲載された。上部、下部に横書きで英語と仏語で趣旨が記された中間の空白部の右側に「明仁」、左側に「美智子」と縦書きで署名されてゐた。伝統はかくして生き続けてゐるのである。

(4)

右から左への進み方

船を展示する場合、舳先を左右のどちらに置くのが前に進み行く感じを与へるであらうか。飛行機や電車と同じく、左側が前方であり、前進していく。これが逆であれば、不自然で難航する印象になる。また、船の運行の安全を祈願して、奉納される船絵馬は日本海海岸の社寺に多く見られ、帆は風を受けて左に膨らんで、左方向へと進む。これは先に述べたやうに左向きの馬の絵馬で祈りを込めるのと同じ感覚である。

日本人は右から左への方向に安定感、安心感を覚える。馬に乗った武者姿は左を向き、駆けて行く。兜を飾る時は、右から左方向に、やや正面を前に向けて置くのが自然で美しい。熊に乗った金太郎や鬼征伐に出陣する桃太郎は左へと進む。風にひらめく旗は船の進みと同じく、左の方向にはためいてゐる。

貨幣の文字は古来どのやうに表してきたか。和銅元年（七〇八）にわが国最初の銭、和同開珎（寳、宝）がつくられた。真上に和、続いて時計回りに右に同、真下に開、左に珎と記される。これは後世の双六と同じく縦書きである。その後の皇朝十二銭もすべてこの書式である。桃山時代には天正通寳が上から下（北から南）へ天、正と配し、右から左（東から西）へ通、寳と配するのに変った。時計廻りから上下の縦線と右左の横線が交叉するやうになった。この右から左は横書きではなく、一文字が一行の縦書きである。

江戸時代の寛永三年（一六二六）に始った寛永通寳も同じ書式で、これが定式となった。天保六年（一八三五）からの天保通寳は小判型になり、縦書きで天保、四角の穴に続いて、通寳と書く。この作法は明治時代に入っても受継がれ、漢数字による縦一行と右横書きが併用された（左横書きや算用数字に改めたのは戦後のことである）。

なほ、この貨幣の型に倣った例に、京都の龍安寺のつくばひ（手水鉢）の文字がある。吾唯知足（われただたるをしる）の四文字に口の漢字要素が含まれてゐる。この口を貨幣のやうに真中に四角い穴をあけ、真上から時計廻りに口を省いた漢字要素を浮彫りにする。一種の文字遊びであり、縦書きの伝統を正しく伝へてゐる。

精神医学者の論

先に中井久夫の縦書き論を引用した。それは横書きでワープロを打つと遺漏があり、「文の建築性」が展望しにくく、内言は縦書きが適してゐるといふものであった。そこで、縦書きに関する拙稿を氏にお送りしたところ、懇切な返事をいただいた。ここに貴重な資料として記録しておく（平成二二・五・二二付）。

横書きの文字はいちど縦に直してやらないと推敲が十分にできないよ、と若い人に申しております。ただ、科学論文の多くは横書きたらざるを得ず、私も一度縦にしてからまた横に戻しております。…横書きの眼の動きは、ストンストンと沢庵を縦切りにしたような「庖丁読み」になっているそうでございます。…詩の朗読をきいていますと、フランス語より日本語が美しいのですが、これは、母音を同程度の強さで発音するフランス人の今のあり方が抑揚のないものになっているからでございましょう。…日本語の場合、横書きの文章は美しく読み上げにくいように思われます。

長年の実践に基づいて、本質を衝いた指摘である。縦書きによって内面を深く、先を展望して考へて書くことができること、横書きはばらばらに切れて、読みづらく、見誤りも多く、朗読もうまくいかないことを科学者らしく冷静に諭してゐる。

東山魁夷の「道」

日本画家の東山魁夷に「道」と題する作品がある。両側の草の間を真直ぐに道が上って行き、上方で細く右に曲ってゐる構図である。これは青森県八戸市の種差海岸の牧場で想を得たものである。作者は「これから歩いて行く方向の道を描きたいと思」った。「遠くの丘の上の空を少し明るくして、遠くの道がやや、右上りに画面の外へ消えているようにすると、これから歩もうとする道という感じが強くなってくる」と述懐する（『風景との対話』）。ここで問題は遠くの道が右に曲ってゐることで、これは基本的に実景がその通りであった。これまでの考察では、左に曲ることによって、これから先の進む道が開かれる。この絵の道を右ではなく、左に向けて想像すると、明確に「これから歩いて行く方向」をより示すと思はれる。しかるに作者はなぜ右曲りのままに描いたのか。この方向感覚についてほかの文章でも何も記してゐない。

そこで、手許の作品集を調べると、右から左への道が六点、左から右へが五点、川や池、滝の流れは左へが七点、右へが八点、馬が左向きが三点、右向きが一点であった。「緑響く」は池を前にした青葉の中の白馬が左向き、「白馬の森」は右向きである。前者は清冽で新鮮な気に満つ。後者は神秘的、幻想的な雰囲気で厳かな異世界を表す。以上のことから、東山魁夷は左右の方向感覚に広重や鐵斎ほど注意することはなかったのではないか。「道」は画家として認められる記念碑的な作品であり、これがもし左側に延びて行先を示してゐたのであれば、作者の方向の捉へ方、描き方に独自の視点が加はったのではないかと、素人の立場から勝手な想像をしてゐる。

(5)

雨の降り方

『一遍上人絵伝（一遍聖絵）』巻五に、下野国小野寺で驟雨に遭ひ、雨宿りする場面がある。人物の進行は絵巻物の定石通り右から左への方向だが、雨脚は渇筆によって左から右へ何本も走ってゐる。この左からの方向は既述の通り、異常な力の発現、また、「法然上人行状絵図」の阿弥陀三尊の来迎のやうに、浄土への救済を示す。

広重の「東海道五十三次」で、雨の場面は三景ある。大磯の虎ヶ雨は左から、庄野の白雨は右から、土山の春之雨は真直ぐと描き分けられてゐる。庄野では坂道を前屈みに右から登る人々に追打ちをかけるやうに、雨は右から降りつけてゐる。左からでなくても、坂登りによって力強い緊迫感は十分にある。一方、広重・英泉合作の「木曽街道六十九次」では、右からの雨が沓掛の駅（平塚原雨中之景）と須原、真直ぐなのが中津川、三方からが垂井で、左からの雨がないのが注目される。

以上から、雨脚の描き方はいろいろである。『都名所図会』に倣った竹村俊則の『新撰京都名所図会』全六巻を調べると、雨の風景は小町寺、式子内親王塚をはじめ六点あり、雨脚はすべて右上から左下へ落ちてゐる。これらは人物の動きはなく、静止してゐるが、人物の点描、街の様子も描かれる。右を改訂した『昭和京都名所図会』全七巻は生活の場面がなく建物が中心で、雨の風景は松原橋の一点のみで、前者と同じ絵がある。この書の右からの雨の降り方を見てゐると、ごく自然な安定感と調和を覚える。これがもし左上から右下への降り方であれば、印象が変って、地面をたたきつけ、道行く人に立ち向ふ感じを与へるであらう。現実の雨の降り方は多様であるが、絵に描く時には絵巻物や縦書きの方向と同じく、右から左へと動いていく。これが日本人にとって自然な方向感覚といへるのである。

建物の構図

竹村俊則の図会には社寺の鳥瞰図が多く収められてゐる。この描き方に二種類あり、一つは斜め左下から右上の方向へ俯瞰した図で、読者は右上から左下への絵の流れとして降りて見ることができる。もう一つは、斜め右下から左上の方向へ俯瞰し、読者もその方向に上って見るが、その逆はないだらう。つまり、右から左への流れが自然なのである。この二つの構図は建物の背景や土地の広がり、全体の風景によって適した描き方がされてゐるだらうが、今、そのことを考慮せず、『昭和京都名所図会』で統計すると、前者は一四五点で五十七%、後者は一一〇点で四十三%であった。後者はなぜか洛西、南山城と南部に行くほど増えていく。

以上の結果の分析は軽々しく言へないが、大体の傾向として右から左への方向、つまり前方が左側に開いてゐる風景が多く、自然な安定感があり、既述の北斎の描き方と同じ発想と言へる。これは正門に至る道、建物の配置など典型的な描き方で把捉しやすいが、この逆は一瞬に全体像を把むのがやや難しい感じを受ける。これは人物や電車、飛行機が左方向へ進む感覚と根柢で繋ってゐると言へよう。

巡礼の方向

四国八十八ヶ所の遍路道が徳島県を起点に右廻り（時計廻り）で高知、愛媛、香川県へと巡礼することは既述した。この順打ちは坂東三十三観音霊場で鎌倉市から埼玉、神奈川を経て関東から千葉県へ、秩父三十四観音霊場が秩父市から郡内の町村を巡礼する順序にも言へる。西国三十三ヶ所はすべてが右廻りではないが、一部の地域で、和歌山・大阪・奈良へ、京都西部から大阪・兵庫・京都・滋賀へと、やはり時計廻りである。比叡山の千日回峰行は東塔から出発して西塔を経て横川へと巡拝し、峰を右廻りに廻ってゐる（『暮らしのなかの左右学』）。

仏教の進退

『一遍上人絵伝』巻四で、信濃国小田切の里で初めて踊り念仏が行はれた。この絵をよく見ると、確かに右に廻ってゐる。『一遍上人絵詞伝』巻二で、佐久の野沢領主の屋敷での踊り念仏も同じである。時宗総本山清浄光寺の本堂で毎年九月十五日に薄念仏会が行はれ、内陣の周囲を本尊に向って右に廻りながら念仏を唱へる。仏教において回転運動（行動《ぎょうどう》）は基本的に時計廻りで、これは仏に対して右肩を向ける古代インドの礼法に基づく。仏教では右優位で、右巡、右進左退といひ、古代寺院は南面して南が正面で、東から始めて、南、西、北の順で巡礼する。この伝統が札所巡りに生き続け、双六の遊びにも引き継がれてゐるのである。

沖縄の東御廻り

沖縄の知念半島に琉球王国の最高の聖地である斎場御獄（せーふぁうたき）が今に残る。国王や聞得大君（きこえおほぎみ、最高神女）の聖地巡拝の行事がここで行はれた。首里城を中心に、大里、佐敷を経て、知念、玉城（たまぐすく）の拝所を巡り、この知念から玉城の巡拝を東御廻り（あがりうまーい）と称した。この巡り方は仏教の巡礼と同じ方向で、東から西への進みである。大東島はうふあがり（うふは大きい意）、おほあがりで太陽の上るところ、西表島はいりおもてで、いりは太陽の入る、おもては正面の意で、日没の正面のことである。東御廻りは太陽の動く方向と一致する。日の出、日の入りに従って、国王や聞得大君が進んで行くのである。この方向観念こそ日本人にとって精神の基盤をなし、同時に、縦書きの自然な感覚と根本において結びついてゐるのである。

(6)

右からの慣用句

「右に述べた通り」の「右」とは前、前条、前件、以上の意味である。これは古来、国語は縦書きが文章の基本であることによる。ここから転じて、「右」は広く一般的に「勿論それは右より知った程に」「もっとも右にさやうに言った程に」（狂言）と、以前、従来の意味になった。「右」は空間だけでなく、時間的に過去をも指した。

このやうに、右を使った慣用句は多様にある。「右同断」は前に述べたことと同じである。「右より」ははじめから、かねてからで、拡大した意味になる。「右（と）も左（と）も」「右を見ても左を見ても」「右や左」「右と言へば左」など、両側どちらからも、すべての意になる。「右から左へ」は物事の進行を右から左へと捉へてゐることになる。「右に出る」「右に立つ」「右腕」もやはり物事は右から始る。「右の耳から左の耳」「右を立てれば左が立たぬ」「右を踏めば左が上る」なども、右から発想して始り、左に至ることが多い。

ひだりみぎにも

ただ、「上《うへ》（主上）、左も右もとぞ思しめさるるうちにも」（栄花物語、月の宴）のやうに、左から始めて、両方、どちらの御子もかはいいと、肯定的に使はれる表現がある。しかし、「ひだりみぎに（も）」は平安時代に慣用的に使はれ、「うしとのみひとへに物は思ほへでひだりみぎにも濡るる袖かな」（源氏物語、須磨）は左右を越えて、あれやこれや、どちらにつけても、とやかくと苦しい心境を示す。「ひだりみぎに苦しく思へど」（同、空蟬）、「何事も思ふままならで、ひだりみぎに安からずは、わが身も苦しくこそはあらめ」（同、若菜上）など、どちらを向いても、どれにもこれにもと、思ひ悩む状態を表す。この場合、なぜ、みぎひだりにもと、右から言はないのだらうか。右から左へは絵巻物の進行と同じく、自然で順調な流れである。しかし、左から右への動きは逆方向から押し返す力が加はり、何か波乱が起りさうである。このどうにも滞って、進退が窮った異常な状態が、ひだりみぎにもといふ否定的な表現になると考へられよう。

なほ、左右、左近・右近、左大臣・右大臣などの語から左上位を説く説がある。しかし、これらは漢語の例であり、国語の発想ではない。また、漢語での左上位の観念が我が国にそのまま当てはまるかは速断できない。上位、下位の価値判断ではなく、右から始って左へ展開するといふ時間、空間の捉へ方が日本人にとって基本であり、自然であると言ってゐるのである。

左からの緊張・不安

この左からの逆行性は『一遍聖絵』で何度も確かめたが、第五巻で鎌倉入りを企てる一遍上人と、それを制止しようとする武士との対決の場面が最も分りやすい。今までの進行は絵巻物の展開の常道として、右から左へと進んできた。しかし、この場面では一遍は左から、対して、武士は右からであり、遊行の順調な流れに逆らって、その不可能な結果を示す。これは、前に述べた「ひだりみぎにも」思ひ悩む様子と合ってゐる。「みぎひだりにも」では順序通り前に進むだけである。「ひだり」を先に表すことにより、その悲劇性を印象づけることになる。

縦に扱ふと横に扱ふ

国柱会の田中智学は『日蓮上人の教義　一名妙宗大意』で、仏教を知るといふ態度に二様の別があり、それを縦と横による捉へ方の相違によって説明してゐる。

「縦に扱ふ」とは、「その深さがかの（横の）広さと同量であるから、素より易しいとはいへないが、一本口だけに、その入口にまごつく様なことがない」とする。一方、「横に扱ふ」とは、「広い間口に紡徨して、容易に入口を見出すことが出来ない。いつまでもはてしがつかなくなる。それゆゑ難しい」とする。従って、「深さの方をとってかかる方がまごつきのないだけ安全である。即ち縦に扱って一直線に仏教の極意点に達する」と述べる。つまり、縦に扱ふと、一点に集中して深く中心に行き着くことができるのに、横に扱ふと、左右に拡散して、把みどころがないことをいふ。仏法の究め方、探り方を縦と横による方法といふ独自の比喩表現による説明だけでなく、縦書きと横書きの深浅とその質的な相違を的確に捉へてゐる。

縦横の扱ひ方と読み書き

縦書きは上から下に降りていく方向であるが、横書きは左から右へ進むだけで、下には降りていかない。この縦が下に降りる感覚は縦に扱ふのと同じく、深く心に入り、沈んでいく。しかし、横は左から右への繰返しで動くのみで、横に扱ふのと同じ運動である。縦書きは一直線で、まごつくことなく、深い奥底に達する。一方、横書きは間口が広く、一点が定めにくく、さ迷ふばかりである。このことは書き方だけでなく、読み方でも言へることで、縦に読むことにより、中心線を定めて読み進める。横に読むのは視野が広がって深さに至ることが難しい。

原稿用紙は群書類従の版木、黄檗版一切経以来、一行二十字が一般的である。もし、一行が十字以内の用紙を作って実験したら、いくら縦書きであっても、一行がぽつぽつと途切れて、読みにくくならう。一行が短く切れることにより、絶えず頭を上下に動かし、頭に入って来ない。横書きを読む時はまさにこれと同じ作業を課せられてゐるのではないか。一文字づつ上下運動を繰返し、断続し断切しながら、左から右に動いていく。横に扱ふことの不合理性がよりはっきりしよう。

(7)

縦書きの網走駅標札

北海道の網走駅は大正元年にできたが、昭和七年に貨物駅となり、新駅が現在地に移転した。木造白壁の華麗な建物であったが、同五十二年に鉄筋コンクリートの洋風の駅舎に改築され、現在に至る。この駅入口の前に古い木製で筆太の達筆で縦書きに記された「網走駅」の標札が掲げられてゐる。この駅標が初代駅からのものか二代目駅からのものかは不明であるが、その由来として「網走刑務所から出所してくる受刑者が二度と横道にそれないように、という願いが込められている」といふ添へ書きが掲示されてゐる。当駅標は網走番外地の駅として有名になってから、盗まれるやうになり、同じく縦書き一枚板の市役所や刑務所の看板も盗難に遭った。しかし、右の添へ書きをしたところ盗まれなくなったといふ（同市教委）。

このことについて、推理小説作家の西村京太郎は『オホーツク殺人ルート』で、次のやうに述べてゐる。「網走の駅は網走刑務所を意識しているのか、赤レンガのところに、タテに『網走駅』と書かれている。横書きでない理由は、網走刑務所を出所した人間が、この駅から乗って社会に出ていくので『まっすぐ生きて欲しい』という願いがあるせいだという。」

この話は旧国鉄（ＪＲ）で古い資料を探しても記録にはなく、今となっては真偽は不明である。しかし、観光バスのガイドはこの逸話を紹介し、地元では新しい都市伝説の一つになってゐるやうである。ここでは本当かどうかといふ問題ではなく、縦書きが、身を正して真直ぐに生きていく指標として機能してゐることが大切である。横書きでは直進するのではなく、それこそ横道にそれ、はづれていく。清岡卓行は『アカシヤの大連』で「個人の生という縦軸は上昇への意欲によって貫かれ」と述べてゐる。縦軸や縦線は今の地点から前方へ伸長して、上昇していく意欲的なものである。縦書き・横書きの問題は単に表記にとどまらず、日本人の意識と感覚、さらに精神の深い方向を示してゐるのである。

縦系図に見る永達の思想

系図には縦系図・横系図といはれるものがあり、前者は「用紙を縦につないで氏族の血統の展開発展を、時間の経過に沿い、書き足し記し継いでゆく」形式で、「親から子、子から孫へと縦につらなる血統の流れをたどるのに、最も自然な」ものである（森田康之助『上代の日本人』）。縦系図は生の「流れの一点に身を置いて、この時間の推移を表わそうとするときは、過去を上として、上からしだいに下に推移するものとして時の流れを把握したことを示す」。横系図は絵巻物と同じく、右から左へと時が進む。一行の下にきた人名はそこから線を上方へ伸ばし、同じやうに下に降りていく。この右横書きは左横書きと異なり、一行一字の書と同じく縦書きの一種である。

このやうに日本人は時の流れの捉へ方として、過去を上方として、視線を降ろして現在に至ると考へるか、あるいは、過去を右として視線が左に動くのに合せて現在に至ると考へるか、どちらかである。前者は上から下への重みとして現在を受止め、未来へと展望する。後者は上から下への重みが右から左へと進むことにより未来が開かれてくる。その重力は自己の責任感と自覚にかぶさり、将来への発展につながる。縦書きは左に進む方向が白紙に開かれ、全体の展開が把みやすい。しかし、左横書きでは過去が見えても、未来は手に隠れて、展望がきかない。単に手が汚れるかどうかは問題ではない。「系図…を、まず縦の形式においてとらえ、縦の形式に表わしたわが上代人の心でもある。用紙を縦に縦にとつなぎあわせ、これに家々代々の祖先以来の足跡を縦の線で結びつける系図の形式は、その意識の底には、無限の永遠の発展に対する信頼と期待とがひそんでいる」のである。

宗祖の絵伝の展開

「法然上人絵伝」一幅（三重西尊寺、山梨県立博物館）は、第一幅目は下から上へ進み、第二幅目はその上から下に進む蛇行式の進み方である。また、「親鸞上人絵伝」（万福寺）は右の掛軸から下より上へ順に展開してゐる。一段ごとはもとより右から左に進み、二段目はそこから右上に移り、同じく左へと移り、上に展開する。これは、下から上は上人の生涯の道を上昇と捉へ、右から左は絵巻物と同じく時の進行を示すのであらう。また、「金剛界曼荼羅」では、真中から下に降り、次いで左へ、そこから時計廻りに上昇し、突き当って右へ、そして下に降りて完結する。このやうな密教の真理への近づき方が絵伝に影響したのであらうか。縦系図とは違った時間の展開もあったのである。

縦書きの読みやすさ

河合栄治郎編『学生と読書』で、医師の杉田直樹が「読書の生理」において書物の縦書き横書きについて、次のやうに述べる。「私自身は…一字一字拾って読むよりも全体のカンで読んで行くことの方が多い所から、明朝活字縦組平仮名が一番速く読める。…沈思黙読又熟読を要する学術書、哲学書などは必らず漢字縦書、字間アキ、大型活字であって欲しい。…精神修養的の内容の書物は尚一層尊厳な印刷面にしなければ、効果は挙がらない」。ここ数年、電子書籍で縦組みが急増し、一般に受入れられ、販売部数が伸びてゐる。あるソフト開発会社は「縦書き日本語にこだわり」、ドットブックを作成した。また、次世代のネットレイアウトで縦書きを国際標準化しようと総務省が民間企業と検討を進めてゐる。情報時代に、縦書きの良さが徐々に認められつつある。

（8）

一戸から九戸へ

岩手県北部に一戸町《いちのへまち》、二戸《にのへ》市、九戸《ここのへ》村、青森県東南部に四戸《しのへ》を除いて三戸《さんのへ》から七戸《しちのへ》の町、八戸《はちのへ》市がある。この「戸《へ》」にどのやうな意味があるのだらうか。諸説があるが、一般的には、この地域は古く糠部《ぬかのぶ》郡と称し、鎌倉時代初期に南部氏が馬産の牧場経営により郡内を東西南北の四門《しかど》、一戸から九戸に至る九ケ戸（部《へ》）の門戸《かどへ》制を敷き、一つの戸に一牧場七村を置いたことに由来すると言はれる。また、単に地元特有の行政区画の名称といふ説もある（なほ、現在、四戸がないのは戦国時代に四戸南部氏が乱を起し、江戸時代初めにその呼び名が消滅したことによる。同音の「死」を嫌ったからではない。元の四戸は今の八戸市南郷区、三戸郡南部町に当る）。

さて、ここで問題は、この数字の付け方である。戸の付く市町村を現在の地図上に落していくと、南から北へ一戸から六戸まで順に延び、七戸はやや北西に傾く。次に、八戸は東に向いて進み、南下して九戸に至る。この動きはおほむね時計廻りであり、右廻りである。この廻り方は日時計の運行に基づいてゐて、馴染み深いものである。以前にも触れたが、仏教寺院での儀式も本尊を中心に右に巡り歩く。これは表記法で言へば、縦書きと根柢において同じである。馬を飼育する周囲を囲った柵の砦が右廻りに従って置かれたところに、古くからの縦書きの感覚が生きてゐると解釈できるのではないだらうか。

ジグザグの構図

江戸時代後期に岸連山といふ画家が描いた「諸葛孔明図」が京都市学校歴史博物館に所蔵されてゐる。これは軸装で、孔明が行列を組んで進んで行く絵である。縦長の狭い画面にどのやうな進行の仕方で描くかが画家の腕の見せどころである。この構図は左上から斜めに右中へ、そして再び斜めに左下へと、Ｚ字形に折れ曲って進む。このやうに行列を長くして、奥行きを持たせ、力強く動いて行く様子をうまく表現してゐる。この描き方はやはり右廻りの縦書きの方向である。もしこれが逆であれば、どのやうな印象を与へるだらうか。平仮名の「く」と同じ進行では左から右へ進むので、退行、逆行となり、順調に進まない。活動は阻碍され、息が詰るやうな停滞感が漂ふ。この筆の進め方は円の書き方と同じである。円は一般的には右廻りで、これがごく自然な筆法である。縦書きは文筆だけの作法ではなく、縦意識、縦感覚と言ってよいほど、日本人の行動や時間の進み方（一例が絵巻物）に深く関はってゐる。

なほ、参考のために漫画家、手塚治虫の初期作品「冒険の海え《ママ》」（『新宝島』冒頭）の画布を取上げる（産経新聞、大阪、夕刊。平成二六・七・一二）。少年が運転するオープンカーが「右奥から左手前に走」る、次に、「左奥へと走り去り」、さらに、「真正面からとらえた図」、そして、「左へ走る車を真横からとらえる」。「目まぐるしい視点の変化で車のスピード感を描き切っている」が、ここではすべて右から左への、縦書きによる運行であることに着目すべきである（ちなみに、漫画の齣割りは現代も縦書きで、順序の番号を付けなくても読める）。

新聞の意識調査

朝日新聞の「読者とつくる」（平成二四・一〇・二七）で「縦書きするのは苦手？」と題する特集記事が掲載された。いかにもマスコミらしい右の問ひに対して、肯定と否定は五十一％と四十九％で、ほぼ二分した。回答者数はネットによる三千人で、その理由を三つまで選択する、その理由の十％以上を挙げると次の通りである。苦手の肯定者は「横書きの方が自然」三十四%、「スラスラ書けない」二十四%、「見た目がよくない」十二%、「手や目が楽」「面倒くさい」が各十一%。一方、「縦書きの方が自然」二十七%、「見た目がよい」十五%、「文章が整然となる」十四%。ここから判断すると、横書き者は印象や感じで、また縦と比べて消極的に横を支持してゐるのに、縦書き者は縦そのものに国語としてのあり方や文章のまとまりを積極的に認めてゐるといふ違ひがある。また全員の答で、「読みやすい」のは横二十一%、縦三十四%、「出版物がやがて横主流になる」が肯定十五%、否定四十三%で、縦書きが読みやすく、国語としての変らぬ基準であると認識されてゐる。

また、個々の意見では、横書き者はパソコンやメールなど機器に頼って縦書きから変更したと経験を述べるに止る。一方、縦書き者は「大学時代に縦書きの言語文化は稀少だと教わってから、誇りに思って続けて…縦に書くと気分も引き締まる」と本質的に答へる。書家の石川九楊も「縦書きは億劫で気が重い。しかし、その重さと格闘しながら書くからこそ文章が確かな意味を持つ」と持論を述べ、縦書きの重厚で論理性を持つ価値を指摘する。これを受けて、記者も「ここぞというとき、決め手になるのは縦書きなのだ」と結ばざるを得なくなった（なほ、この記事に私も取材を受け、意見が四十行にわたって正確にまとめられてゐる）。

携帯やスマホの横入力と横読み

携帯やスマホの流行によって横書きの文章が横行してゐる。このことはワープロやパソコンもさうであったが、こちらは縦書きでも入力できる。しかし、前者は横書きでしか使へず、いはば横書き、横読みの強制である。もともと国語の仮名や漢字の文字は縦に書きやすく、縦に読みやすいやうにできてゐる。しかも、上から下へ、続いて、右から左へと書き、読んでいく方法は日本人にとって自然な理に適った流れである。ところが、その進み方に逆らふやうに、本来、縦であるべきものを絶えず行替へを繰返し、横に書換へて入力し、横に読んでいくことを常に続けていくと、将来、どのやうな結果を来すだらうか。

それは、狭い画面を使ふことによって、目が疲れ、視力障碍が起るといふ身体的な影響だけではない。既述の通り、横書きは散漫で、締りや緊張を欠いて拡散するばかりである。さらに、思考が集中せず、心情の深まりや豊かさが足らず、統一が失はれていく。声楽家の嘉納愛子は山田耕筰から「歌曲の詩には哲学があると教わり…楽譜に書かれた詩は横書きだけれども、日本歌曲の詩を理解するには縦書きにして何度も読まないといけないとやかましく言われた」と語る（産経新聞、平成二七・二・一）。横の読み書きは根源の思考や情緒のはたらきの質を低下させ、劣化させる。この明確な影響はまだ出てゐないと思はれるが、長い目で見れば、縦書き・縦読みを経験しない人々の精神の構造や感情の仕組が変質するのではないかと憂ふ。

(9)

縦書きで覚え、読み、書く

俳優の金田賢一が仕事の体験に基づいて、縦書きが国語に適ってゐることを述べてゐる（産経新聞、同二七・四・一）。

（1）テレビドラマの台本は以前は縦書きであったが、今は時に横書きが送られてくる。これは、「ちっとも覚えられない」、「頭に入ってこない」、「横に並んだ文字が頭の上を滑ってしまう感じがする」。

（2）「横書きだと目の動きが…せわしなく、どこを読んでいるのか分からなくなる」。一方、縦書きは「読んでいる場所の少し下の文字と隣の行と一度に把握しながら読めるし、行の送りも滑らかにできる」。

（3）「書くにも縦書きの方が都合がよい…手紙や原稿を書いていても、縦書きの方が言葉が出てくる気がする」。

日々、言葉と付合ひ、言葉によって人間を演じてゐるだけあって、実感的、体感的な国語論として貴重な発言である。（1）は国語の文字の流れは天から地へ、上から下へ続いていく。首を縦に振り、頷いて腑に落ちていく。

書く流れがそのまま読む流れとなる。横書きは、まづ運筆が一字ごとに断切し、次に下へ行く力を避《よ》けて無理やり横へ行かうとする。従って、縦は文字が自然に頭に入るが、横はぽつぽつ切れて一連の流れとして把み取れない。（2）は縦の一行を上で定めるとそのまま下へ降りて行け、右から左への自然な進行で、次の行も目に入る。視野は一、二行の狭い上下の線である。しかるに、横は視野が左右に広がり、見え過ぎて焦点が定まらない。文字が下へ行かうとするのに、それに逆らって右に出て行かざるを得ず、視点が絶えず動いて落着かない。

（3）は書道の筆の動きを省みれば明らかである。縦は書き手の下へ（内へ）向ひ、つまり心に向って、自己の「内面の聴き手」と対話して思考しながら書き進める。また、縦は書き行く左側は白紙で、これから文章が及ぶ先であり、言葉が創造され、展望が開かれる。一方、横は一字ごとに庖丁切りのやうに断たれ、流れは下に落ちずに脇へ余り出る。これを逆に言へば、アルファベットを縦に書いて読むやうなものである。さらに、右へ逆行するだけでなく、書かうとする下は手に隠れて見えず、行く先が閉ぢられてゐる。これでは会話、伝達の段階ならまだしも、思考、認識の言語として深まることはない。

以上の通り、言葉の実践者側の意見はさすがに真実をついてゐて、国語学的にも説明し、納得できるものである。なほ、金田に縦書きについての拙稿をお送りしたところ、「縦と横を研究していくと、なかなか興味深いものがありました」と返事をいただいた。

神社の注連縄と寺院の声明講・曼荼羅

京都の上賀茂神社に摂社・末社が二十四社鎮座してゐて、それぞれの神社の傍らに注連縄で囲まれたところがある。それを権地《ごんち》といひ、権殿を設ける場所である。御殿の建替へや修理の時に、ここに仮殿を建て神霊を遷す。普段はこの権地に注連縄が張られてゐるが、これは「北西より時計廻りで四方に閉められ…鳥居の注連縄と同じお飾りがなされる」（同社『葵だより』二十。平成二七・六）。北でなく、なぜ北西から始まるかは不明であるが、時計廻りであることに注意すべきである。これは文字の書き方で言へば、縦書きの方向なのである。

また、京都大原の三千院で「御懺法講《おせんぼうこう》」といふ法要が営まれ、お経を読む声明の後、堂内を廻って紙の花びらを撒く散華が行はれた。この本堂内で僧侶は本尊を中心にして向って右から左へ廻ってゐる（京都新聞二七・五・三一）。これまたやはり時計廻りの縦書き方式なのである。

このことは曼荼羅の絵図についても当てはまる。前述の通り密教の「金剛界曼荼羅」は九座あり、真ん中の大きな一座が中心に位置する。この中央から下へ、そこから向って左へ、そして上へ上って時計廻りに外枠の座を一周する。この金剛界の構図の宗教的な意味についてはよく分らないが、少なくとも視点の動きは神社や寺院で見られる時計廻りと同じであり、そこに縦書きの原理を読み取ることができるのである（なほ、「胎蔵界曼荼羅」は中心から外へ四方に向って開かれていく視点の動きとされる）。宗教界におけるこのやうな時計廻りの動き方についてはたびたび述べてきたが、日本人の意識、感覚の根柢に縦書きと共通する内実があるのではないだらうか。

下へ読み進めるスマホの縦スクロール漫画

スマートフォンで縦の流れに沿ひ下へ向って漫画を読んでいくのが若い世代に人気がある（京都新聞二七・六・一九）。これを「縦スクロール漫画」といひ、スクロールとはスマホの一画面に入り切らない情報を見るために、画面を上下左右に動かすことである。では、どのやうな操作かといへば、漫画を読む（見る）時、指で画面を上へ滑らせると、絵は下から上へ出てくる。これはインターネットと同じことで、いはばページを上にめくって、上から下へと読む。つまり視点を上から下へ向け、下へ下へと読み進める。しかも吹出しの科白は縦書きである。機器の内部では画面が下へ繋ってゐる。読む時もすべて縦の一直線に下へ降りていき、「親指を滑らせながらすいすい読める」。漫画の作者は「縦スクロール漫画は流れるように読み進めてもらえるはずなので、読む人の気持ちやリズムを意識して描いている」、「縦の流れを時間の経過として表現できる」と、縦書きの本質を明確に語ってゐる。

一方、「横スクロール漫画」もある。指で右へ滑らせると、画面は右へ出てくる。そして、その絵は右から左へと進み、視点もそのやうに向ける。科白はやはり縦書きである。紙の漫画の齣は上から下へ、右から左への進み方を混へてゐる。いくら情報社会が進化しても漫画の描き方、読み方は根本的にその影響を受けず、縦書きの法則に基づいてゐるのである。

バスガイドの観光案内の手引き書

この夏に鹿児島交通の観光バスで薩摩半島を巡った。ガイドは二年目で、三月に入社した新人の研修生三人が同車して実習した。最前列に坐ってゐたので、研修生の動きがよく分る。ここで観光案内を説明する文章が載る、社内で作った手引き書（教則本）が広げられてゐるのが何回も見られた。それはパソコンによる入力で印刷されてゐて、何と縦書きであった。その上、ページ番号は算用数字ではなく、漢数字で略さずに、例へば「二一」ではなく、「二十一」と正格で記されてゐた。今の時代の風潮から若い女性には横書きの文章がふさはしいと思はれよう。しかし、さうではなく、なぜ縦書きなのだらうか。これは前述の通り、縦であるからこそ読みやすく、頭に入りやすく、理解しやすく、覚えやすいからである。その作成担当者はこのことを十分に承知して、横を縦に変換して、端然と整へたのであらう。ただ、研修生の自筆の手控へのノートは横の罫線入りで、横に使ってゐた。これはある面では仕方がない。縦書きのノートは小学生の国語ノートはあるが、学生、一般用は捜し廻らねばならないのが現状なのである。

以前、縦書き論の拙稿を國語問題協議會会長、宇野精一に送った。その返書に国語の縦書きは慣れであると思ふと書かれてゐた。しかし、これは決して単に慣れ、慣用だけではない。本来、国語は縦に書き、縦に読み、縦の流れで理解してきた。この長年の方式が日本人の根本的な言語理解、言語表現の基底をなし、言語意識や言語感覚を培ひ、精神や行動のあり方にまで及んできた。この蓄積を経て縦書きが伝統的な正則として定着したのである。

（附）本書収載の既発表論文の一覧

第一章

我と汝としての言葉（阪倉篤義先生還暦記念『論集日本文学・日本語』第五巻、角川書店、昭和五十三年八月）

第二章

「かみ」「まつる」の語構成的意味論（『谷省吾先生退職記念神道学論文集』、国書刊行会、平成七年七月（以下、平成の年号は省略）。『現代神道研究集成』第十巻、神道と日本文化。神社新報社、十二年六月）

「たま」（魂）の語構成的意味論（神道史学会『神道史研究』四五ノ三、九年七月）

「かぐら」・「けがれ」の語構成的意味論（『神道史研究』六〇ノ一、二十四年四月）

「みそぎ」（新しく書下ろし）

「はる、なつ、あき、ふゆ」の語構成的意味論（藝林会『藝林』四八ノ二、十一年五月）

「たて」・「よこ」の言語と思想（『藝林』六二ノ二、二十五年十月）

「やさし」考（『京都文教短期大学研究紀要』三〇、三年十二月）

第三章

「こなた・かなた」の観点による解釈と文法（上）（下）（『京都産業大学論集・人文科学系列』（上）四三、二十

三年三月。（下）四五、二十四年三月）

附篇

一、国語は日本語か
（一）日本教師会『日本の教育』（以下、『教育』）四三八（八年十二月）
（二）『教育』四四九（九年十二月）
（三）『教育』四六〇（十年十二月）
（四）『教育』四七一（十一年十二月）
（五）『教育』四八二（十二年十二月）
（附）我が国の呼び方——国語と日本語の別を考へる前提として（日本学協会『日本』四八ノ三、十年三月）
二、国語縦書き論
（一）縦書きの意識・本質——学生に対する実験から
(1)『教育』五〇八（十五年四月）
(2)『教育』五一九（十六年四月）
(3) 京都教育懇話会（京都教師会）『教育懇話』（以下、『懇話』）一四九（十六年五月）
(4)『教育』五三〇（十七年四月）
(5)『懇話』一五二（十七年五月）
（二）縦書きの文法的原理——国語の論理と構造
『教育』五四一（十八年四月）

(三) 縦書きによる理解と表現

『教育』五五二 (十九年四月)

(四) 縦書きの意識と感覚――右から左へ進み、上から下に降り立つ文化

(1) 『教育』五六二 (二十年四月)、國語問題協議會『國語國字』一九一 (二十年十一月)

(2) 『教育』五六四 (二十年六月)、『國語國字』一九一 (二十年十一月)

(3) 『教育』五八三 (二十二年四月)、『國語國字』一九四 (二十二年九月)

(4) 『懇話』一六九 (二十三年二月)、『國語國字』一九八 (二十四年十一月)

(5) 『懇話』一七〇 (二十三年五月)、『國語國字』一九七 (二十四年四月)

(6) 『懇話』一七一 (二十三年十一月)、『國語國字』一九八 (二十四年十一月)

(7) 『懇話』一七五 (二十五年三月)、『國語國字』一九九 (二十五年五月)

(8) 『國語國字』二〇三 (二十七年六月)

(9) 『國語國字』二〇四 (二十七年十一月)

あとがき

本書をまとめるに当って案じたことは、はしがきにも記した通り、三つの章が体裁の上で内容が別々であり、主題として統一されず、これで一冊の研究書に成り得るかといふことであった。しかし、全体を編み、読み通してみると、根柢に一貫した筋（言語観、言語研究の方法など）があることを再確認できた。また、本書は従来、文法論、意味論、語彙論、表現論などといふやうに「…論」と個別的に特定できない非体系的で、大まかで曖昧な分野を扱ってゐる。しかし、これもよく言へば、今まであまり問題にされなかった視点、観点から総合的、融合的に国語の現象に新しく取組んだ結果とも言へなくもない。

そこで改めて各章の内容をその目で見直さう。第一章の言語論はいはば総論であり、言語は人間関係の間に成り立ち、問ひと答への対話によって真実の世界に深まっていく。この言語態度は人間だけでなく、対象の捉へ方や自然との関はり方にも発展していく。ここに第二、三章へと繋っていく基盤がある。第二章の語構成的意味論は対象をどのやうな意識と感覚で、言葉としていかに表現するかといふ語の形成と、これを文法的、意味的に分析する語の構成との二つのあり方を、具体的な語を通して究めた。ここに日本人の思考や精神の特質が表れてゐる。第三章の発想論的解釈文法は「こなた」「かなた」の発想をもとにして、その観点によって表現された歌文、発句俳文を新たに解釈した。言語主体と他者との関はり、自然に対する受止め方・感じ方によって表現方法だけでなく、それに裏打ちされた意味も変ってくる。ここに日本人の対人意識や自然観とともに、やはり根本的な心の向け方がより明らかになってくる。附載した、国語は日本語か、国語縦書き論も言語を根源とする日本人の意識、感覚を論じてゐる。

このやうに見ていくと、いかにも私自身の独創のやうに受取られさうである。しかし、振返って顧みれば、そのやうな事実は全くなく、ひとへに京都大学文学部で薫陶を受けた先生方の賜物である。その中で、本書にしばしば引用した阪倉篤義先生にはとりわけ多大の深い影響を受けた。入学して教養部で受講して以来、学部、大学院と長年にわたり学び、指導を受けてきた。

阪倉先生の講義は毎時間、柔軟な論理と鋭く新鮮な言語感覚に満ち、言語意識や感覚が多方面に広がっていく刺激的なものであった。まづ、問題の所在、通説の紹介があり、それに対する疑問や論点を指摘される。そして、自説の提出と論証に入り、結論に導かれていく。起承転結の整った展開、序破急の波のうねりがあった。理路整然として分りやすく、一筋に貫いた道であった。教室全体に絶えず目配りし、謡ひで鍛へた声は朗々と響き、時計を一度も見ることなく締め括られた。三回生の時は「接辞の研究」であった。この講義はいつも時間の半ばに先生の学説の核心に入る。山登りで頂上に達しようといふ気分で、論の運びの見事さに引入れられる。語基、情態言、動詞の活用形の位置づけ、接尾語の機能と意味、結語法、意義素・語義・語源の考へ方など、感動的でさへあった。一方、私は冷静に何とか質問すべきことを見出さうと心懸けてゐた。学生の良いところを見つけようとする先生は斥けることなく、誠実に答へ、説明し直され、時々は次の時間にまで考へておくといふこともあった。講義ノートを用意されてゐたが、時々、綴ぢた冊子のやうなものを持参されてゐた。それが主著『語構成の研究』の校正刷であらうことは翌、昭和四十一年三月に刊行されて納得した。卒業論文以来の研究が大成されようとする、まさにその時に、その講義に直接、触れ得たことはその後の私の指針になった。さらにその翌四十二年十二月には『時代別国語大辞典上代編』が刊行された。これらは古典大系の『夜の寝覚』と併せて著者割引で頒けていただいた。

先生の学問研究の基盤や発想は「言学」（一般教養科目）にあると思はれる。それは生きた言葉のはたらきを歴史的な観点をも交へて、言葉に即して、また、人間の意識・感情も視野に入れて考へていく。文学の読解も言葉による表現を重んじて解釈する。これは京大の「国語学国文学」の伝統的な学風で、国語学者にして古典文学の注釈も一流といふのはその成果なのである。先生に関はる長い回想を記したが、右の『語構成の研究』のあとがきに今後の展望として次のやうに述べられてゐる。

語構成論が、文法論をはじめとする言語研究の他の諸部門と、いかに関係しあひ、それらに対してどのやうに位置づけられるべきかは、この種の研究の意義と、今後の展開の方向を見きはめるうへに、きはめて重要なことであると考へられる。従来、文法論の一部としてとりあつかはれがちであったこの語構成論なるものは、今後さらに、意味論的乃至は語彙論的に、さらにいへば表現論的に、とりあつかはれるべきものであらうと思ふ。

このやうに、これからの語構成研究を文法だけでなく、意味、表現と関係づけて深めるべきであるとする阪倉先生の方向づけに対して、拙著はこれに応へるにはあまりにも小さく、乏しい作物でしかない。

学恩はほかの先生方にも及ぶ。池上禎造先生には精緻な言語観察と分析の一方、大きい視点で先を見通し、課題や問題点を探り、構想の立て方や考へ方を学んだ。同じく教養部の渡辺実先生は『国語構文論』のまとめの段階で、独自の文法論に考へ方が広がり、その後の『国語意味論』『国語表現論』も自然に馴染めるものがある。さらに、非常勤で出講された森重敏先生には「意味と表現」、教養部に着任されたばかりの川端善明先生には「活用」の講義を受けた。これらは私のために用意された授業かと思はれるほどであったが、さうなるやうに受止め、努力する自身の姿勢もあったであらう。このやうにして豊かで深く、広い師恩を受けて今の私が存するのである。

本書をまとめる作業は定年退職後に取り掛ったもので、その記念になるとともに、老齢に達したわが人生の総括にもなった。この刊行に際して出版を快く引受けて下さった和泉書院社長の廣橋研三氏、また、同社の編集部の方々に対して、ここに記して感謝の心をもって、有難く御礼申し上げる。

平成二十八年仲秋

若井勲夫

■著者紹介

若井勲夫（わかい　いさお）

昭和十八年、京都に生れる。

京都大学文学部を卒業して、同四十五年、同大学大学院文学研究科修士課程修了、国語学国文学専攻。

京都文教短期大学助教授（児童教育学科）を経て、京都産業大学教授（文化学部）、平成二十六年、退職し、現在、同大学名誉教授。

著書

『教科書をどうすべきか国語科編』（日本工業新聞社）

『京都府の方言』（共著、京都府教育委員会）

『和気公と護王神社』（共著、護王神社）

『護王神社』（共著、護王神社）

近刊として

『唱歌・童歌・寮歌―近代日本の国語研究』（勉誠出版）

『和氣神社（鹿児島県）―御鎮座七十年記念』（共著、和氣神社）

『和気清麻呂公景仰史』（ミネルヴァ書房）

研究叢書 477

国語論考

語構成的意味論と発想論的解釈文法

平成二十八年十一月二十五日初版第一刷発行

（検印省略）

著者　若井勲夫

発行者　廣橋研三

印刷所　亜細亜印刷

製本所　渋谷文泉閣

発行所　有限会社 和泉書院

大阪市天王寺区上之宮町七－六

〒五四三－〇〇三七

電話　〇六－六七七一－一四六七

振替　〇〇九七〇－八－一五〇四三

ISBN978-4-7576-0809-2 C3381